엄마
공부77 <small>행복한 아이가 공부도 잘한다</small>

엄마
공부77 행복한 아이가 공부도 잘한다

1판 1쇄 2007년 6월 1일
1판 11쇄 2013년 6월 25일

글 서석영

펴낸이 박현진
펴낸곳 (주)풀과바람

주소 경기도 파주시 교하읍 문발리 출판도시 514-5
전화 (031)955-1515
팩스 (031)955-1517
출판등록 2000년 4월 24일 제 20-328호
홈페이지 http://www.grassandwind.com

ⓒ 서석영, books21, 2007

값 10,000원
ISBN 978-89-8389-394-9 03370

엄마
공부 77 행복한 아이가 공부도 잘한다

서석영 지음

영교출판

부모들은 아이들이 공부 잘하길 바랍니다. 그런데 공부는 행복할 때 잘됩니다. 공부를 잘하기 위해서도 아이는 먼저 행복해야 한다는 것입니다.

여기 착안해서 아이의 행복지수를 높여 공부를 더 잘하게 하고 공부 잘해서 더욱 행복해지는, 행복과 공부가 서로 상승작용을 할 수 있는 방법을 찾기 시작했습니다. '엄마 공부'를 시작한 셈이지요.

그런데 행복해지고 공부 잘하는 방법도 생활 속에, 습관 속에 있었습니다. 시기상으로는 생활에 규칙이 끼어들면서 습관이 형성되는 초등학생 시기가 가장 효과가 컸습니다. 그래서 이 글도 초등학생을 둔 부모가 실생활에서 적용할 수 있는 방법에 초점을 맞추었습니다.

저 자신이 아이를 키우는 사람으로서 아이의 행복과 공부를 떠나 살 수 없는 엄마 자리에 있고, 늘 아이들의 행복을 챙겨야 하는 동화 작가라는 직분과 직업적인 영감, 아이들을 직접 지도하면서 쌓은 경험 그리고 그동안 만난 사람들의 사례를 통해 길을 찾아보았습니다.

하지만 여기 소개된 내용이 정답은 아니라고 생각합니다. 다른 아이에게 좋은 방법이 내 아이에게는 맞지 않을 수도 있기 때문입니다.

아이들 교육은 세상에 눈과 귀를 열어 두고, 평생 사색하고 공부하면서 내 아이에게 맞는 방법을 찾아 나가는 수밖에 다른 길이 없는 것 같습니다.

하지만 정답이 없다고 해서 실망할 필요는 없습니다. 오히려 거기에 우리 엄마들이 더 많은 호기심과 창조력으로 열정을 쏟을 여지가 있기 때문입니다.

이런 점만 보더라도 엄마 노릇은 과학보다는 예술에 더 가까운 것 같습니다. 예술 하는 기쁨과 열정으로 아이와 함께하는 시간을 설계하고 실천해 나가면, 이 세상에 단 하나밖에 없는 멋진 예술품이 창조될 것입니다.

예술품 창조에, 이 책이 구체적이고 실제적인 도움이 되길 소망합니다.

오늘도 문만 열면 어디론가 공부하러 가는 아이들이 눈에 띕니다. 그 모습을 볼 때마다 나도 아이들의 행복을 위해 '엄마 공부'를 더 열심히 해야겠다고 다짐하게 됩니다.

부디 이 세상의 모든 아이들이 내일은 좀 더 행복하길 소망합니다.

2007년 5월 지은이

제1장

행복한 아이는
가정에서
만들어진다

1 부모는 서비스직이다

이 세상의 부모들은 아이들을 위해 모든 노력을 다 쏟는다. 아이가 아프면 잠 못 이루고, 아이보다 더 아파하고 더 괴로워한다. 평생을 다 바쳐 무한 봉사를 하면서도 대가를 바라지는 않는다. 그저 자식이 잘되기만을 바랄 뿐이다. 나는 여기서 서비스 정신의 최고봉을 본다.

하지만 이렇게 대단한 서비스 정신도 반복되는 생활과 시간 속에서 점차 시들해진다. 그러니까 가끔 각오를 새롭게 할 필요가 있다. 그래야 좀 더 나은 서비스를 아이들에게 제공할 수 있다.

좀 더 나은 서비스를 해야 한다고 해서 아이들의 잔심부름이나 뒤치다꺼리를 더 열심히 하자는 것은 아니다. 자식이 원하는 거라면 무슨 일이든 다 해 주자는 것도 아니다. 사실 그 점에서는 우리 대한민국 부모들은 이미 도를 넘은 상태라고 본다.

눈에 넣어도 안 아픈 자식, 그 자식을 위해서라면 뭐든 다 할 수 있다는 각오로 무조건 베푸는 것은 희생이 될 수 있다. 부모가 아이의 노예가 되고, 동시에 아이를 부모의 노예로 만드는 길이다. 시대가 변한 만큼 이제 자식에 대한 사랑도 희생이 되지 않게끔 관리할 필요가 있다. 아이의 행복과 성장을 위해 서비스를 해야 한다. 내가 베푸는 이 서비스가, 아이가 건강한 사회인으로 자라 행복한 삶을 영위하는 데 도움이 될 것인가를 따져 보고 제공해야 한다는 거다.

그런데 좋은 부모가 되려고 노력하고 공부하지만, 마음먹은 대로 안 될 때가 있다. 부모로서의 책임감에 짓눌리고 지칠 때도 있다. 아이가 성에 차지 않고, 짜증이 나고, 화가 나기도 한다. 아이가 태어나던 날 세상을 다 얻은 것 같던 환희는 어디로 가고 귀찮아진다. 난 그것을 서비스 정신이 바닥났다는 증후로 받아들인다. 그럴 때면 각오를 새롭게 하기 위해 걸레를 박박 치대 빨면서 중얼거린다.

"부모는 서비스직이야. 부모가 된 이상 힘이 닿는 한 서비스를 해야 해. 백화점 점원들이 고객들에게 서비스를 베풀 듯이 말이야. 그들이라고 기분 상한 일 없고, 귀찮지 않겠어? 그렇지만 고객을 위해 다 참고 노력하는 거지. 그러니까 나도 내 평생 고객인 아이를 위해 좀 더 노력해야 해."

내 나름의 '서비스 정신 진작'을 위한 캠페인이다.

그러고도 부모 노릇이 힘에 부치면 인터넷이나 신문을 뒤진다. 서비스 정신을 고취시키는 경영 서적을 광고하는 카피나 목차에서 힌트를 얻고 힘을 얻기 위해서다.

'고객의 말을 경청하라', '항상 고객의 입장이 되어서 생각하라', '질서 속에서도 변화를 추구하고, 변화 속에서도 질서를 보존하라', '세심한 관리와 시스템적 경영이 성공의 열쇠다' 등에 눈을 고정시킨다. 기업 현장의 구호이지만 가정에 적용하는 데 무리가 없다. 고객을 아이로, 경영을 자녀 교육으로 바꿔 받아들이면 다 적용이 되는 말들이다.

이런 사소한 행위만으로도 몸에 생기가 돈다. 아이를 위해 뭐든 할 수 있는 활력으로 정신이 재무장된다. 다시 아이의 말을 진지하게 경청할 수 있게 되고, 아이의 입장이 되어 차분하게 생각하게 된다. 늘 반복되는 생활에 어떻게 하면 아이에게 색다른 기쁨을 줄 수 있을까 궁리하게 된다. 내 몸 안에서 서비스 정신이 되살아나는 거다.

서비스 정신은 사랑을 실천하는 항목이기도 하지만, 아이와 통하는 길이기도 하다. 아이를 행복하게 만드는 지름길이다.

그런데 서비스 정신의 이점은 여기에서 끝나지 않는다. 아이의 실질적인 능력까지 키워 주는 힘이 있기 때문이다. 사실 내가 영어 교육을 전담해 아이를 영어로부터 자유롭게 만들어 놓은 것도 서비스 정신 덕분이다. 평생 영어에 전전긍긍하며 살지 않도록 하기 위해 내 시간과 노력과 정열을 다 바쳐 서비스하기로 다짐한 것이 그 시작이었다.

무수한 시행착오를 겪었지만 좀 더 나은 서비스를 제공하고자 이런저런 방법을 시도하면서 길을 찾아 나갔다. 결국 아이는 영어로부터 자유로워졌고, 즐기는 상태에까지 이르렀다. 많은 돈을 들이며 들볶아도 안 되는 영어, 조기 유학에 기러기 아빠 등 가정이 파행을 겪어도 녹록하지 않은 영어의 문이 활짝 열린 것이다. 결국 영어도 서비스 정신에 두 손을 든 것이다.

아이와 영어의 터널을 빠져나오면서 난 두 가지를 깨닫게 되었다. 부모가 서비스 정신을 발휘할수록 아이가 성장한다는 것과, 개인적으로 난 미미한 존재이지만 내가 서 있는 이 부모 자리 엄마 자리에 무진장한 서비스 정신이 매장되어 있다는 걸 알게 되었다.

그런데 아이들은 부모로부터 서비스를 받는 데 그치지 않는다. 제가 받은 서비스를 돌려줄 만큼 갸륵한 '동물'이다. 아이에게 서비스를 베풀수록 부모도 아이로부터 서비스를 받는다는 거다.

우리 집 둘째는 유치원 시절부터 같이 현관을 나설 때면 시키지 않아도 신기 편하게 얼른 신발 코를 앞으로 돌려놓는다. 아홉 시 뉴스를 보던 내가 자막 글씨가 안 보여 눈을 찡그리거나 하면 얼른 뛰어가 안경을 갖다 준다. 침대에 누워 책을 읽다 내가 먼저 잠들라치면 잠에서 깨지 않도록 살짝 책을 빼내 보던 페이지를 접어 두고, 이불을 덮어 주고, 불을 끄고 나간다. 그러고는 거실에 나아가 다른 식구들에게 속삭인다. "엄마 자니까 조용히 해." 그 순간 자신이 할 수 있는 최대한의 서비스를 내게 제공하는 셈이다.

선잠이 들어 이런 자잘한 서비스를 받을 때의 짜릿함과 기쁨이란! 그동안 아이를 보살피며 귀찮다고 생각하거나 짜증을 냈던 일들이 후회되면서 앞으로는 좀 더 나은 서비스를 제공해야겠다고 다짐하는 순간이다.

2 민주적이고 평등한 부모가 행복한 아이를 만든다

가정은 민주적이고 평등이 실현되는 곳이어야 한다. 가족 모두의 권리와 필요, 바람이 존중되며, 어느 누구에게도 특권이 주어지지 않고, 성이나 나이로 차별하지 않아야 한다. 그래야 행복한 아이를 길러 낼 수 있다.

그런데 그동안 많이 바뀌었다고는 하지만, 속을 들여다보면 아직도 변화의 여지가 많은 것이 가정이다. 지금도 가부장적인 사고, 남성 우월주의에 머물러 있는 아버지가 적지 않다. 여전히 지나치게 남편을 존대하거나 (그들은 TV 같은 데 출연해서도 남편을 '우리 아빠'라고 지칭하고, '좋아하신다'며 높임말을 남발한다), 심리적·물질적으로 남편에게 지나치게 의존하는 아내들이 적지 않다. 그러면서도 그들은 자기 딸들에게는 '나처럼 살지 말라'고 한다.

행동을 바꾸기 어렵다면 말이라도 먼저 바꿔야 한다. 그러면 말보다 좀 더 무겁고 느린 행동도 뒤따라오기 마련이다. 그래야 남자 아이도 여자 아이도 성 역할로 억압 받지 않는다. 성의 틀에 갇히지 않고 자유롭게 자라나, 일로써 성취를 하고 행복할 수 있다. 이담에 가정을 꾸려도 왜곡된 성 역할로 마음 상하고, '남자가 그럴 수 있냐?', '어쩜 여자가 그러냐?'며 지리멸렬한 부부 싸움에 귀중한 시간과 정열을 낭비하지 않는다.

부부는 같은 길을 가는 파트너이다. 그러니 말도, 행동도 평등해야 한다. 부모가 비민주적이고 불평등하면서 아이는 민주 시민으로 자라길 바라는 것은 모순이다. 성 차별적인 가정환경에서 자란 아이가 평등한 인간관계를 형성해 나가리라고 기대하는 것은 과욕이다.

어린 학생들과 말을 나눠 보면 몇 분 지나지 않아 불평등적인 말들이 튀어나오는 것을 볼 수 있다. 남자 아이들은 어린 나이에도 불구하고 벌써부터 남성 우월주의에 빠져 거드름을 피우고, 여자 아이들은 예쁘고 착해야 한다는 굴레에 갇혀 소극적인 모습을 보일 때가 많다.

여기서 한 걸음 더 나아가 초등학교 교실 안을 들여다보자. 학년이 올라갈수록 다투는 이유가 성 차별 때문인 경우가 많다. 남자 아이들은 말끝마다 '남자니까', '여자니까 봐준다', '여자는 안 돼.'를 입에 달고 산다. 아이들의 언행을 보면 그 가정의 민주화 정도, 평등 지수가 눈에 훤히 보인다.

그런데 이건 개인 문제로 끝나지 않는다. 함께 어울려 생활하는 환경이다 보니 서로에게 좋든 나쁘든 영향을 준다. 성 차별적인 말과 행동이 난무하는 가정에서 자란 아이는 다른 아이를 괴롭게 된다. 아니, 민주적이고 평등한 가정에서 자란 아이를 괴롭히는 데 그치지 않고 그들 의식의 성장을 가로막고 방해한다. 그러니까 아이는 나만 잘 키워서 될 일이 아니다. 아이들의 미래가 밝고 행복하려면 내 아이도, 이웃집 아이도 같이 잘 키워야 한다.

여성성과 남성성을 고루 갖춘 행복한 인간으로 자라려면 아빠들은 지금보다 더 부드러워야 하고, 엄마는 더 씩씩하고 자립적이고 독립적이어야 한다. 그런 면에서 보면 요즘 젊은이들이 'Miss

Strong, Mr. Beauty'의 경향을 띠는 것은 환영할 만한 현상이다. 성에 대한 고정관념이 약해지며, 양성을 고루 갖춘 인간형을 약속해 주는 신호 같아 반갑다.

아버지들 중에는 이중적인 모습을 보이는 사람도 있다. 같이 맞벌이를 하면서도 집안일 대부분을 아내에게 시키면서 자기 딸은 성 차별을 받지 않고 구김살 없이 씩씩하게 자라길 바란다. 가정 내 민주화와 평등을 위해서 아버지들의 의식 변화가 선행되어야 한다. 아니 좀 더 솔직히 말하면, 이는 의식의 문제보다 양심의 문제라고 생각한다. 어쩜 같이 일하고 들어와서도 신체적으로 약한 아내에게 더 많은 일을 떠맡길까, 쉽게 받아들여지지 않는다.

엄마들도 자각하고 분발하여 변화를 모색해 나가야 한다. 이는 이담에 우리 아이들이 남자라는 이유로, 혹은 여자라는 이유로 억압받거나 차별을 받지 않고 맘껏 능력을 발휘하여 행복한 가정을 꾸릴 수 있도록 하기 위한 기초 작업이다. 자기 육신 편하다고, 혹은 나 하나 참고 살면 그만이지 하는 생각으로 미룰 일이 아니다. 이담에 아이들 대에 가서 해야 할 일도 아니다.

대기업에 다니는 종호 씨는 '착한 여자'를 선호했고, 운 좋게도 천사표 여자와 결혼해 딸을 둘 두게 되었다. 착한 여자를 좋아하는 그였지만, 딸들이 인형을 가지고 노는 게 싫었다. 정성을 다해 키우는 딸들이 이담에 살림이나 하면서 남자만 바라보고 산다는 것은 생각하기도 싫었단다. 그래서 인형을 빼앗고 로봇을 사 주었다. 주말이면 자전거에, 롤러블레이드로 몸을 단련시켰다. 남자 아이들이 하는 건 다 하라며 부추겼다.

"난 우리 딸들이 미국 국무 장관인 콘돌리자 라이스처럼 카리스마 넘치는 강한 여성이 되었으면 해. 그 카리스마로 세계를 주름잡는 그런 여성이 말이야."

이렇게 말하면서도 자기 아내는 여전히 전통적인 모습에 머물러 있기를 희망한다. 시집 식구 잘 거두고, 집안의 대소사 챙기는 것을 가장 중요한 덕목으로 여기면서 놀라운 인내력으로 참아 내는 아내를 자랑스러워한다. 그러고는 부부 모임에서 평등하게 사는 부부들의 이야기가 나올라치면 농담 반 진담 반으로 막아선다.

"그만 해. 우리 집은 여전히 조선왕조니까, 그런 말로 우리 가정을 파괴하려 들지 마."

그의 이중적인 태도도 아이가 크기 전까지는 괜찮았다. 그가 바라는 대로 가정은 '평화롭게' 굴러갔으니까.

하지만 사춘기에 접어든 큰아이가 반발하기 시작했다고 고민을 털어놓는다. '아빠는 왜 그렇게 비민주적이냐, 엄마는 왜 그렇게 사냐' 며 대들기 시작했다고 씁쓸한 표정으로 술잔을 기울인다. 솔직히 난 예전부터 그의 왕조가 어서 무너지길 기대해 왔다. 엄마 아빠가 변하지 않으면 결국 이렇게 자식으로부터 변화를 요구받게 된다. 어쨌든 방법을 찾아야겠다면서 고민하는 그가 반갑다.

아이를 키우는 우리들 부모는 싫어도 민주화와 양성 평등을 실현

해야 한다. 모든 거 다 차치하고라도 눈에 넣어도 안 아픈 우리 아이들의 행복이 거기 달려 있기 때문이다.

3 책 읽는 부모가 행복한 아이를 만든다

책 읽는 부모는 너그럽다. 책 속에서 온갖 인간 군상을 만나고, 다양한 사건을 겪기 때문에 포용력이 넓어진다. 아이를 대할 때도 책을 읽으며 넓어진 가슴으로 대할 수 있다. 책 읽는 부모는 시대에 뒤처지지 않는다. 빠르게 변화하는 시대에 발맞춰 나갈 수 있다. 책이 끊임없이 재교육을 시키고, 평생교육을 담당하기 때문이다. 책 읽는 부모는 행복하다. 책이 주는 기쁨과 위로로 마음 밭이 풍성하고 평화롭기 때문이다.

그런데 책은 부모만 행복하게 만들지 않는다. 행복은 전염성이 강해서 행복한 부모 곁에서 자란 아이도 덤으로 행복하게 만들기 때문이다.

아이들은 가정에서 자라난다. 부모를 보며 따라 하고, 닮고 싶어한다. 책 읽는 습관은 이렇게 책 읽는 부모를 보면서 길러진다. 책 읽는 부모 곁에서 자란 아이는 자연스럽게 책과 사귀게 되고, 우정이 깊어져 평생 친구가 된다.

만만치 않은 인생에서 평생 친구를 얻는 것보다 과연 더 의미 있는 게 있을까? 더구나 이 친구는 늘 마음을 열어 놓고 기다려 주며, 늘 손을 잡고 갈 길을 인도해 주는 현명함까지 갖춘 친구다. 이런 면에서 보면 책 읽는 습관은 부모가 아이한테 물려주어야 할 가장 소중한 선물이고, 재산이다.

그런데 책에 대한 친밀도는 어린 시절의 경험과 기억이 결정한다. 어릴 때부터 책 읽는 부모를 보면서 자란 아이는 자연스럽게 책과 가까워진다. 이 책 저 책에 눈을 주다 독서의 즐거움을 알게 된다. 하지만 초등학교 고학년만 되어도 책과 사귀기가 어렵다. 만화나 게임, 인터넷처럼 요란한 친구들이 끼어들어 아이들이 책과 사귀는 것을 방해하기 때문이다.

투자 면에서 볼 때도 책 읽는 습관은 어떤 상품보다 수익률이 보장된 상품이다. 책 좋아하는 아이는 공부를 잘하고, 대부분의 부모들은 이 공부 잘하는 아이를 바라지 않는가. 책 읽는 습관만 길러 주어도 나중에 공부 걱정은 할 필요가 없다.

조기교육은 이제 열풍을 넘어 대세이다. 부모들은 아이들이 조금이라도 어린 나이에 이것저것 가르치려고 열심이다. 미술이니, 음악이니, 영어니, 수학이니 하면서 과목도 다양하다. 그러다 보니 어릴 때부터 이런저런 학원에 끌려 다니느라 너무 바쁘다.

하지만 학교에 들어가기 전의 조기교육보다는 책 읽는 습관을 길러 주는 것이 우선이 아닐까 생각한다. 독서의 즐거움을 아는 아이는 국어 실력이 좋을 뿐 아니라 문장에 대한 이해력과 독해력이 길러져 영어 공부도 수월하게 한다. 책 읽는 아이는 이해력, 사고력, 논리력이 좋아져 수학의 개념도 잘 받아들인다. 엄마 아빠가 들려주는 동시를 들으면서 아이는 운율을 통해 음악의 기본인 음의 강약, 장단, 고저 등을 익히게 된다. 또 그림책을 보며 아이들은 머릿속으로 수많은 그림을 그렸다 지우며 미술을 한다. 책 읽는 습관을 길러 주는 것이 가장 중요하고, 가장 효과적인 조기교육이라는 말이다.

그렇다면 책 읽는 습관을 길러 주려면 부모가 구체적으로 어떻게 해야 할까?

첫째, 부모 자신이 늘 책을 읽어야 한다. 아이들은 부모를 보면서 따라 하고 배우니, 부모의 모범이 가장 중요하다.

둘째, 늘 책을 가까이 두고 아이에게 시시때때로 읽어 준다. 아이가 혼자서 책을 읽게 된 뒤에도 책을 읽어 주는 것이 필요하다. 초등학교 저학년까지는 부모가 가끔 읽어 주는 것이 필요하다. 아이는 부모가 읽어 주는 소리를 들으며 부담 없이 내용을 즐기고, 머릿속으로 그림을 그릴 수 있다. 그리고 그것은 애정의 표시이기도 하다. 아이는 책 읽어 주는 부모를 통해서 사랑을 확인한다.

셋째, 아이가 읽는 책은 부모도 읽어야 좋다. 그래야 아이와 공감대가 생기고, 이야깃거리가 생긴다. 이야기를 하다 보면 토론이 되고, 토론을 하며 설득력과 논리력이 키워진다.

이 세 가지만 지켜도 도대체 아이가 책을 읽지 않는다거나 공부를 잘하지 못한다며 불평할 일은 없을 것이다.

4 말 일기를 써 준다

부모들은 아이가 태어나 커 가는 모습을 사진이나 캠코더로 담는다. 예쁜 모습을 놓치고 싶지 않고, 그것을 남기면 평생 추억이 되기 때문이다.

그런데 아이들은 외양만 커 가는 것이 아니다. 입도 뻥긋 못하던 아이가 한마디 한마디 말을 배워 나가는 모습도 놓치고 싶지 않을 정도로 앙증맞고 신비롭다.

큰아이가 말을 배우기 시작할 무렵이었다.

'그냥 흘려보내기에는 너무 아깝다. 아이의 입에서 나오는 말들을 담아 두는 방법이 없을까?'

생각 끝에 아이가 무심코 내뱉는 말들을 기록하기 시작했다. 그 뒤로 7년 터울을 두고 둘째 아이도 세상에 있는 말을 익히고, 말로 세상과 관계를 터 나가는 과정을 기록했다.

그런데 이 작업은 한 10년 해 주면 끝이 난다. 3, 4학년이면 아이가 세상의 말을 거의 익히게 되니까 솔직히 더 이상 써 주고 싶은 마음이 들지 않는다. 그쯤이면 아이가 기성세대에 편입되어 거의 어른과 같은 말을 하고, 비슷한 생각을 하기 때문이다.

아이들은 대개 초등학교에 입학하면서부터 일기를 쓴다. 그러다 보니 부모가 써 주는 말 일기와 겹치는 기간이 3년 정도 된다. 아이가 제 일기를 쓰긴 하지만, 아직 자기 생각을 글로 표현하는 데 한계가 있다. 그 과도기를 엄마가 메워 주고, 같이 채워 가는 셈이다.

말 일기는 아이가 풀어 내는 말을 기록으로 남겨 아이에게 추억을 만들어 주는 일이다. 그런데 말 일기는 단순한 추억 만들기로 끝나지 않는다. 아이들의 말을 써 주는 순간 종이 위에서 기적이 일어난다. 말을 써 주는 행위에는 놀라운 힘이 있기 때문이다.

말 일기를 쓰기로 작정하면 그 순간부터 엄마는 아이의 말에 귀 기울이게 된다. 아이의 말을 잘 들어야만 말 일기를 써 줄 수 있기 때문이다. 그런데 들어 주기만 해도 상대방의 마음이 편안해지고, 듣기만 해도 문제가 해결될 때가 있다. 그리고 잘 들어야 상대방이 원하는 것을 이해할 수 있다. 아이의 말을 들어 줄 수 있는 힘이 말 일기를 써 주면서 생긴다. 아이는 제 말에 귀 기울여 주는 엄마가 고맙고, 행복감을 느낀다. 또 자신에게 귀 기울여 주는 엄마를 보면서 남의 말을 듣는 태도가 길러진다.

'오늘은 아이가 또 무슨 말을 할까? 말 일기에 써 줄 만한 작품이 오늘도 나올까?' 하는 기대 때문일까? 말 일기를 써 주면 자기도 모르게 아이에게 좀 더 집중하게 된다. 아이를 진지하게 대하게 된다. 아이와 함께 있는 시간이 지루하지 않고, 그 시간을 즐기게 된다.

가끔은 시보다 더 멋진 작품을 건지기도 한다. 기성 시인도 생각하지 못한 멋진 말들이 아이의 그 조그만 입에서 튀어나온다.

말 일기는 아이에게도 많은 이점을 가져다 준다.

아이가 글을 읽기 전에 가끔씩 말 일기를 읽어 주면, 아이는 제 말이 문자로 기록되어 있는 것을 보면서 신기해한다. '또 읽어 줘, 또 읽어 줘' 하면서 흥미 있어 한다. 자신이 한 말이 문자로 기록되어 있는 것을 보면서, 아이는 아직 글을 읽지 못하는 단계지만 말과 문자의 관계를 인식한다. 말은 글로 써 놓으면 언제든 다시 말로 되살아난다는 것을 아이는 엄마의 입을 보면서 깨닫는다. 문자의 힘을 알게 되고, 문자와 친해지는 계기가 된다. 말 일기가 책 좋아하는 아이, 독서 교육의 밑거름이 되어 주는 거다.

대개 아이는 엄마가 자신의 말 일기를 써 준다는 인식 없이 지내지만, 가끔은 그것을 인식하기도 한다. 자신의 말이 글이 된다는 것을 기억하고는 말을 잘하려고 한다. 되도록 멋지게 하려고 제 나름으로 노력한다. 이담에 제 말 일기를 읽을 때 좀 더 재미있는 작품, 좀 더 좋은 작품을 만들고 싶은 욕구가 생기는 것이리라. 재미있는 말을 해 엄마로 하여금 말 일기를 쓰게 하려는 꾀를 부리기도 한다. 그러다 보니 말을 빨리 배우고, 말을 잘하게 된다. 제 스스로 말의 묘미를 찾아 즐기려고 한다. 말하기 교육이 자연스럽게 되는 거다.

또 아이는 자신이 하는 투정이나 불평까지 엄마가 써 준다는 점에서 자신이 존중받고 있다는 것을 느낀다. 세상에 태어난 지 얼마 안되어 모르는 것투성이이고 두려움도 많지만, 아이는 자신이 존중받고 있다는 데서 큰 위안을 느낀다. 자신감이 생기고, 자신이 주인공이라는 생각에 신이 난 얼굴이다.

말 일기는 아이의 역사다. 말의 역사고, 성장의 역사다. 아이는 자신의 말 일기를 그 무엇보다 좋아한다. 슬그머니 컴퓨터를 켜고 어린 시절로 여행을 떠나곤 한다. 제 성장 기록을 읽으며 킥킥거리고, 재미있다고 가족을 불러 모아 행복을 나누어 준다.

"엄마 아빠, 어서 이리 와 보세요. 제가 정말 이랬어요. 나 너무 귀엽다!"

행복에 취한 아이의 모습을 볼 때마다 말 일기는 엄마가 해 줄 수 있는 뜻 깊은 선물이 아닐까 생각한다.

말 일기를 써 준다는 것에 부담을 느낄 수 있지만, 사실 사진이나 캠코더를 찍는 것보다 훨씬 쉽고 번거로울 것도 없다.

말 일기 소개 ❶

천둥 치고 번개 치던 날 | 1992년 6월 24일 수요일(3년 3개월)

"엄마, 왜 이렇게 늦게 왔어?"

"시장에서 뭐 좀 사다 보니 늦었어."

"우르르 쾅쾅 번쩍번쩍 하며 전쟁이 집에 막 들어오려고 했단 말이야."

"그랬어?"

"하지만 끝끝내 문 안 열어 주고 우주 오빠랑 같이 울었어."

"그랬구나."

"전쟁은 나쁜 놈이야. 그렇게 시끄럽게 하면서 문 열라고 난리 치고."

설악산 콘도에서 | 1997년 2월 2일 일요일(7년 11개월)

"엄마, 내일 집에 갈 때 미시령고개 운전, 엄마가 한다고요?"

"그래."

"조심하셔야 돼요."

"알았어."

"그냥 타고 가는 것과 운전하고 가는 건 틀리니까."

"원이 너 지금 성 차별 하고 있는 거니?"

"아니요. 엄마 운전 실력이 걱정돼서요. 엄마가 아빠보다 운전을 훨씬 조금 했으니까요. 제가 이렇게 말하니까 엄마 기분 나쁘세요?"

(중략)

"엄마, 지금 캄캄한 밤이니까 하는 말인데요, 전 어느 때는 아빠 보면 부끄러워요."

"왜에?"

"아빠가 좋아서요."

_말 일기를 써 주기 위한 방법 다섯 가지

첫째, 무슨 말이든 귀 기울여 들어 준다.

둘째, 아이의 말은 '그랬어', 혹은 '그렇구나' 하고 받는다. 그대로 받아들여 주는 태도가 필요하다. 그래야 아이가 말할 때 머뭇거리지 않고 말이 술술 나온다.

셋째, 말 일기를 써 주려는 욕심에 아이의 말을 놓칠까 봐, 아이의 말을 끊어선 안 된다. 말 일기도 중요하지만, 아이한테는 순간순간이 말 일기보다 더 중요하다.

넷째, 아이가 자리를 떠 다른 일을 할 때까지 기다렸다 써 준다. 국이 끓거나 목욕 중이거나 해서 바로 쓰는 것이 여의치 않으면 기억해 두었다 써 준다. 잊어버릴 것 같으면 간단히 메모만 해 두고, 뒤에 그 장면을 떠올리며 노트나 컴퓨터에 정서한다.

다섯째, 연월일과 요일을 쓰고 태어난 때로부터 어느 시점인지 월령(예를 들면 3년 3개월 등으로)을 함께 쓴다. 그래야 '세 살 좀 넘어서 이런 말을 했구나' 시기를 짚어 가며 감상할 수 있다.

5 늘 따뜻한 강이 흐르게 한다

부모와 자녀 사이에는 늘 따뜻한 사랑의 강이 흘러야 한다. 서로 마주 보고 있을 때는 물론, 각자 다른 일을 하고 있을 때에도 사랑의 강은 쉼 없이 흘러야 한다. 심지어 짜증이 나고 화가 날 때에도 사랑의 강은 멈추지 않아야 한다.

자신의 의지와 상관없이 어느 날 갑자기 이 세상에 뚝 떨어져 나온 아이는 외롭다. 할 수 있는 능력이라곤 아무것도 없이 태어난 아이는 불안하다. 부모의 손길이 없으면 살아갈 수도, 성장할 수도 없는

가녀린 새싹이다.

그 아이들에게 부모는 물이다. 새싹에게 물이 있어야 하듯 아이들에게는 부모의 따뜻한 손길이 필수이다. 부모로부터 자신에게 따뜻한 강이 흐르고 있다는 것을 느껴야 비로소 불안감을 떨칠 수 있다. 세상이 살 만한 동네, 살기 좋은 곳이라는 것을 알고, 안심하고 성장할 수 있다.

그렇다면 어떻게 따뜻한 사랑의 강이 흐르게 할까?

많이 껴안아 주어야 한다. 특히 어릴 때에는 접촉하면 접촉할수록 아이가 좋아한다. 사랑의 강은 체온으로 흐르기 때문이다. 그리고 가끔씩 사랑한다고 말해 주어야 한다. 행동으로도 보여 주어야 하겠지만, 아이들은 자주 사랑한다는 말을 듣고 싶어 한다.

이쯤에서 대학생인 우리 집 큰아이 흉 좀 보아야겠다. 아이는 밖에서는 누가 봐도 의젓하고 야무진 편이다. 부족한 것 없어 보이고, 굳건해 보인다. 그런 아이가 가끔 내게 '엄마는 절 사랑해요?'라고 묻는다. 그 말을 들을 때면 난 솔직히 당황스럽다. 장난하는 것도 아니고, 솔직히 유치해 보여서이다. 다 큰 애가 이러니 좀 징그럽기도 하다. 하지만 꾹 참고 '그럼 엄마가 우리 ○○를 사랑하지 않으면 누굴 사랑하겠니?' 하면 금방 얼굴이 싱글벙글해진다. 늘 공부에, 과제에 시달리고 있지만 그 순간만큼은 활짝 웃는다. 그것을 보면서 난 깨달았다. 부모가 자식 사랑 하는 것은 당연하지만, 그래도 가끔씩 말로 립서비스를 해 주어야 한다는 것을.

그러니까 낯간지럽다고 생각되어도 사랑한다고 말해 주어야 한다. 느끼해 몸이 배배 꼬이면 꾹 참고 사투리로 '엄마는 우리 ○○를 사랑혀' 처럼 장난스럽게 시작해도 좋다. 그러다 보면 연습이 되어 사랑한다는 말이 껄끄럽지 않게 나오는 날이 온다.

그런데 말은 말로 끝나지 않는다. 행동을 불러오는 마력이 있다. 사랑한다는 말을 할 때마다 사랑의 감정이 일고, 사랑스런 행동을 하게 된다.

그리고 따뜻한 강이 흐르게 하기 위해서는 잘한 것, 잘하고 있는 것을 찾아 칭찬해 주어야 한다. 적어도 하루 한 가지는 칭찬해 주고 넘어간다는 생각으로 칭찬거리를 찾아야 한다.

우리 아이는 늘 말썽만 피우기 때문에 칭찬해 주고 싶어도 칭찬할 것이 없다고 할 수도 있다. 하지만 눈여겨보면 칭찬거리는 늘 있다. 아이에게 너무 기대가 크거나, 아이가 하는 일을 하찮게 여기기 때문에 눈에 띄지 않을 뿐이다.

아이가 어릴 때를 생각해 보자. 똥 싸는 것, 변기에 앉아서 오줌 누는 것도 굉장한 사건이었고, 칭찬거리였지 않은가! 그런데 우리 부모들은 아이들이 학교에 들어가면 갑자기 기대가 커진다. 기대치가 너무 높다 보니 칭찬거리는 없고, 나무라고 혼내고 타박할 일만 눈에 보인다. 모든 것이 어설프고 성에 차지 않는다.

하지만 생각해 보면 학교에 갔다 와서 책가방을 제자리에 놓는 것도 칭찬거리다. 급식을 먹은 수저통을 부엌에 갖다 놓는 것도 마찬가지다. 아이가 잊어버려서 매번 수저통을 직접 챙겨야 할 때에도 솟아오르는 짜증을 자제하면 칭찬거리가 찾아진다.

"수저에 음식물 찌꺼기가 말라 있는 걸 보니 오늘 급식 맛있게 먹었나 보다. 오늘은 뭐 나왔어?"

말을 걸면 아이는 말할지 모른다.

"자장밥요. 엄마, 죄송해요. 제가 수저통을 부엌에 갖다 놓는 걸 깜박 잊었네요."

"죄송하긴. 사람이 그럴 수도 있지, 뭐."

메뉴 이야기를 나눴을 뿐인데 아이는 말한다.

"엄마, 저 숙제할게요."

사소한 칭찬을 해 주었을 뿐인데, 그것이 공부에까지 연결된다. 미안한 마음에 숙제하라는 말을 하기도 전에 숙제를 함으로써 엄마를 즐겁게 하려는 아이들의 계산 방식이다.

하루 일과로 노곤해 있는 아이에게 무릎베개를 해 주는 것도 아이의 가슴을 따뜻하게 해 주는 한 방법이다. 늘 여기저기 총총거리는 것이 아이들의 반복되는 생활이지만, 무릎베개를 하는 순간 아이는 여유를 찾는다. 엄마가 머리를 만져 주고, 이마를 덮는 머리카락을 손으로 쓸어 주면서 얘기를 나누면 아이는 더없이 행복해한다.

가족들이 가끔 한방에서, 한 이불을 덮고 자는 것도 좋다. 각자 하나씩 있는 방 다 놔두고 무슨 짓이냐고 할지 모른다. 하지만 방이 없어서 한방에서 자는 것이 아니다. 가족임을 느끼기 위해서 일부러 한방에서 이벤트로 자는 거다. 방도 안방, 아이들 방을 번갈아 가며 자는 것이 좋다. 아이는 제 방에 가족들이 모이면 손님 초대라도 한 듯 흥분한다. 서로 등을 긁어 주고, 안마를 해 주면서 동물원의 동물처럼 한가롭게 뒹굴면 가족 간에 사랑의 '열기' 가 뜨겁게 올라오는 걸 느낄 것이다.

이렇게 사랑도 가끔씩 충전을 해 주어야 한다. 그래야 하루하루가 새롭고 즐거워진다. 사랑의 강은 이렇게 사소한 행동 하나로도 홍수가 나고, 범람할 수 있다.

6 잔소리가 되지 않게 말을 관리한다

잔소리의 사전적인 의미는 '듣기 싫게 늘어놓는 잔말', '꾸중으로 이러니저러니 하는 말' 이다. 들으면 반가울 것이 없는 게 잔소리이다. 그런데도 어른들은 누구 할 것 없이 아이에게 습관적으로 잔소리를 한다. 잔소리라면 질색이던 아이도 자라 어른이 되면 자기 아이에게 또 잔소리를 한다. 왜 그럴까?

부모는 아이를 잘 길러 사회에 내보내 제 역할을 하게 만들어야 한다는 책임감과 부담을 안고 살아간다. 그 책임감과 부담감에서 끊임없이 아이에게 잔소리를 하게 되는 건 아닐까 생각한다.

여기서 요즘 초등학생들이 부모님께 가장 많이 듣는 잔소리와 부모님께 잔소리를 들었을 때의 기분을 소개해 본다.

_부모님께 가장 많이 듣는 잔소리

1. 공부해.
2. 컴퓨터 게임 하지 마.
3. 텔레비전 그만 봐.
4. 밥 남기지 마.
5. 숙제 다 했니?
6. 반말 하지 마.
7. 학원 빠지지 마.
8. 책상 정리 좀 해.
9. 거짓말 하지 마.
10. 일찍 일어나.

_부모님께 잔소리를 들었을 때의 기분

1. 기분 나쁘다.
2. 짜증 나고 화난다.
3. 부모님이 원망스럽고, 나도 부모님에게 잔소리를 하고 싶다.
4. 고치고도 싶지만, 일단 속상하다.
5. 빨리 어른이 되고 싶다.
6. 슬프고 우울해진다.

7. 부끄럽다.

8. 힘이 빠진다.

9. 지옥에 떨어진 기분이다.

10. 반발하고 싶다.

— 설문 조사 자료: 〈동화 읽는 가족〉

잔소리 내용이라야 예나 지금이나 별로 변한 게 없을 것이다. 예전에 없던 컴퓨터와 학원이 들어 있을 뿐이다.

그런데 '부모님께 잔소리를 들었을 때의 기분' 이란 항목의 결과에 대해서는 놀라게 된다. 이렇게도 잔소리의 효과가 없을까? 허무해질 정도다. 부모들은 잔소리를 훈육의 한 방법으로 애용하며, 그것에 상당히 기대를 한다. 하지만 결과는 영 아니다.

부모는 애써서 하는 말인데 왜 아이들은 잔소리로 여기고, 이처럼 효과가 없을까?

반복이 문제인 것 같다. 여러 번 하게 되니 아이들이 잔소리로 여기고, 말을 듣지 않는 거다. 아이들이 말을 듣지 않으니 부모는 또 자꾸자꾸 반복하게 된다. 그러는 과정에서 감정의 줄다리기가 시작되고, 짜증도 나고, 분통이 터진다. 자신의 말을 아이가 무시했다는 생각에 폭발을 하기도 한다.

하지만 그처럼 아이들이 싫어하고 효과도 별로 없다면 이쯤에서 방법을 바꿔 보는 것은 어떨까? 세상에 낳아 놓은 이상 부모는 어쨌든 아이를 잘 기를 책임과 의무가 있고, 아이가 제멋대로 살게 방치할 수는 없는 일 아닌가! 그렇다면 듣기 싫어하지 않으면서도 아이들의 행동을 변화시킬 수 있는 방법을 찾아야 한다.

여러 가지 방법이 있을 수 있겠지만, 내가 찾은 방법은 이렇다. 잔소리가 입 밖으로 나가려는 순간, 호흡을 멈추고 한 박자 참는다. 잔소리가 입에서 새어 나가려고 할 때 거름망을 치는 거다. 입술이 두 개이면서 열렸다 닫혔다 하는 것도 필요한 말은 입술을 벌려 내보내고, 필요하지 않은 말이 나가려고 할 때는 두 입술을 닫아 막을 수 있도록 창조주가 만들어 놓은 거라고 생각하고 꾹 참는다. 애써 하는 말이 '듣기 싫게 늘어놓는 잔말'이 되지 않게 하려고, 내가 하는 말이 잔소리로 떨어지지 않게 하려고 입술을 관리하는 거다. 아이들을 원하는 방향으로 이끌려면 잔소리로 아이를 관리하려고 하기 전에 내 말부터 먼저 관리해야 한다는 생각에서다.

잔소리의 가장 큰 단점은 아이들로 하여금 말을 막는 거다. 잔소리라고 판단이 서는 순간, 아이는 더 이상 말하고 싶어 하지 않는다. 그러니까 아이와 말을 주고받으려면 되도록 잔소리를 피해야 한다. 그런데 아이를 키우다 보면 잔소리를 안 할 수가 없다. 그렇다면 어떻게 해야 할까?

그래서 찾아낸 것이 잔소리에 가면을 씌우고 포장하는 거다. 방법은 간단하다. 말을 조금 바꾸기만 하면 된다. '공부해라', '컴퓨터 게임 그만 해라', '텔레비전 그만 봐라' 등의 명령조 말을 살짝 바꾼

다. '공부를 하면 뭐가 좋을까?', '컴퓨터를 너무 많이 하면 어떤 일이 생길까?' 하고 돌려 질문을 한다. '이제 웬만큼 컴퓨터 게임을 했으니 숙제를 하는 건 어떠니?' 하면서 의견을 묻고 제안을 하면 아이들은 꼼짝없이 넘어간다.

　명령조의 말을 잔소리로 취급하고 무시하던 애들이 집중을 한다. 질문에 답하려면 귀를 기울여야 하기 때문이다. '~해라' 하는 식의 명령조의 말에는 못 이겨서 수동적으로 하던 아이가, 질문을 하고 제안을 하면 태도가 달라진다. 금세 능동적이 되고, 적극적이 된다. 자기의 의견을 묻는다는 데서 존중감을 느끼기 때문이다. 그리고 대답을 찾으면서 생각하는 능력과 함께 창의력, 의사 결정력이 생긴다. 또한 자기의 답변에 따라 상황이 바뀌는 것을 보면서 아이는 자기 결정에 대한 책임감도 느끼게 된다. 그러면서 신중해지는 것이다.

　아이와 부모가 함께 행복해질 수 있는 방법이 아닌가 생각한다.

7 아침을 먹지 않은 뇌는 깨어나지 않는다

　건강하려면 아침 식사를 꼭 해야 한다는 것은 상식이 된 지 오래다. 그런데도 여전히 아침 식사를 하지 않는 사람들이 많다. 아이들도 마찬가지다.

그런데 아이들에게 아침을 거르는 이유를 물으면 놀랍게 이런 대답도 나온다.

"엄마가 안 줘요. 그래서 전 그냥 학교에 가는데요."

남의 가정사라 조심스러워 말을 아끼지만 아쉬움이 남는다.

'사정은 잘 모르지만 웬만하면 아침은 먹여 보내지.'

미국 영양학회(ADA)의 조사에 의하면 아침 식사는 특히 성장기인 어린이와 청소년에게 중요하다고 한다. 아침을 먹는 아이는 결식아동보다 집중력과 학습 능력, 창의력, 눈과 손의 협응력이 높다고 한다. 아침 식사가 건강은 물론 학습 능력까지 뒷받침해 준다는 말이다.

국내에도 아침 식사와 학습 능력에 관한 연구 결과가 나와 있다. 농촌생활연구소에 의하면 아침 식사가 수능 성적까지 올려 주는 것으로 나타났다. 아침을 늘 먹는 대입 수험생의 수능 성적은 아침 식사 빈도가 주 2일 이하인 수험생보다 평균 19점이 높았다(2002년 대학생 누리꾼 3612명 조사). 학습을 담당하는 뇌는 포도당을 에너지로 쓰는데 아침을 거르면 포도당이 부족하게 되고, 당연히 학습 능력도 떨어지게 되는 거란다.

아침 식사가 뇌를 가동시키는 기름이고, 연료인 셈이다. 그러니 아침을 먹지 않은 아이에게 공부를 잘하라고 하는 것은 억지다. 아침을 먹지 않은 뇌는 깨어나지 않는다는 생각으로, 어떤 경우라도 아침을 챙겨 먹이도록 해야겠다.

사실 아침을 먹는 것은 굳이 건강이나 학습 능력을 따질 필요도 없는 항목이지 않나 싶다. 아이를 이 세상에 낳아 놓은 이상 먹이는 것은 부모의 가장 기본적인 역할에 속하니까. 아침을 먹이지 않으면서 건강하길 바라거나 공부 잘하길 바라는 것은 기름도 넣지 않고 차가 가지 않는다고 투덜거리는 것과 다를 게 없다.

하루의 시작이라는 상징적인 의미에서도 아침 식사는 중요하다. 첫 단추를 잘 꿰어야 하듯 아침 식사를 제대로 해야 하루가 잘 굴러갈 수 있다. 아침 식사를 하고, 안 하고에 따라 하루를 맞는 마음가짐이 달라질 수 있다. 식사는 단순히 음식물을 먹는 행위가 아니기 때문이다.

아침 식사는 부모가 아이한테 하루를 열심히 살라는 암시이고, 격려이고, 사랑이다. 이른 시간이라 입맛은 없지만, 한 수저 한 수저 밥을 떠먹다 보면 경건해지고, 책임감이 느껴진다. 이 세상에 태어난 이상 먹고 있는 밥값은 해야겠다는 의미심장한 각오가 들락거릴 때도 바로 그때이다. 말은 안 하지만 아이들도 이런 감정을 느낄 것이다. 엄마가 정성껏 챙겨 주는 아침을 꼬박꼬박 먹으면 마음가짐부터 달라질 것이다. 좀 더 바르게 살려고 하고, 좀 더 성실히 살려고 노력하려는 마음이 생길 것이다. 엄마가 매일매일 차려 주는 아침 식탁에 이 모두가 있다.

초등학생, 중학생인 경우는 엄마가 노력만 하면 얼마든지 아침을 챙겨 먹일 수 있다. '시간이 없어서', '입맛이 없어서'라는 것은 핑계다. 조금 일찍 일어나면 되니 문제될 것이 없다. 하지만 고등학생인 경우는 조금 다르다고 생각한다. 학교도 늦게 끝나지만, 학교생활이 끝나도 바로 집에 돌아오지 못하는 경우가 많다. 학원으로, 과외로 전전하다 새벽에 돌아오는 학생들까지 있다. 또 집에 돌아왔다고 해서 바로 잠들 수도 없는 것이 현실이다. 그러다 보니 늘 잠이 부족하고, 시간이 없어서 못 먹는다. 입맛이 있을 리도 없다. 그래서 제일 힘든 생활을 하는 고등학생들이 가장 많이 아침을 거른다고 하니 큰 문제가 아닐 수 없다. TV 프로그램에 '밥 차'가 등장하고, '청소년에게 아침밥을 먹이자'는 캠페인을 벌이는 지경에까지 이르지 않았나 싶다.

청소년들에게 밥을 먹이는 좋은 방법이 없을까? 궁리하다 보면 아침도 학교급식으로 해결하면 좋을 거라는 생각에 다다르게 된다. 실제로 미국의 경우에는 '스쿨 블랙퍼스트 프로그램'을 운영하고 있다고 한다. 청소년의 건강한 신체 발달을 위해 학교에서 아침 급식을 제도화하고 있는 것이다. 하지만 우리에게는 현실적으로 먼 이야기이다. 점심 급식이 자리를 잡은 것도 얼마 되지 않았으니 아직은 가정에서 해결할 수밖에 없다.

예전 어머니들은 밥에 대한 집착이 정말 심했다. 세상에서 가장 중요한 것이 밥이고, 밥 먹는 일이었다. '밥 먹었냐', '밥 먹어야지' 하면서 늘 입에 '밥'이라는 말을 달고 살았다. 밥을 안 먹으면 세상이 뒤집어지기라도 할 것처럼 밥에 매달려 살았다. 가끔 '밥이 뭐 그렇게 중요하다고 그러시냐' 불평하기도 했다. 하지만 갈수록 그분들의 밥에 대한 집착이 이해가 되고, 존경스럽다. 부모가 된 이상, 어머니가 된 이상 그분들처럼 밥에 집착해야 할 것 같다. 그것이 아이들의 건강을 챙기고, 공부를 챙기고, 또 행복을 챙기는 일이니까.

민석이는 습관적으로 지각을 하는 아이다. 초등학생 때 시작된 습관이 중학생이 된 뒤에도 고쳐지지 않았다. 그래서 일어나는 시간을 물어보았더니 역시 늦게 일어났다.

"좀 일찍 일어나는 습관을 들이지 그러니. 그럼 매번 지각해 선생님한테 혼나고, 친구들한테 게으름뱅이 취급을 받지 않잖아. 혹시 아침잠이 많니?"

"그건 아니에요. 사실은 여섯 시 무렵이면 깨어나요. 하지만 침대에서 일어나진 않아요."

"왜?"

"일어나고 싶지가 않아요. 아침 먹을 기대가 없어서인가 봐요."

"아침 먹을 기대가 없다니?"

"저희 가족은 아침을 안 먹거든요. 엄마는 미국에서 오래 유학 생활을 해서 아침에 커피 한 잔만 마시고요, 아빠는 그냥 출근해요. 회사 근처에 아침 먹는 식당이 있대요."

"엄마한테 아침을 달라고 하지 그러니?"

"아침을 달라고 하면 엄마는 시리얼이나 빵을 먹으라고 해요. 하지만 전 시리얼이나 빵은 질색이거든요. 그러니까 아침을 안 먹는 거죠."

그 다음 말은 더욱 가슴을 아프게 했다.

"아침을 먹지 않아서인지 아침이 되어도 아침 같지가 않아요. 새로운 날이 시작되었다는 것이 느껴지지 않아요. 그래서 침대에서 뒹굴게 되고, 그러다 보면 비몽사몽인 채로 있다 지각을 하게 돼요."

이런 사정도 모르고 민석이 엄마는 민석이가 지각하는 것만 나무란다. 애가 게을러터져서 만날 지각이나 한다고.

얼마 뒤 사정이 생겨 시골에 계신 할머니가 민석이 집에 올라와 있게 되었다. 할머니는 당연히 손자가 아침 거르는 것을 받아들일 리 없었다. 할머니가 온 뒤부터 민석이도 아침밥을 먹게 되었다. 아침을 먹고 가려면 자리에서 일찍 일어나야 했고, 그러다 보니 지각도 하지 않게 되었다.

하지만 민석이에게는 여전히 걱정거리가 남아 있다.

"근데 할머니가 얼마 있으면 내려가시나 봐요. 아침밥 먹는 일도 얼마 남지 않은 것 같아요."

밥이 없어서 못 먹는 아이도 안됐지만, 부잣집 외아들인 민석이도 그에 못지않게 안됐다는 생각이 든다.

8 산타클로스를 믿는 아이가 행복하다

"산타클로스가 있다고 믿는 아이는 행복하다."

이렇게 말하면 반박하고 싶은 사람이 많을 것이다.

'그렇다면 산타클로스를 안 믿는 우리 아이는 불행하다는 말이냐? 크리스마스 때마다 아이가 손꼽아 기다리던 휴대전화나 MP3를 사주면 얼마나 좋아하는데, 그런 말을 하냐. 그리고 난 우리 아이가 산타클로스가 있다고 믿을 만큼 우둔한 아이로 자라는 걸 원치 않는다. 유치원 다닐 땐 몰라도 초등학교 들어가서도 산타클로스가 있다고 믿는다는 건 아이에게 문제가 있는 게 아니냐. 좀 덜떨어지거나 하는.'

이렇게 생각하는 부모들이 많아선지, 아니면 아이들이 영악해선지 2, 3학년만 되어도 산타클로스를 믿는 아이가 많지 않다. 아니, 심지어 산타클로스가 있다고 믿는 아이가 친구들로부터 무시를 당하기도 한다.

초등학교 3학년인 현지는 산타클로스가 있다고 믿는다. 하지만 산타클로스가 있다고 말하면 얕보는 친구들이 마음에 걸린다. 그리고 믿지 않는 애들이 믿는 애들보다 더 많다는 것도 신경이 쓰인다.

"그래서 전 학교에서는 산타가 없다고 말해요. 하지만 집에서는 산타가 있다고 믿어요. 크리스마스 때마다 전 정말 산타클로스한테 선물을 받고 있거든요."

크리스마스가 다가오면 저학년 교실은 산타를 믿는 아이, 산타를 믿지 않는 아이로 패가 갈린다고 한다. 산타클로스가 없다고 자신하는 아이들은 산타클로스가 있다고 믿는 아이들을 교육시킨다. 그것은 엄마 아빠가 주는 선물일 뿐이라고. '산타클로스가 있는지 확인하려고 잠 안 자고 기다렸는데 엄마가 내 머리맡에 선물을 갖다 놓더라. 그런데 산타가 있다고 바보같이 믿고 있냐' 면서 산타에 대한 환상을 깬다.

산타가 있다고 믿는 우리 집 둘째는 크리스마스가 다가오면 부쩍 고민이 많아진다.

"정말 엄마가 산타예요?"

"왜에?"

"애들이 엄마가 산타래요. 엄마가 산타면 산타라고 말해 주세요. 실망하지 않을 테니까."

제 딴에는 고단수의 유도 질문까지 한다. 그렇게라도 해서 산타가 있는지, 없는지 확인하고 싶은가 보다.

"다른 애들은 자기 엄마가 산타인가 보지, 뭐. 그럼 그 애들은 산타가 안 오니까 엄마가 선물을 준 건가? 아니면 엄마가 준비하니까 산타가 안 온 것일 수도 있겠네."

연막을 치면 아이는 묻는다.

"그러니까 산타가 있는 거죠? 엄마가 그렇게 좋은 선물을 많이 줄 사람도 아니잖아요."

"뭐, 뭐라고?"

"엄마는 저한테 그렇게 많은 선물을 한꺼번에 사 주진 않잖아요. 그러니까 산타가 있는 거죠. 그것도 내가 좋아하는 것으로만 사 주잖아요."

여기까지 말해 놓고도 아이의 고민은 끝나지 않는다.

"근데요, 우리 반에서 좀 똘똘한 아이들은 다 산타를 믿지 않더라고요."

"그럼 넌 똘똘하지 않다는 말이야?"

"그건 아니죠. 저도 공부는 웬만큼 하니까. 하지만 어쨌든 똘똘한 아이들은 산타를 믿지 않아요. 수연이도 그렇고, 지현이도 그렇고……. 목사님 딸인 드보라까지도 산타를 믿지 않는다니까요."

학년이 올라갈수록 친구들의 압력은 더 거세진다. 6학년 때에도 산타를 믿었던 큰아이는 갖은 무시와 모욕을 겪어야 했다.

"너 정말 산타가 있다고 믿는 거야? 너 지금 연극하는 거니, 아니면 순진한 척 가장하는 거니?"

"이번에도 산타한테 선물 받는데?"

"너 혹시 미친 거 아냐?"

아이들은 금방이라도 때릴 듯한 기세였다고 한다. 학급 활동이나 공부 성적으로는 친구들한테 무시당할 일이 없는 아이였다. 그런데 산타 이야기만 나오면 늘 이렇게 무시를 당했다. 산타를 믿는다는 이유 하나만으로.

"엄마, 있는지 없는지 어서 말해 주세요. 애들이 나보고 정신연령이 어리다면서 안 놀아 준단 말예요. 상대도 안 해 주려고 해요. 왕따예요, 왕따."

결국 6학년 크리스마스이브에 난 결단을 내렸다. 일부러 바스락거리는 소리를 내 엄마가 선물 갖다 놓는 걸 보게 했다. 일부런 들킨 거다. 아이가 친구들에게 '덜떨어진' 취급을 당하는 것이 더 이상 견디기 힘들었기 때문이다.

하지만 아이가 신비로운 땅을 잃어버리게 되었다는 생각에 아쉬움이 많았다.

산타는 아이들에게 신비로운 땅이다. 종교하고는 별개의 문제다. 아이들만이 가질 수 있는 불가사의하고 영묘한 비밀로 가득 찬 영토다. 아이들은 산타를 기다리며 상상에 빠진다. 그 영토를 소유할 수 있는 시간이 길수록 아이들은 행복하다. 아이가 알아채면 할 수 없지만 그런 경우가 아니라면, 부모가 노력해서 그 기간을 조금이라도 늘여 줄 필요가 있지 않나 생각한다.

그런데 '덜떨어진' 가문의 전통일까, 아니면 내 뛰어난 연막술 덕분일까? 6학년인 둘째는 지금도 산타를 믿는다. 그래서 목하 고민 중이다. 아이가 '산타 문제'로 너무 이상한 취급을 받진 않나 유심히 살피며, 언제쯤 산타의 부재를 알려야 할지 저울질하고 있다.

그 고민을 털어놨더니 이번에 중학생이 되는 소정이가 말했다.

"지금도 영이처럼 산타를 믿는 애들을 보면 참 신기해요. 전 유치원 때부터 안 믿었는데. 유치원 때 궁금해서 엄마한테 물어봤더니 '그런 게 어딨니?' 하더라고요. 그래서 전 산타를 기다려 본 적도, 상상해 본 적도 없어요. 산타가 있다고 믿었으면 크리스마스 때마다 산타를 기다리면서 가슴이 설레었을 텐데, 그런 것이 하나도 없었어요."

그런데 산타를 믿게 하려면 부모가 여간 노력을 해야 하는 것이 아니다. 나이에 맞춰 선물을 사 주고 있는 우리 집은 크리스마스가 다가오면 첩보전에 가깝게 비상이 걸린다. 사전에 발각되는 것은 아닌가, 잘 전달할 수 있을까 하는 염려로 불안에 떨어야 한다. 또 아이가 흔들릴 때마다 연막을 쳐 계속 믿게 하는 일도 쉽지가 않다. 그래서 중학교 2학년인 딸이 지금도 산타를 믿고 있다는 하늘이 엄마가 존경스럽고, 중학생임에도 산타를 믿는 하늘이의 순진함이 신비로워 보인다. 딸이 고등학교 다닐 때까지 산타를 믿게 했다는 소설가 박완서 선생님은 이 분야에서도 지존인 것 같다. 얼마나 신비롭게 거미줄을 쳤기에 그게 고등학생에게까지 통했을까, 그 방법이 궁금해진다. 또 거기 넘어간 딸은 그동안 얼마나 행복했을까를 생각하면 부럽기 그지없다.

믿는 만큼 행복해지고, 상상에 빠져 들게 하고, 신비로운 시간으로 이끄는 것은 산타 말고도 얼마든지 많다. '착하게 사는 사람이 복받고, 노력하면 이루어지고, 정의가 이기고, 돈이 많다고 행복한 것은 아니다……' 처럼 무궁무진하다. 이는 세상에 대한 신뢰이고, 소망이고, 희망이기도 하다. 아이들이 순진해야 세상에 대한 신뢰, 소망, 희망도 유지되고 오래간다.

그런데 아이들의 순진성을 조금이라도 길게 유지시켜 주는 것은 우리 어른들의 몫이다. 루소가 말한 것처럼 '아이들이 순수한 마음을 가지려면 아이 주변의 사람들이 순수한 것을 존경하고 사랑해야 가능한 일'인 것 같다.

9 아이를 위해서 노트를 마련한다

우리 부모들은 아이들 교육에 적극적이다. 아이들의 성적을 위해서라면 팔을 걷고 나선다. 사교육 시장이 성업 중이고, 아이들이 이런저런 사교육에 시달리는 것도 그 때문이다. 부모들은 하나라도 더 시켜 주고 싶고, 보내고 싶어 한다.

5학년인 미영이는 엄마와 단둘이 지하 단칸방에서 산다. 생활보호 대상자여서 정부에서 나오는 보조금과 붕어빵 등 행상으로 버는 돈을 보태 근근이 생활한다. 그런 미영이도 영어 학원과 피아노 학원에 다니고 있다. 어려운 살림에 그렇게까지 할 필요가 있냐는 내 눈빛을 알아챘는지 미영이 엄마는 말한다.

"이건 내가 살아가는 끈이에요. 전 내 딸이 나처럼 살지 않기를 바라요. 먹고살기도 빠듯하지만, 학원에 보내는 이유가 바로 그거예요. 난 어떻게 해서라도 내 딸을 학원에 보낼 거예요. 그게 내가 아이에게 해 줄 수 있는 일이고, 그 보람으로 힘들지만 하루하루를 버티고 있어요."

아이를 위한 열의와 희생이 존경스러울 정도다. 그리고 가끔은 아이를 위한 희생이 삶을 이끄는 에너지가 되어 주기도 한다는 것을 다시 한 번 깨닫게 되었다.

하지만 '아이를 위한 일이 꼭 학원에 보내야 것인가' 하는 데에는 의문이 생긴다. 다른 방법도 얼마든지 있을 수 있기 때문이다.

바로 가정에서 부모가 아이의 공부를 봐 주는 것이다. 이렇게 말하면 부모들은 이런저런 이유를 댄다. 바빠서, 실력이 모자라서, 아이를 공부시키려면 화부터 나고 손부터 올라가서 등등 이유도 갖가지다. 사교육에 대한 맹신도 부모들이 아이들을 봐 주지 않는 이유 중 하나다. 사교육을 너무 무조건적으로 믿고 있다. 거기다 게으름과 성의 부족도 한몫하는 것 같다. 이런 것들을 옆으로 살짝 밀어 놓으면 가정도 아이들이 즐겁게 공부하는 배움터가 될 수 있다.

가정을 배움터로 만드는 방법을 소개해 본다.

가장 먼저 할 일은 노트를 마련하는 거다. '우리 아이에게 도움이 되는 기사는 없을까' 생각하면서 신문을 본다. 집에 배달되는 신문은 어린이신문이든 어른 신문이든 그냥 버리지 않는다는, 버려도 알곡은 챙기고 버린다는 마음으로 신문을 본다. 요즘 대부분의 신문은 영어나 한자 등에 대한 팁(tip)을 싣는다. 아이들 눈높이에 맞춘 경제 기사와 과학 기사도 간간히 실린다.

신문을 보다 지금 내 아이에게 필요하고, 읽히면 좋겠다 싶은 것을 잘라 스크랩해 준다. 영어, 한문, 시사, 경제, 과학 등 분야를 가리지 않고 한 노트에 스크랩하는 것도 좋다. 각 주제마다 따로 노트를 마련하는 것도 좋다. 너무 벅차다 싶으면 그중 한 가지만 스크랩을 해 주는 것도 나쁘지 않다. 안 하는 것보다는 낫고, 또 점차적으로 수를 늘려 가는 것도 방법이다.

그런데 스크랩을 하다 보면 단순히 신문 기사를 오려 붙이는 것으로 끝나지 않는다. 중요한 부분에 줄을 긋게 되고, 부모의 의견을 달아 주고 싶은 욕구가 일게 된다. 그러면 토를 달면 된다. 더 첨가하고 싶은 내용은 덧붙이면 된다. 이러다 보면 노트도 진화를 거듭해 시간이 지나면 아주 훌륭한 노트가 된다.

하지만 노트하는 것으로 그치면 안 된다. 아이가 학교에 갔다 오면 그 따끈따끈한 노트를 보면서 같이 읽는다. 그러다 보면 다방면에 상식이 쌓이고, 토론이 오가게 된다. 아이는 엄마가 작성한 노트를 보면서 노트 정리법을 배우게도 된다.

아이는 노트를 보면서 학습적인 효과만 얻는 것이 아니다. 부모가 신문을 활용하는 것을 보면서 자연스럽게 절약 교육이 되고, 재활용 교육과 환경 교육이 된다. 그리고 매일매일 자신을 위해 부모가 노트를 한다는 것은 그로 인해 얻는 정보보다 상징적인 의미가 더 크다. 아이는 엄마가 만들어 주는 노트를 보면서 부모의 근면과 성실을 보게 되고, 사랑을 느끼게 될 것이다. 말로만 성실을 주장하고, 사랑한다고 외치는 것과는 비교할 수 없는 효과가 있다. 학원 하나 더 보내는 것과는 차원이 다른 효능을 거둘 수 있다.

아이들의 영어 교육을 전담하다 보니 내가 빼놓지 않고 꼭 챙기는 분야는 영어다. 비즈니스 영어가 실리는 칼럼은 놓치지 않고 재편집을 해서 노트해 주고 있다. '아이한테 무슨 비즈니스 영어냐, 아이가 어려워하지 않냐'고 물을 수도 있다. 하지만 노트는 이 문제를 풀기 위해 진화를 거듭했고, 이제는 안정적이고 효과적이고 독특한 교수법으로 진화되어 있다. 이 덕택인지 두 아이는 학생 영어에서 비즈니스 영어인 토익으로 옮겨 갈 때 무리가 없었다. 노트가 자연스럽게 이유식 역할을 한 셈이다.

언젠가 '미국에서 가장 성공한 한국인 가정'이라는 제목의 기사가 신문에 실렸다. 미국에서 한국인으로서 최고 고위직에 올랐다는 고홍주 씨 가족의 이야기였다. 그들 가족이 따 냈다는 박사 학위 숫자, 그들 가족의 직위가 낱낱이 실려 있었다. 하지만 내 눈길을 끈 것은 그들의 성취나 박사 학위 숫자보다 고홍주 씨의 생활이었다.

그는 다섯 시에 퇴근하여 집으로 돌아온다고 했다. 그 부분이 선뜻 이해가 되지 않았다. 우리 같으면 고위직에 있는 사람이 다섯 시에 퇴근할 리도 없고, 바로 집으로 돌아오는 일은 더욱 없을 것이기 때문이다. 고위직에 있는 사람도 다섯 시면 퇴근한다는 데서 사회의 청렴도를 읽을 수 있었다. 더욱 놀라운 것은 집에 와서 그가 하는 일이었다. 최고 고위직 공무원이라는 그는 매일매일 아이들 공부를 봐 준다고 했다. 그의 부모도 그렇게 했고, 그 자신도 그렇게 하고 있다고 나와 있었다.

아이들 공부를 부모가 챙겨 주는 것은 어찌 보면 너무나 단순하고 소박한 방법이다. 하지만 그만큼 좋은 방법도 없다. 아무리 좋은 과외 선생님이 있고, 학원이 있다고 해도 한 과목 정도는 부모님들이 아이의 학습을 직접 챙겨 주라고 권해 드리고 싶다. 외부에 맡겼을 때 얻을 수 없는 이점들을 챙길 수 있기 때문이다.

아이의 학습을 챙겨 주다 보면 아이의 성장을 가까이에서 볼 수 있다. 아이가 지금 어느 단계에 있고, 무엇을 어려워하며, 어떤 고민을 갖고 있는지 그리고 내 아이의 지적 능력은 어느 정도이고, 어느 분야가 적성에 맞는지가 보다 확연하게 들어온다. 거기다 배우고 가르치는 것의 희열을 같이 맛볼 수 있다. 아이를 가르치며 부모도 성장을 하는 거다.

이 모두를 경험할 수 있는 출발점이 바로 노트다. 노트 하나만 마련하면 시작이 되고, 노트는 제 스스로의 힘으로 멋지게 진화해 나간다.

10 엄마 아빠도 **걱정이 있다는 것을** 살짝 살짝 내비쳐라

부모는 아이들을 지켜 주는 울타리이고, 기댈 수 있는 기둥이 되고자 최선을 다한다.

"나이만 어른이지 애기야 애기. 놀음해서 빚지고 도망 다니고, 술 마시고 와서 고래고래 소리를 지르며 욕하고, 얘들 앞에서 반찬 없다고 투덜거리고, 옷은 아무 데나 던져 놓고, 할 말 안 할 말 가리지 않고, 아침이 되어도 일어나지 않고……. 애들이 뭘 보고 자랄까 그것이 걱정이야. 애들이 봐도 제 아빠가 우스울 것 아냐. 그런 사람하고 결혼해 살고 있는 나도 그렇고. 내가 힘든 것은 둘째 치고, 이제는 애들 창피해서 못 살겠다니까. 아무리 속 못 차리는 사람도 애 낳으면 철든다고 하잖아, 왜에. 그런데 그 사람은 그 말도 안 통한다니까. 몸 컸다고 아무나 결혼하게 내버려 둘 일이 아냐. 결혼해서 부모 노릇을 제대로 할 수 있나, 테스트해서 부모 자격증 같은 것을 주어서 결혼을 허락해 주어야 해. 몸만 컸다고 아무나 결혼하니까 애들이 불쌍해지잖아. 어린 시절을 그런 부모하고 살아야 하니까. 애들이 무슨 죄가 있냐고."

정애 씨(38) 남편처럼 아이를 키울 준비가 안 된, 미성숙하고 자기 자신조차 추스르지 못하는 부모도 있다. 세상에는 사춘기 맞은 딸보다 더 바람을 피워 아이를 뒤흔들어 놓는 철없는 엄마도 있으니까.

하지만 대부분의 사람들은 부모가 되는 순간 엄청난 에너지를 얻는다. 아이의 안전과 발전을 위해서 괴력의 책임감을 발휘하며, 삶을 엮어 나간다. 아무리 심신이 고달파도 내색 안 하고, 튼튼한 지주가 되고자 최선을 다한다. 하지만 흔들림 없는, 너무 굳건한 부모는 아이들을 의존적으로 만들 수 있다. 그런 부모 밑에서 자라는 아이들은 엄마 아빠는 아무 걱정이 없다고 생각한다.

"어른들은 좋겠어요."

"왜에?"

"어른은 공부 안 해도 되잖아요. 그리고 우리들한테 이것 해라, 저것 해라 명령만 하면 되잖아요. 그러니까 저도 빨리 커서 어른이 됐으면 좋겠어요."

어른을 의무도 없고, 권력만 휘두르는 존재로 인식한다.

이럴 때에는 엄마 아빠도 걱정이 있다는 것을 살짝 내비치는 것이 효과가 있다.

"엄마, 왜 얼굴이 어두워요? 무슨 일 있어요?"

"으응, 원고가 잘 안 써져서."

이렇게 한마디 던지는 것만으로도 아이들이 입에 달고 사는 불평을 잠재울 수 있다. '나만 힘든 게 아니구나' 인간적인 이해가 생긴다. '그러니까 나도 열심히 해야겠구나' 아이는 긴장하고 재무장한다.

하지만 아이들이란 늘 그렇듯 오래가지는 못한다. 금방 잊어버리고, 투정하고, 불평을 늘어놓는다. 그럴 때마다 걱정거리를 꺼내 보인다. 실제 걱정거리가 없어도 창작해 내보인다.

"요즘은 정말 너무 힘들다. 일도 잘 되지 않고."

"엄마, 좀 쉬어 가면서 하세요. 요즘 너무 일을 많이 해서 그런가 봐요. 엄마도 쉴 때가 있어야죠."

응석받이 아이가 위로를 보내기까지 한다.

어느 날 갑자기 엄청난 짐을 떠맡게 된 불쌍한 우리 부모들도 가끔은 위로를 받아야 한다. 그리고 피붙이로부터 받는 위로는 특히 달콤하다.

아이에게도 좋고, 우리 부모에게도 좋은 위로를 끌어내고 싶을 때 이렇게 던져 보자.

"아빠 사업이 요즘 어려운가 봐."

이 한마디만 던져도 위로를 남기고 제 방으로 들어가 책상에 앉는 아이를 볼 수 있을 것이다.

11 아이를 도덕의 그물에 가두지 마라

"연애할 때는 사람이 바르고 곧은 것이 좋아 보였어요. 하지만 결혼해 같이 살수록 가슴이 답답함을 느껴요. 모든 걸 도덕에 따라 판단하고 행동하거든요. 사람이 너무 도덕적이다 보니 세상의 변화와 흐름도 못 읽고 놓칠 때가 많아요. 도덕이 가로막는 거죠. 투자도 투기로만 보고 거들떠보지 않으니 늘 가난에 허덕이게 되고. 사람이 너무 도덕적이니까 회사에서도 밀려난 것 아닌가 하는 생각도 들고요. 도덕 선생하고는 같이 있기 싫잖아요, 왜에. 또 끊임없이 경쟁해야 하고 남을 딛고 올라서야 하는 것이 현대사회이고 회사의 목표인데, 그것을 받아들이기 힘들어하니 사람들하고 코드가 안 맞는 거죠. 요즘에는 말을 안 해요. 입에서 나올 얘기가 뻔하거든요. 또 바른 생활 얘기나 하겠지 싶으니까 말하기가 싫은 거죠."

현경 씨(39)는 치를 떤다. 그렇다고 현경 씨가 도덕적으로 문제가 있는 것은 아니다. 남에게 피해 주는 일 없이 살고 있는 평범한 사람일 뿐이다.

도덕적인 굴레에 갇히면 자신은 물론 곁에 있는 사람까지 답답하게 만든다. 세상에 대한 이해의 폭이 좁아 흐름을 놓치는 것은 물론, 진취적으로 나아가지 못한다.

그런데 아이들은 태생부터 다분히 도덕적이다. 나쁜 나라 나쁜 사람은 아주 싫어라 하고, 나쁜 사람이 벌을 받으면 아주 고소해한다. 아이들 심성이 아직 단순하고 착해서 그럴 수 있다. 하지만 우리 부모들의 영향도 무시 못한다.

"그러면 못써. 착한 사람이 아니야."

"사람이 어쩜 그럴 수 있니? 착하게 굴어야지."

입만 열었다 하면 도덕의 잣대를 들이대고, 도덕적으로 평가하고, 도덕을 강요한다. 세상의 가치가 오로지 '착한 것'에 있는 듯 착하다는 말을 남발한다. 그러다 보니 아이들은 '착한 아이 콤플렉스'를 안게 되고, 어린 시절을 도덕의 그물에 갇혀 지내게 된다.

'착한 아이'가 되면 양육은 좀 편해질지 모른다. 하지만 아이들의 행동은 물론 생각까지 범위가 좁아진다. 사고가 탄력적이지 못하고, 상상력도 시원하게 뻗어 가지 못한다. 머리에 진을 치고 있는 도덕이 상상력을 가로막고, 짓누르기 때문이다.

평상시에는 늘 '착한 아이'만 부르짖다 창의력 학원에 다닌다고 창의력이 좋아지지 않는다. 남에게 피해를 주지 않는 한에서 되도록 많은 것을 허용해 주어야 아이들의 영토가 넓어진다. 어린 시절만이라도 맘껏 사고하고 행동할 수 있도록 풀어 주고, 놓아주자. 방목한다는 생각으로.

그러다 보면 개망나니가 되는 것은 아닌가 걱정할 수도 있다. 하지만 사람 새끼는 상대와 주변을 살펴서 행동할 만큼 영리하니 미리 걱정할 필요 없다.

얼마 전 글쓰기 심사를 보았다. 경제에 관한 글이었는데, 천 편이 넘는 원고의 내용이 거의 똑같았다. 경제 하면 절약만 생각하고, 절약 하면 돼지 저금통만 생각하는 아이들의 글을 보고 새삼스럽게 다시 반성하게 되었다. 이 붕어빵은 우리 어른들이 만들어 낸 작품이기 때문이다.

12 하인스 워드는 멀리 있지 않다

얼마 전 한국인의 피가 섞인 국제결혼 가족(혼혈아)인 하인스 워드가 2006년 미국 슈퍼볼 최우수 선수(MVP)가 되었다고 온 나라가 떠들썩했다. 가난과 유색인종에 대한 차별을 물리친 인간 승리의 드라마로 연일 매스컴이 도배를 했다. 그가 다음 주 온다더라, 아니다 다음 달에 온다더라가 기사화될 정도로 관심이 폭발적이었다. 그리고 그가 왔을 때도 여기저기서 그를 취재하고 찾는 바람에 개인 시간을 가질 수 없을 정도로 스케줄이 빡빡했다고 한다. 그렇게 우리는 현대판 영웅인 하인스 워드를 맞았다.

우리는 그를 열렬히 환호하면서도 속으로 미안해했다. 한국에서 살았던 어린 시절, 국제결혼 가족에 대한 차별이 심했고, 그래서 사실 한국을 떠날 생각을 했다는 말이 우리 머리에서 떠나지 않았기 때문이다. 하지만 영웅인 하인스 워드는 성공한 사람의 아량으로 자신을 내쫓은 우리에게 살인미소로 활짝 웃어 주었다.

그가 한국에 와서 가장 관심을 기울인 것은 국제결혼 가족 챙기기였다. 국제결혼 가족들에 대한 지원과 인식을 바꾸는 사업을 벌였고, 앞으로도 벌이겠다고 한다. 그것을 보면서 하인스 워드는 성공했지만 '싸가지'가 있구나 싶으면서도, 우리는 다시 한 번 부끄러워하지 않을 수 없었다. 어릴 때 겪은 국제결혼 가족들에 대한 편견과 차별로 얼마나 어려운 시간을 보냈기에 저럴까, 생각하지 않을 수 없었기 때문이다. 우리가 한 행동에 대한 조용하지만, 날카로운 꾸지람이었다.

우리 주변에는 하인스 워드처럼 국제결혼 가족들이 많다. 그들에 대한 우리의 태도는 여전하다. 성공해서 영웅이 되어 돌아온 사람은 열렬히 환호하면서도 우리 곁에 있는 국제결혼 가족에게는 냉담할 만큼 우리는 간사하고 치사하다. 미국이나 유럽에 가서 우리가 느낀 인종차별에 대해서는 '왜 그렇게 속이 좁을까' 성토하고 아쉬워하면서도, 우리는 국제결혼 가족에 대해서 똑같은 일을 자행한다.

그런데 국제결혼 가족들은 빠른 속도로 늘어 나고 있다. 충북 보은의 경우 2005년 205쌍 중 82쌍이 국제결혼이었다고 한다. 이런 속도로 가다 보면 2020년에는 신생아 세 명 중 한 명이 국제결혼 가족일 것이라고 한다. 요즘도 농촌의 초등학교에 가면 어렵지 않게 국제결혼 가족 학생을 볼 수 있다고 한다. 국제결혼 했던 사람들의 자녀가 자라 초등학생이 된 것이다. 얼마 지나지 않아 도시의 학교도 그럴 것이고, 그 수는 점차 많아질 것이다. 그런데 500명을 설문 조사한 결과에 의하면 초등학생들도 피부색에 따른 인종 편견을 갖고 있다고 되어 있다.

우리 아이들은 국제결혼 가족인 친구들과 같이 공부하고, 어울려 살아갈 수밖에 없다. 아이들의 가슴에 피부 쇄국주의의 빗장이 채워지기 전에 우리 부모들이 나서야 한다. 우리들이 미국이나 유럽에 가서 느끼는 차별과 편견을 이야기해 주고, 그러면 되겠느냐고 물으시라. 아이들은 고개를 절레절레 저을 것이다. 거기다 요즘 국제결혼 가족들에 대한 이야기책이 나오고 있는데, 아이들이 그런 책을 읽으며 마음의 빗장을 풀도록 이끌어야 한다. 그것이 바로 국제결혼 가족인 친구들을 행복하게 하는 길이고, 내 아이를 행복하고 잘살게 하는 길이다. 남을 차별하면서 자신이 행복하기는 힘들기 때문이다.

하인스 워드의 환영식에서 인터뷰했던 한 여자 국제결혼 가족의 말이 지금도 귓가를 떠나지 않는다.

"다른 것은 바라지도 않아요. 제발 불쌍히 여기지만 말아 줬으면 해요."

13 기다려 주는 부모가 행복한 아이를 만든다

'아이들에게 이 세상은 어떤 곳이고, 어떤 모습으로 비치어지고 있을까.'

가끔 아이의 입장이 되어 생각해 본다. 그들에게 세상은 너무 크고, 배워야 할 것이 너무 많을 것이다. 앞으로 어떻게 될지 알 수 없는 것들도 너무 많다. 헤헤거리며 잘 웃고 떠들고 하니까 늘 행복해 보여도 이 세상에 태어났다는 것만으로도 아이들은 불안하고, 많은 스트레스를 받고 있을 것이다.

그런데도 우리 부모들은 '왜 그걸 못 하는 거니?', '왜 빨리 못 하니?' 하면서 다그친다. 옷 입는 것이 보통 어려운 것이 아닌데도 '왜 그렇게 느려 터졌냐'고 나무란다. 그러면 아이들은 손이 떨려 팔을 어디에 꿰어야 할지조차 생각이 나지 않는다. 이렇게 옷 하나 입는 것도 아이들에게는 큰 일이고, 하나에서부터 열까지 이치를 깨우쳐야 하고 배워야 한다. 그러다 보니 어른들의 눈에는 더디고 실수투성이로 보일 수 있다. 부모는 그것을 두고 보지 못한다. '그게 그렇게도 어렵니? 내가 않느니 죽겠다.' 면서 낚아채 입혀 준다. 기다려 주지 않는다.

아이들에게는 이렇게 늘 있는 일도 모두가 모험이고 도전이다. 스스로 해야 할 일이지만, 스스로 할 수 있고 숙달될 때까지는 많은 시간이 필요하다. 부모는 아이의 상태를 이해하면서 인내심을 갖고 자상한 눈길로 기다려 주어야 한다. 아이가 충분히 연습하면서 깨우칠 수 있도록 시간을 주어야 한다. 그래야 아이들이 서둘러야 한다는 부담감 없이 차근차근 배워 나간다. 새로운 것을 배우는 재미를 느끼고, 이담에 더 잘할 수 있게 된다.

그런데 어른들은 그것을 못 참고 '이거 해라 저거 해라' 명령을 한다. 그러면 스스로 흥미를 가지고 하고자 했던 일도 하고 싶은 마음이 없어진다. 의욕이 떨어진다. 하기 싫은 일이 되고, 해도 어쩔 수 없이 하는 일이 된다.

생각해 보면 부모가 한 박자 늦춰 기다려 주기만 해도 해결될 일이 참 많다. 생활 습관도, 공부도 기다려 주면 시간 속에서 자연 자리가 잡히고 해결이 된다. 재촉하거나 나무라지 않고 시간을 주면 아이는 재미있게 깨우치고 배워 나간다. 공부를 못하는 것도 어찌 보면 다른 아이보다 좀 느리게 깨우치고, 더디게 이해하는 것일지도 모른다. 깨우칠 때까지 옆에서 도움을 주며 좀 더 기다려 주면 달라질 수 있다. 아이들의 시계추와 어른의 시계추가 다르다는 것을 늘 기억하면서, 한 박자만 기다려 주어도 우리 아이들은 지금보다 훨씬 행복해질 것이다.

난 어렸을 때 부모님이 원하는, 고분고분하고 착한 여자 아이가 아니었다. 놀기를 너무 좋아하는, 에너지가 넘치는 아이였다. 그러다보니 자주 혼났고, 난 착한 아이가 아니라고 은연중에 생각하게 되었다. 그런데 그런 나도 가끔 반성을 했고, 착하게 살 수 있는 방법을 모색하곤 했다.

'오늘은 엄마 아빠가 좋아할 일만 해야겠어. 그래서 엄마 아빠를 깜짝 놀라게 해 주는 거야.'

단단히 마음먹고 놀러 나가지 않고 청소를 하려고 빗자루를 찾았다. 그런데 빗자루를 손에 쥐기도 전에 등 뒤에서 아빠의 목소리가 들렸다.

"누가 하라고 하기 전에 청소도 하고 좀 그래라. 만날 할 걸 누가 하라고 할 때까지 기다릴 필요 없잖냐."

김이 팍 샜다. 짜증이 났다. 내 나름대로 계획했던 일이 실패로 돌아가자 화가 났다. 하지만 진정을 하고 청소를 했다. 그러고는 마루에 앉아 다음에 할 일을 찾았다. 감자였다. 엄마가 감자 국을 끓이려고 물에 담가 둔 감자 껍질을 벗겨 놓으면 좋아하겠지 생각하며 우물로 향했다. 그때 바깥에서 일하다 호미를 갖으러 집에 들어온 엄마가 말했다.

"감자 껍질 좀 벗겨 놔. 엄마가 바쁘니까 너라도 도와야 할 것 아니냐."

갑자기 감자 껍질을 벗기기 싫었다. 왜 못 기다려 줄까, 왜 내가 하려고 하는 것을 꼭 집어내 저렇게 김을 새게 할까 하는 생각에 분통이 터졌다. 조금만 기다려 주지 하는 아쉬움과 원망이 생겼다.

그 뒤에도 난 가끔 엄마 아빠에게 도움이 되는 일을 찾아 하려고 했다. 하지만 엄마 아빠는 매번 한 박자 먼저 '~해라'고 말해 김을 새게 하고 의욕을 꺾었다. 깜짝 놀래키고 칭찬을 받고 싶은데, 그 기회를 주지 않았다. 이런 일이 잦자 엄마 아빠한테 칭찬받는 것은 불가능하다고 생각하게 되었다. 그래서 놀고 싶은 만큼 실컷 놀고 밤이 이슥해서야 돌아와 혼나는 쪽을 택하곤 했다.

이런 경험이 있기 때문에 난 아이들에게 시간을 주려고 노력한다. 어린 시절에 겪었던 아쉬움 때문이다. 그런데도 가끔 실수를 한다.

아이가 새로운 마음으로 공부하려고 이를 닦으려던 참이었는데, 그 것도 모르고 '쉬었으니까 이제 공부 좀 할래?' 하고 말해 김을 새게 한다. 큰맘 먹고 실내화를 빨려고 하는데, '실내화 정도는 이제 네 손으로 빨아야 하지 않니?' 하면서 엄마를 놀래 주려는 아이의 마음 을 뭉개 놓고 의욕을 꺾는다.

그럴 때마다 난 가슴에 손을 얹고 주문을 외운다.

'기다려야 해. 기다려 주어야 한다고.'

그렇게 나름대로 엄마 공부를 하고 있지만, 아직 멀었다는 것을 실 감하게 된다.

제2장

행복은
생활 속에 있다

1 뒹구는 곰이 행복하다

한가롭게 뒹구는 곰을 보면 마음이 편안해진다. 동물 본연의 모습을 찾은 것 같아 행복해진다. 같은 동물이지만, 인간은 마냥 그러고 있을 수만은 없다는 사실에 부럽기조차 한다. 돌이켜 보면 인간도 곰처럼 한가롭게 뒹굴던 시절이 있었다. 생후 몇 년 간은 누구나 그런 시기를 보내지 않는가! 뒹구는 아이는 행복했고, 그것을 보는 이도 행복했다.

하지만 언제까지나 뒹굴며 보낼 수는 없다. 이 세상에는 아이들이 배워야 할 것들이 많기 때문이다. 월령에 따라, 연령에 따라 그때그때 배워야 할 것들이 있고, 특정한 시기에 익히면 쉽게 익히고, 삶을 살아가는 데 유리한 것들이 있기에 한가롭게 뒹굴 수만은 없다. 그리고 내부 에너지도 세상에 대한 호기심으로 무언가 배우고 싶고, 익히고 싶은 욕구로 채워진다.

그래서 아이들은 뒹굴던 방바닥에서 몸을 일으켜 이것저것 배우고 익히기 시작한다. 유치원과 학교를 통해 정규교육을 받고, 학원이나 학습지 프로그램을 통해 과외학습을 받기도 한다. 이러면서 생활에 규칙이 묻어나기 시작하고, 그 규칙들은 습관으로 자리를 잡아간다. 틀이 잡히면서 생활은 한결 안정적인 모습이 된다.

그런데 세상이 변화하는 속도가 너무 빠르다. 부모들은 그 빠른 속도에 자녀들이 잘 적응하기를 바란다. 갈수록 치열해지는 경쟁에서 살아남기를 바란다. 그래서 이것도 배워라, 저것도 익혀야지 하는 식으로 아이들에게 요구하는 것이 많다. 그러다 보니 아이들의 생활이 너무 바쁘다. 영어, 피아노, 수영, 컴퓨터, 미술, 글짓기 등으로 스케줄이 빽빽이 들어차 있다.

빈틈없이 돌아가는 매일의 생활을 보노라면 아이들이 공장의 컨베이어 벨트 위에 올라 있는 공산품 같다. 여유 없이 너무 내몰리고 있다는 생각에 안타까울 정도다. 물론 이런저런 프로그램을 통해 좀 더 빨리, 좀 더 많이 배울 수도 있다. 하지만 규격화된 프로그램에 너무 내몰리다 보면 부작용이 나타나기도 한다.

민기는 이것저것 아는 게 많다. 선생님이 질문하면 대부분 재빨리 대답한다. 하지만 그것이 왜 답인지 이유를 물으면 학원에서 그렇게 배웠다고 말한다. 또 다른 답은 없는지 찾아보라고 하면 짜증을 낸다.

"그게 답인데 왜 다른 방법을 찾아야 해요? 귀찮아 죽겠는데."

더 이상 생각하려고 하지 않는다. 크기도 전에 벌써 늙은 조로 현상이 보인다.

아란이는 학교에 갔다 오기 무섭게 학원에 가야 한다. 아란이의 시간표는 일주일 내내 이런저런 학원 스케줄로 빽빽이 들어차 있다. 엄마가 시간을 챙겨 주면 거기에 따라 이 학원 저 학원 오가는 것이 아란이의 일과다.

놀 시간 있냐고 묻는 친구에게 지친 목소리로 말한다.

"넌 그렇게 놀아도 돼?"

"넌 안 돼?"

"학원 가야 돼. 안 그러면 우리 엄마한테 죽어. 넌 인생 참 편하게 산다."

"그럼 우리 학원 갔다 온 뒤에 놀까?"

"학원 숙제는 언제 하고? 야, 난 지금 학습지도 5일치나 밀렸어."

초등학교 3학년인데도 벌써 인생을 다 산 것처럼 지쳐 있다. '늙은 아이'처럼 세상에 대한 궁금증도, 새로움도 없다. 오직 해치워야할 과제만 있을 뿐, 여유가 없다. 이렇게 어렸을 때부터 규격화된 학습 프로그램에 지나치게 노출되다 보면 새로운 것에 대한 호기심이 없어지고, 배우는 기쁨도 느끼지 못한다.

이런 점에서 보더라도 아이들에게는 정신없이 하루를 보내는 것보다, 한가롭게 되작이고 뒹구는 시간이 필요하다. 하루 삼십 분이라도 아무것도 하지 않으며 보낼 수 있는 시간이 있어야 한다.

뒹구는 장소는 아이의 방보다는 거실이 좋다. 거실에 보료 같은 것이 있으면 마음 놓고 뒹굴 수 있어 더 좋다. 그렇다고 소파를 치우라는 것은 아니고, 거실 한쪽에 깔개 같은 걸 깔아 놓으면 된다. 아이가 하는 일을 상관하지 않고, 엄마는 거실 한쪽에서 책을 읽거나 찬거리 나물을 다듬거나 하면 더욱 좋다. 엄마의 한가로운 모습이 아이의 마음을 편하게 해 줄 수 있기 때문이다.

이렇게 멍석만 깔아 주면 아이들은 빈둥거리며 혼자 있는 시간을 즐기게 된다. 벽을 보며 연극을 하고, 혼자 걸어 다니며 독백을 하기도 한다. 그러다 심심하면 책을 잡기도 하고, 책을 밀어 놓고 상상에 빠져 들기도 한다.

요즘 부모들은 창의력의 중요성을 잘 안다. 그런데 창의력은 쉴 틈 없이 아이들을 내몬다고, 창의력 학원에 다니며 쥐어짠다고 자라지 않는다. 창의적인 생각은 한가롭게 뒹구는 동안 뻗어 난다. 사람은 심심하면 생각하고, 생각하다가 다른 것을 발견하고, 발명의 실마리를 찾게도 된다. 그러니까 아이가 뒹구는 시간을 아까워할 것 없다. 이는 위험부담이 없는, 썩 괜찮은 투자다.

한가롭게 뒹구는 시간은 아이들의 행복을 위해서도 필요하다. 여유 있게 뒹굴며, 자기 생각에 빠져 있는 아이는 짜증을 내거나 화내지 않는다. 뒹구는 곰처럼 행복한 얼굴이다. 공부도 결국 행복하자고 하는 일이다. 그런데 아이를 행복하게 만드는 방법이 이렇게 쉬우니 피할 이유가 없다.

거기다 그렇게 쉰 다음에는 집중력까지 생기니 금상첨화 아닌가!

한가롭게 뒹구는 것에 보태 아이의 창의력을 높일 수 있는 방법을 소개해 본다.

_아이들의 창의력을 높이기 위한 방법 일곱 가지

1. 감시하지 말고 자극을 줘라!

부모들은 아이의 생각을 잘잘못으로 평가하려고 드는 경향이 있는데, 이는 삼가야 한다. 대신 늘 색다른 자극을 주려고 노력해야 한다. 다르게 생각하고 행동하려면 다른 자극이 필요하기 때문이다.

2. 집중과 이완을 반복하라!

늘 비슷한 시간에 뭔가에 몰두할 수 있게 분위기를 마련해 주어야한다. 그래야 몸과 머리에 시계가 만들어진다. 집중한 다음에는 긴장을 풀 수 있도록 쉬거나 놀 수 있도록 배려해야 한다. 그래야 다시집중할 수 있다.

3. 아이가 웃기려고 하면 크게 웃어 줘라!

유머는 창의성에서 나온다. 다르게 생각해야 기존의 흐름을 깰 수있고, 그 파격의 순간에 비로소 웃음이 나오기 때문이다. 그러니까아이가 웃기려고 하면 설령 웃기지 않더라도 크게 웃어 주어야 한다. 그래야 아이는 자꾸 유머를 시도할 것이고, 그러면서 실력도 늘고 창의성도 좋아진다.

4. 시간을 재촉하지 마라!

아이가 빨리 답을 얻으려 걱정하거나 스트레스를 받지 않도록 해야한다. 쫓기는 상황에서는 새롭게 생각하기 힘들다. 느긋하게 뒹굴고 되작이다가 전과 다른, 새로운 생각의 실마리를 움켜쥘 수 있다.

5. 유추와 가정을 활용하게 하라!

'이러니 어떻게 되었을까?' 미루어 헤아리게 하고, '만약 ~라면' 식의 질문을 자주 던져 생각의 물꼬를 터 주어야 한다. 이런 질문을 받게 될 때 아이는 자유로운 생각을 하게 되고, 머릿속을 뒤져 자기만의 생각을 찾으려고 노력하게 된다.

6. '네, 아니요' 식의 답은 요구하지 마라!

꽉 막힌 단답식의 질문 대신 뒤가 열린 개방적인 질문을 많이 해야 한다. 그래야 아이의 생각이 열리고, 입도 열린다.

7. 오류와 실수를 허용하라!

아이들은 실수에서 더 많은 것을 배운다. 그러니 아이가 실수를 하고 오류를 범하더라도 넓은 아량으로 감싸 주어야 한다. 그래야 아이가 자유롭게 생각하게 되고, 사고의 폭도 넓어진다.

— 자료: 독일 하노버 대학 클라우스 우어반(전 세계영재학회장) 교수

2 칭찬받는 계기를 만들어 준다

전 어렸을 때 칭찬받은 적이 거의 없어요. 한 번이라도 언니 오빠들처럼 칭찬받는 것이 소원이었어요. 오빠가 감기에 걸렸을 때예요. 엄마는 오빠에게 약을 먹이려고 하는데, 오빠는 안 먹겠다고 부득부

득 떼를 썼어요. 꾹 참고 먹으면 되는데 그것도 못하나 싶어 내가 나섰어요. 오빠 대신 약을 먹겠다고. 그러자 엄마는 오빠에게 약을 먹게 할 심산으로 가루약에 혀를 대게 허락해 주었어요.

"이것 봐라. 나이가 어린 네 동생도 약을 먹는데, 오빠인 네가 왜 못 먹어."

난 그것을 나에 대한 칭찬으로 받아들였어요. 마침내 나도 칭찬을 받았다는 생각에 가슴이 부풀어 올랐어요.

거기서 끝났으면 될 일인데 더 칭찬을 받으려고 엄마가 나간 사이, 남은 약봉지를 모두 입에 털어 넣었어요. 오빠가 못하는 일을 내가 해 칭찬을 받으려고요.

그래서 어떻게 됐냐고요? 배가 몹시 아팠고, 엄마한테 엄청 야단을 맞았어요. 이 지지배야, 어디 먹을 게 없어서 오빠 약까지 먹었냐면서. 세월이 많이 지났지만 지금도 가끔 그 일이 떠올라요. 그때마다 씁쓸해져요. 얼마나 칭찬을 못 받고 자랐으면 그랬을까 하는 생각에 어린 내가 가엾어서요. 그 일을 생각해서 전 아이들에게 칭찬을 되도록 많이 해 주려고 해요.

아이 둘을 키우는 민주 씨처럼 예나 지금이나 아이들은 칭찬받기를 원한다. 요즘 아이들이 부족한 게 없이 자라면서도 선생님한테 칭찬 스티커 받는 것에 그렇게 열심인 것만 봐도 알 수 있다.

칭찬을 들으면 제일 먼저 기분이 좋아진다. 그 쾌감은 다른 일로

받고 있는 스트레스마저 날려 버릴 정도다. 그런데 칭찬의 효과는 아이들한테 더 강력하게 나타난다. 부모로부터 칭찬받는다는 것은 부모한테 인정을 받는다는 말이다. 부모한테 인정을 받으면 아이는 자신을 소중하게 생각한다. 칭찬을 받을 정도로 자신이 '괜찮은 아이'라는 생각이 들기 때문이다.

칭찬받으며 자란 아이는 자신감을 가진다. 자신의 행동이 부모로 부터 칭찬받을 정도로 좋았다는 경험은 아이에게 힘을 실어 준다. 그 힘은 아이를 강하게 단련시키고, 자신감으로 나타난다.

그리고 칭찬은 또 다른 좋은 행동을 이끌어 내는 원동력이 된다. 칭찬을 받으면 뭔가 더 좋은 행동을 해 칭찬받고 싶은 욕구가 생기기 때문이다. 칭찬이 연쇄반응을 일으키는 연료가 되는 거다. 칭찬의 효과는 여기서 그치지 않고 면역 강화 호르몬의 분비를 촉진시켜 몸을 건강하게 만든다고 한다.

아이들이 칭찬을 원하고, 칭찬의 효과가 이렇게 좋은 줄 알면서도 우리 부모들은 칭찬에 인색하다. 칭찬 대신 꾸중하고 화낼 때가 더 많다. 왜 그럴까?

'네가 감히 내 말을 안 들어'라는 식의 감정 겨루기 때문이 아닐까 생각한다. 아이들은 겨루기의 대상이 아니라는 사실을 깜박깜박 잊는 거다. 아이들은 부모들과는 체급이 다른 운동선수이다. 겨룰 대상이 아니라 부모로부터 보살핌을 받아야 하는 대상이다. 흙 떠밀고 이제 겨우 세상에 고개를 내민 어린 싹 같은 존재다. 애정 어린 눈빛과 칭찬으로 용기를 북돋워 주어야 살아갈 힘을 얻고, 그 힘으로 세상을 살아갈 수 있다.

아이들은 가정에서도 칭찬을 받아야 하지만, 가정 밖에서도 칭찬을 받아야 한다. 밖에서 남에게 받는 칭찬의 효과는 더욱 강력하다. 그런데 남들은 일부러 좋은 점을 찾아내서까지 칭찬해 주려고 하지 않는다. 그런 정도의 애정도 없거니와, 대개 만나는 시간이 짧다 보니 특별한 칭찬거리가 없으면 잘 눈에 띄지 않는다. 그렇다고 남들한테 일일이 찾아다니면서 우리 아이한테 칭찬 좀 해 달라고 구걸하고 다닐 수도 없는 노릇이다.

그래서 생각한 것이 칭찬받을 계기를 만들어 주는 거였다. 칭찬받을 수 있도록 가르쳐 밖으로 내보내면 아이에게 자연스럽게 칭찬이 떨어졌다.

몇 가지 방법을 소개한다.

아이들은 인사만 잘해도 칭찬이 쏟아진다. 엘리베이터를 탔을 때 만나는 이웃 사람에게 인사를 하면 칭찬한다. 칭찬에 인색한 이웃이라도 '너 참 인사성이 바른 애구나' 하고 말할 준비는 되어 있다. 인사하는 모습이 예뻐서이기도 하지만, 그만큼 인사하는 아이가 드물기 때문이다.

'아줌마가 아니라 아주머니라고 불러라' 하고 가르치기만 해도 아이들은 밖에서 칭찬을 받는다. 아이들은 대개 친구 엄마나 동네에서 마주치는 아주머니들을 '아줌마'라고 부른다. 그런데 그 말을 듣는 아줌마는 기분이 별로다. 세상의 아줌마들은 아줌마라는 단어를 싫어하기 때문이다. 그것을 아이에게 솔직히 말하고 '아줌마' 대신 '아주머니'라고 부르게 했다. 그러자 '아주머니들'은 기분이 좋아져 칭찬이 쏟아졌고, 아이는 칭찬받기 위해 자기 입에서 '아줌마'라는 단어를 아예 지워 버렸다.

그런데 말은 말로만 끝나지 않는다. '아주머니'에는 '아줌마'에는 없는 존경심이 있다. '아주머니'라고 부를 때마다 '아줌마'에는 없는 존중감이 생긴다. 자기로 모르게 아주머니 앞에서 공손하게 처신하게 된다. 그러다 보면 또 칭찬을 듣는다.

"넌 어쩜 그렇게 말도, 행동도 예의 바르니."

이렇게 단어 하나만 제대로 골라 쓰게 해도 칭찬은 물론, 어른에 대한 존경심까지 불어넣을 수 있다. 어른에 대한 존중감은 또 예의를 갖추게 해 아이들이 칭찬받을 수 있는 또 다른 계기가 된다. 칭찬이 꼬리에 꼬리를 물고 이어지도록 한다.

슈퍼에 갈 때 봉투만 들려서 보내도 아이들은 칭찬을 받고 돌아온다. 다 아는 것처럼 요즘에는 슈퍼에서 봉투값을 따로 받는다. 쓰레기를 덜 배출하기 위해서 생겨난 정책이다. 그런데 계산할 때 봉투값을 내라고 하면 아깝다는 생각이 든다. 전에는 무료로 주던 봉투를 돈을 내고 사야 한다는 억울함 때문이다. 그런데도 많은 사람이 봉투를 가져가지 않는다. 잊고 안 가져가는 경우도 있지만, 번거롭기도 하고 창피하다는 생각에 안 가져가기도 한다. 그런데 재활용을 위해서 해야 할 행동이라고 설명을 하면 아이들은 곧바로 받아들인다. 가게에 가는 아이에게 집에 나뒹구는 봉투 하나만 들려 주면 칭찬이 떨어진다.

"봉투를 가져왔구나. 너 보통 야무진 게 아니구나."

슈퍼 주인뿐이 아니다. 계산대 주변에 있는 다른 사람들까지 칭찬을 한다.

"어머나, 봉투를 가져온 거야? 어린애가 기특하기도 하지."

자원 절약도 하고, 칭찬까지 받으니 아이에게는 더 이상 좋을 수 없다.

이렇게 밖에서 남들로부터 칭찬을 받을 때마다 아이는 세상이 자신에 호의적이고, 살기 좋은 곳이라고 느끼게 된다. 잔소리하고 설교하는 대신 이렇게 실제 상황을 통해 느끼게 해 주어야 한다.

찾아보면 이 외에도 방법은 무수히 많을 것이다. 칭찬을 해 주어야 하는 사람도 엄마이고, 칭찬받게 해 주어야 하는 사람도 엄마다. 이러니 엄마 자리는 일복이 터진 자리임에는 분명한 것 같다.

3 부엌에 숨겨진 행복을 나누어 준다

가족들이 먹을 음식을 만드는 부엌은 달그락달그락 늘 부산하다. 그런데 부엌에는 일만 있는 것이 아니다. 싱크대의 서랍마다 들어차 있는 물건들처럼 부엌에는 숨겨진 행복이 있다. 생각해 보면 부엌만큼 창조적이고, 변화무쌍한 공간도 없다. 무엇이든 만들 수 있고, 재료들은 손길 하나에도 변신을 하지 않는가!

그런데 그 행복은 나누어야 한다. 나누지 않으면 외로워서 싫고, 혼자만 하니까 심심해서 싫다. '나만 해야 하나, 꼭 내가 해야 하는가' 라는 데 생각이 미치면 더 이상 행복이 아니다. 일이 되고, 노동이 된다. 그러기 전에 나누어야 한다. 남편하고도 나누어야 하지만, 아이들하고도 나누어야 한다.

역사 이래로 남편과 아내는 부엌을 둘러싸고 권력 게임을 해 왔다. 해묵은 투쟁은 지금도 진행 중이다. 여전히 부엌이 여자들의 공간이라는 편견에 사로잡혀 있는 남자들은 부엌을 멀리한다. 남편과 아내는 파트너다. 부부는 대등하고 평등한 관계일 때 행복할 수 있다. 어느 특별한 장소에 발을 들여놓기 싫어하거나 자존심 상한다고 생각하면서, 아내만 들어가도록 하는 것은 차별이고 불평등이다. 차별과 불평등 속에서 행복하다는 것은 어느 한쪽이 비겁하거나 비굴한 것이 아닐까?

결혼 12년이 되도록 연주 씨의 남편은 부엌에 들어가지 않는다.

"당연히 늘 불만스럽죠. 하지만 돈을 벌어다 주니까 참아야지 하면서 받아들이고 있어요. 그러다가도 못 참을 지경이 될 때가 있어요. 손님을 치렀을 때나 명절 같은 때요. 당연이 제 낯꽃이 좋을 리 없지요. 그러면 와서 하는 일이 뭔 줄 아세요? 껴안아 주면서 사랑한대요. 남자들은 이상해요. 고칠 건 안 고치면서 껴안고 사랑한다고 하면 만사가 다 해결되는 줄 안다니까요. 지금이 조선시대인 줄 아나 봐요. 내가 해 준 음식을 잘 먹는 남편을 보면 행복하다가도, 늘 나만 부엌일을 해야 하는가에 생각이 미치면 자존심이 상해요. 전 원래 부엌을 좋아하는 사람이지만, 남편 때문에 부엌이 싫어진다니까요. 에스파냐처럼 남녀평등에 보수적인 국가도 가사를 분담하지 않는 남편을 처벌하기로 했다잖아요. 우리도 그런 획기적인 전환이 있어야 하지 않을까 생각해요. 알아서 변하면 좋을 텐데, 아무리 말해도 듣질 않으니까요.”

편견만 버리면 부엌에 숨겨진 행복을 누릴 수 있다. 아이들의 볶음밥을 위해 감자 껍질을 벗기고, 당근을 썰고, 프라이팬에 볶으면 색깔마저 찬란한 볶음밥이 만들어진다. 다 만들어진 볶음밥은 예술가의 작품에 뒤지지 않을 정도로 만족감을 선사한다.

하지만 그것으로 끝나지 않는다. 자기가 애써 만든 음식이 아이들의 입 속으로 들어갈 때의 흐뭇함이란! 인생에서 음식을 만들어 아이들에게 먹이는 행위보다 보람이 있고, 신성하고, 뿌듯한 일이 있을까! 이는 가족에게 단순히 돈을 벌어다 주는 것 이상의 의미가 있다. 아빠들이 실습을 통해 이를 느꼈으면 한다. 이는 스스로를 돈 벌어 오는 기계로 전락시키지 않는 한 방법이기도 한다.

부엌에 들어가지 않는 아버지들은 아이들의 교육에 대해서도 결정적인 실수를 하는 거다. 부엌은 여자들이나 들어가는 장소라고 생각하는 아버지는 민주와 평등을 입에 담을 자격이 없다. 특히 딸을 키우고 있는 아버지는 치명적인 결함을 갖고 있다고 할 수 있다. 자신은 그렇게 살면서 딸이 남자들에게 뒤지지 않는, 진취적인 여성으로 자라길 바라는 것을 뭐라고 설명해야 할까.

그런데도 우리 주변에는 이런 사람이 적지 않다. 그리고 아들에게도 좋을 리 없다. 뇌리에 불평등을 심어 여자들과 부딪치게 되고, 이 담에 결혼 생활도 순탄치 않을 가능성이 크기 때문이다.

아버지들이 부엌에 들어가야 하는 것처럼 아이들도 부엌에 들어가야 한다. 아이들이 부엌에 들어가는 건 가정생활에 참여한다는 의미가 있다. 우리의 삶은 평범한 일들로 이루어져 있고, 사람으로 태어난 이상 누구나 먹고, 마시고, 자고 하는 일을 떠나 살 수 없다. 그러니까 누구나 늘 반복되는 생활을 함께하고, 나누어야 한다.

그런데 요즘 엄마들은 아이들이 부엌에 들어오는 것을 원치 않는다. 그 시간에 공부하길 원한다. 그런데 공부도 우리가 행복하자고 하는 것이다. 그리고 행복은 미래에만 있는 것이 아니다. 사는 순간순간이 행복해야 한다. 그런 의미에서도 아이들에게 부엌에 숨겨져 있는 행복을 나눠 주어야 한다. 행복을 맛보게 해야 한다.

아이들에게 쌀을 직접 씻어서 밥통에 안쳐 보도록 해 보자. 쪼르륵 쌀에 떨어지는 물소리부터가 색다른 경험이 된다. 물에 젖은 쌀을 씻을 때 손에 느껴지는 간지러움은 다른 데서는 맛볼 수 없는 감촉이다. 손 밖으로 빠져나가는 쌀알들의 부드러움은 또 어떻고. 쌀 씻는 아이를 보면 알 수 있다. 입이 헤 벌어져 있다.

그것을 허락해 준 엄마가 고맙고, 그 새로운 경험을 하면서 즐겁기 때문이다. 아이는 다 씻은 쌀을 밥솥에 안치면서 물을 것이다.

"엄마, 이렇게만 해도 밥이 돼요?"

"그럼."

"참 쉽네요. 내가 한 밥, 빨리 먹고 싶다."

쌀이 밥으로 되는 과정이 별거 아니구나, 내 힘으로도 충분히 해낼 수 있다는 것을 깨닫게 된다. 쌀이 쫀득쫀득한 밥이 되어 나온 걸 보고 아이는 자신이 해냈다는 성취감을 느낄 것이다.

시장에서 사 온 나물을 아이랑 다듬는 것도 좋다. 신문지를 펴 놓고 아이랑 마주 보고 앉아서 시금치를 다듬고, 냉이를 다듬는 것 자체가 색다른 경험이다. 도시의 메마른 아파트에 시골의 정서가 옮겨 와 곧바로 정답고 고즈넉한 풍경이 된다. 나물과 노는 손가락들을 보는 것도 즐겁고, 나물을 만지는 감촉과 향기도 색다르다. 식탁에서 만들어진 나물을 그냥 먹을 때는 경험할 수 없는 것들이다. 나물을 다듬다 보면 이런저런 이야기도 오가게 된다. 대화는 작정하고 나서서 하는 것보다 이렇게 자연스런 분위기에서 오가야 진정한 대화가 된다.

밀가루 반죽을 가지고 놀게 하는 것도 좋은 방법이다. 학교에서 진흙이나 점토로 만들기 수업을 할 때와 달리, 어떤 모양을 만들어 내

야 한다는 과제가 없기 때문에 더 큰 자유와 해방감을 느끼며, 창의
성이 발휘된다. 아이가 만든 반죽으로 직접 수제비나 칼국수를 만들
게 하는 것도 좋다. 가지고 놀던 반죽을 감자를 넣고 끓인 물에 넣기
만 하면 수제비가 되고, 반죽을 밀대로 밀어 칼로 잘라 넣으면 칼국
수가 된다는 것을 직접 경험하는 건 아이들에게 큰 행복이다. 자신
이 직접 먹을 음식을 만들었다는 뿌듯함도 큰 소득이다.

이 외에도 부엌에서 느낄 수 있는 행복거리는 참 많다. 아이들은
평상시의 생활 속에 숨겨져 있는 행복을 경험하면서 느낄 것이다.
핑핑 돌아가는 놀이 시설이나 컴퓨터 게임에만 행복이 있지 않다는
사실을.

이렇게 조용하고 단순한 가운데 느끼는 행복은 아이들의 정서에
도 좋다.

아이들에게도 부엌의 행복을 나누어 주자.

4 쓰레기 분리는 인생 교과서다

동네마다, 아파트마다 다르지만 일주일에 한 번씩 쓰레기를 분리
해 재활용하는 날이 있다. 내가 사는 아파트는 일요일이 그날이다.
일요일 오후면 종이를 한 짐 들고 오는 사람, 플라스틱이나 병, 깡통
을 들고 오는 사람들로 쓰레기 분리장 근처는 잔치가 벌어진 듯 북

적인다. 이웃들은 인사를 하고, 요즘 어떻게 지냈냐며 안부를 묻는다. 그것을 보면 쓰레기가 대단한 힘을 가졌다는 생각이 든다. 아파트에서 꼭꼭 문을 닫고 사는 사람들을 불러내 서로 인사를 나누게 하니까 말이다.

쓰레기 분리장 근처에는 아이들도 있다. 낑낑거리면서 신문을 가져오고, 재활용할 물건들을 바구니에 담아 오는 아이들이 눈에 띈다. 나 또한 아이를 대동한다. 혼자 일주일 동안 모은 것을 내가려면 손이 모자라기 때문이다. 물론 혼자서 몇 번 왔다 갔다 할 수도 있다. 운동 삼아 그러고 싶기도 하다. 또 부르고 어쩌고 하느니 내가 해 버리지 하는 생각도 든다. 하지만 굳이 남편과 아이를 동원한다. 먹을 때도 같이 먹었으니, 버리는 일도 같이해야 한다는 생각 때문이다.

교육적 효과를 위해서도 아이들을 쓰레기 분리에 참여시키는 것이 좋다고 생각한다.

아이들은 쓰레기를 나르며 요리를 하면 맛있는 음식이 만들어지듯 한편에서는 쓰레기가 나온다는, 아주 평범하지만 중요한 사실을 깨닫게 된다. 이를 통해 일의 앞뒤 관계를 짐작하게 되고, 어떤 일이든 부산물이 따를 수 있다는 진리를 깨닫게 된다.

쓰레기 분리를 하면서 아이들은 작은 것의 소중함을 느끼게 된다. 아이들은 자신이 버린 플라스틱 장난감을 재활용하는 포대에 담으면서 함부로 버리지 않아야겠다는 생각을 할 것이다. 거기다 함부로 버리면 쓰레기가 배출되고, 그러다 보면 환경이 더러워지고 자원이 고갈된다는 사이클을 그리면서 사회에 대한 자신의 책무를 느끼게 될 것이다. 어린 가슴이지만 지구의 미래를 걱정하게 되니, 자연스럽게 환경 교육이 된다.

아이들은 또 쓰레기 분리를 하면서 자신도 지구를 위해 뭔가 할 수 있다는 자신감과 뿌듯함을 챙긴다. 클 때까지 기다리지 않아도 찾아보면 얼마든지 어린 손으로도 할 수 있는 일이 있다는 것을 알게 된다. 자기 안에 있는, 세상을 움직일 수 있는 힘을 느끼게 된다. 또 재활용만 잘하면 다시 쓸 물건을 만들 수 있다는 것은, 아이들에게 과학과 기술에 대해서 생각하게 한다. 그 원리까지 정확하게 알 수는 없겠지만, 생각하는 기회를 만들어 준다.

'어떻게 이 플라스틱 쓰레기가 다시 쓸 물건으로 태어날까? 직접 그 공장에 가서 한 번 보고 싶다. 재생용품을 사용해 우리 지구에 보탬이 되고도 싶고……'

재활용을 하는 과정이 만만치 않다는 것을 알게 되면서 절약 정신도 배우게 된다. 자신이 쓰던 물건을 공장으로 가져가야 하고, 그것을 다시 쓸 물건으로 만들려면 복잡한 과정을 거쳐야만 하고, 돈이 든다는 걸 알게 되면서 절약 정신을 갖게 된다.

이렇게 머릿속으로 교육적 효과를 따지면서 아이와 함께 쓰레기 분리장을 들락거리던 어느 날이다. 자주 만나는 4학년 주영이를 또 만났다.

"주영이, 오늘도 나왔네. 그런데 그 많은 짐을 혼자 들고 오느라 힘들지 않았어?"

"재미있어요. 여기 오면 종이, 플라스틱, 캔, 병 들을 담는 포대가 이렇게 따로 매달려 있잖아요. 전 일주일 동안 모은 것을 이 포대 자루에 딱딱 분리해 담는 게 너무 재미있어요. 캔이 잡히면 캔 포대로, 플라스틱이 잡히면 플라스틱 포대에 담는 것이요. 빨리빨리 하면 더 재미있어요. 제가 꼭 공장에서 일하는 사람 같아요. 가끔 캔을 플라스틱 포대에 넣어 다시 꺼낼 때도 있지만요."

교육적 효과만 따지던 내게 주영이의 반응은 의외였다.

"오늘은 엄마 아빠가 외출하셔서 혼자 왔는데요, 엄마 아빠랑 같이 오면 더 재밌는 것 같아요. 소풍 가듯 기다랗게 줄을 서 가는 게 우습기도 하고 재밌잖아요. 누군가 들고 가던 박스가 터져 신문지 같은 것이 길바닥에 떨어지면 폭소가 터지니까요. 지난주에 엄마의 박스가 터져 얼마나 웃었는지 몰라요."

주영이의 말을 들으면서 아이들은 어느 순간이든, 무엇에서든 재미를 찾고, 느끼고, 그것을 놀이로 바꿔 놓을 줄 아는 '행복한 종족' 이라는 생각이 들었다.

그런데 재활용 쓰레기 분리가 다 끝난 주영이가 음식물 쓰레기통 문을 여는 게 아닌가. 그때까지 들고 있던 플라스틱이 재활용 쓰레기인 줄 알았는데, 그게 아닌가 보다.

"음식물 쓰레기도 네가 버려?"

"음식물 쓰레기도 쓰레기잖아요. 그리고 안 버리면 냄새나고, 벌레도 생기니까 제일 열심히 버려야지요."

음식물 쓰레기 버리는 일은 안 시키고 있던 난 주영이한테 한 방 또 맞았다. 그동안 난 아이랑 같이 집을 나왔다가도 음식물 쓰레기통을 열 때마다 '더럽고 냄새나니까 저리 좀 비켜 있어' 하며 아이를 격리시켰기 때문이다.

'음식물 쓰레기 버리는 일까지 아이한테 시켜야 하나' 고민하면서 집에 들어오는데, 둘째 아이 영이가 말했다.

"엄마, 저도 음식물 쓰레기에 도전해 볼게요. 앞으로는 음식물 쓰레기통 근처에는 오지 말라며 내쫓지 마세요. 저도 한 번 해 보고 싶으니까."

행운의 기회라도 잡은 양 아이는 헤헤거리며 새로운 의욕에 차 있었다.

그렇게 마음먹은 뒤부터 아이는 집 안에서도 쓰레기 분리에 더 적극적이다. 귤 껍질 등 쓰레기가 나올 때마다 일반 쓰레기에 버려야 하는지, 음식물 쓰레기로 배출해야 하는지 고민한다. 그리고 혹시라도 누가 소홀히 할까 봐 감시를 한다. 가정 내 환경 파수꾼이 된 거다.

5 디지털이 돼지 털이 되지 않게 하려면

아이들 방은 물론 거실도 발 디딜 틈이 없을 정도로 장난감이 많은 집이 있다. 장롱이나 수납장 같은 데도 장남감이 가득가득 들어차 있다.

"하나 키우니까 아이가 원하는 건 되도록 다 사 주려고 했어요. 아이를 하나 낳은 것도 아이가 원하는 걸 다 해 주기 위해서였으니까요. 그리고 장난감을 많이 사 주어야 아이의 두뇌도 발달하고, 창의력도 좋아진다고 하잖아요. 그래서 새로운 상품이 출시될 때마다 경쟁이라도 하듯 남보다 먼저 게임기를 사 주고, 게임 CD를 많이 사 주었어요. 그런데 요즘 전 걱정이 많아요. 컴퓨터 게임에 중독이 돼 있는 준호 때문이죠. 사실 예전에는 다른 아이보다 컴퓨터를 잘 다루고, 게임을 잘하는 게 대견하기만 했어요. 저렇게 좋아하고 잘하니까 이담에 디지털 천재가 될 수도 있겠다 싶어 새로운 CD가 나올 때마다 사 주었어요. 근데 요즘에는 컴퓨터 때문에 아주 머리가 아파요. 다른 건 안중에도 없고, 컴퓨터만 하려고 들어서요. 공부도 놓은 지 오래고, 이제는 좋아하던 운동까지 싫어해요. 방 안에서 컴퓨터만 하려고 들어요. 디지털 좋아하다 돼지 털이 됐다니까요."

우리 주변에는 이런 경우가 적지 않다. 어릴 때는 많은 플라스틱 장난감 속에 파묻혀 있다 유치원 갈 무렵이면 게임기를 가지고 놀고, 초등학생 때는 컴퓨터 게임에 빠져 사는 아이들이 많다. 그 습관은 중·고등학교를 거쳐 대학까지 이어지기도 한다.

요섭이는 좀 다른 경우다. 엄마가 게임을 하게 한 경우다.

"남자 아이가 너무 순해서 걱정이 됐어요. 그래서 컴퓨터 게임을 이용하기로 했죠. 컴퓨터 게임은 대개 때리고, 쏘고, 찌르고 하는 전투 게임이 많잖아요. 그걸 하면 좀 나아질까 하는 생각이 들더라고요. 그래서 시켰는데 순해 터진 성격은 조금도 변하지 않고, 게임에 중독이 됐어요. 게임을 하지 않을 때는 손을 어떻게 할지 몰라 안절부절못해요. 손가락으로 무릎을 두드렸다 그걸 못 하게 하면 허공에 대고 한다니까요. 그것도 못 하게 하면 수전증 환자처럼 손을 벌벌 떨어요. 중독이에요, 중독."

컴퓨터에 집착하면서 생활 습관이 흐트러지고, 정서적으로 불안정한 아이가 적지 않다. 남자 아이들의 경우 특히 심하다.

컴퓨터 중독에서 벗어나게 하기 위해서 동원되는 방법도 여러 가지다. 아이 방에 있던 컴퓨터를 거실로 꺼내 놓고, 엄마 아빠가 허락할 때만 컴퓨터를 켜게 한다. 엄마 아빠가 집에 없을 때 몰래 할까봐 외출할 때에는 컴퓨터 코드를 뽑아 가기도 한다. 그래도 성이 차지 않으면 휴대용 자판을 사서 외출 시에는 엄마가 자판을 가지고 가기도 한다. 문제는 그렇게까지 해도 막을 수 없다는 거다. 집에서 못 하게 하면 PC방에 가서 하니까.

그렇게 된 데에는 부모들의 욕심도 한몫했다. 어릴 때부터 게임기나 컴퓨터를 가지고 놀다 보면 머리가 좋아지지 않겠느냐, 아이들이 살아갈 21세기는 디지털 시대니 게임기나 컴퓨터에 익숙하면 유리하지 않겠냐. 그러다 보면 안철수 씨나 빌 게이츠 같은 디지털 천재가 될지도 모른다는 기대를 한 것도 사실이니까.

그런데 어릴 때부터 컴퓨터를 좋아한다고 디지털 천재가 되는 것은 아닌가 보다. 안철수 씨나 빌 게이츠 같은 사람은 오히려 어릴 때부터 독서를 즐겼다고 하니까. 책을 읽으며 시대의 변화와 방향을 읽고, 아이디어를 얻은 것이다.

우리 아이들은 어차피 디지털 시대를 살아가야 한다. 그러니 디지털 기기에 익숙해야 하고, 또 즐길 줄 알아야 한다. 하지만 키울 때 너무 그 쪽으로 경도되는 건 문제가 있는 것 같다. 인간적인 따뜻함을 잃을 수 있고, 중독의 위험에 빠지는 등 부작용이 적지 않기 때문이다.

이를 방지하기 위해선 아이들이 나아갈 방향은 디지털에 두어도, 키우는 것은 아날로그 식이어야 하지 않을까 생각한다. 그래야 컴퓨터의 노예가 되지 않고, 하고 싶을 때 즐기고, 원할 때 필요한 정보를 얻는 '자유인'이 될 수 있기 때문이다.

그렇다면 구체적으로 어떻게 해야 할까?

어릴 때부터 너무 장난감의 홍수에 빠뜨려 놓지 않아야 한다. 그리고 장난감을 사 줄 때에도 요란한 최신형 장난감보다 나무 상자나 플라스틱 조각처럼 소박한 장난감이 좋다. 그런 장난감이 정서적으로도 유리하고, 생각할 시간을 갖게 해 창의력에도 도움이 된다.

그리고 게임기나 컴퓨터에 빠지기 전에 책 읽는 즐거움을 먼저 알게 해 주어야 한다. 독서의 즐거움을 아는 아이는 컴퓨터 게임이 아무리 현란해도 깊숙이 빠져 들지 않기 때문이다.

또 되도록 집 밖으로 데리고 나가 바깥바람을 쐬어 주어야 한다. 전자 시대를 사는 아이들은 때때로 요란한 전자음의 소음, 현란한 색의 홍수에서 벗어날 필요가 있다. 시골 텃밭이나 논길을 걸으며 신선한 공기를 마시고, 야산을 걸으며 생각에 잠기고, 휴양림 같은 데 머물며 고즈넉한 시간을 맛보게 해야 한다. 그래야 몸도 건강하고, 정신도 맑아져 균형 감각이 생긴다. 하루가 다르게 발전하는 디지털 시대에 대한 적응력도 높아져 스트레스를 덜 받고, 힘차게 살아갈 수 있는 힘을 얻을 수 있다.

6 거실이 공부방이다

"왜 공부방에 들어가려고 하지 않는지, 도대체 모르겠어요."

"그러게 말이에요. 책상에 반듯이 앉아 공부하면 집중도 되고, 좀 좋아요?"

엄마들의 입이 착착 맞는다. 그런 아이가 적지 않기 때문이다.

우리 집 큰아이도 그랬다. 언젠간 들어가겠지, 기다리는데도 제자리로 들어가지 않았다. 거실에 책과 노트를 어질러 놓고 공부도 하고, 숙제도 했다. 이리저리 뒹굴며 책도 읽었다.

하루는 못 참고 거실에서 공부하는 이유를 물었다.

"거실에서 공부하면 공부하는 것 같지가 않아서 더 많이 공부하게 돼요. 그런데 제 방에 갇혀 공부하면 조금 했는데도 많이 한 것처럼 느껴져요. 그리고 제 방에서 공부하면 힘들어요. 자꾸 밖으로 나오고 싶은데, 그걸 참아야 하니까요. 그러다 못 참고 밖에 나오면 엄마가 또 뭐라 하잖아요. 왜 벌써 나왔냐, 빨리 들어가라 하면서요. 거실에서 공부하고 싶다고 하면 공부는 책상에 앉아서 제대로 해야 한다고 하면서 어서 들어가라고 하고. 전 공부할 때 혼자 방에 갇혀 있으면 교도소에 갇힌 것 같아 싫은데."

난 그제야 공부방에서 하면 공부가 더 잘되고, 더 집중해서 할 수 있다고 생각하는 것도 다 우리 어른들의 편견일 수 있다는 것을 깨달았다.

그 뒤부터는 아예 거실을 책 읽고, 공부하는 공간으로 꾸며 주었다. 언제든지 공부할 생각이 나면 앉아서 할 수 있도록 거실 한쪽에 앉은뱅이책상을 놓았다. 그러자 아이는 공부한다는 생각 없이 공부했다. 엄마에게서 격려되고 떨어진다는 두려움 없이, 편안한 가운데서 숙제를 했다. 그리고 제 공부하는 모습을 엄마가 지켜본다는 생각에 신이 나서 더욱 열심히 하는 것 같았다. 또 공부하면서 궁금한 것이 있으면 언제든지 엄마 아빠한테 물을 수 있으니 학습지도에도 이로웠다. 그리고 거실에는 TV, 비디오, 카세트 플레이어 등이 있기 때문에 영어 공부를 하기에도 더 유리했다.

그리고 거실 한쪽을 차지하고 있는 장식장을 치우고, 공간에 따라 빼고 추가하여 모양을 달리할 수 있는 책장으로 꾸며 주었다. 거실에서 너무 '학구적인 냄새'가 나면 아이가 부담을 느낄까 봐 책장의 높이를 되도록 낮게 배치했다. 거실 바닥에서 뒹굴다 심심하면 손을 쭉 뻗어 책을 뽑아 읽을 수 있도록 눈높이를 조절했다. 책장으로 벽면을 꽉 채우는 것은 갇히는 느낌을 줄 뿐만 아니라, 책의 위압감에 질려 오히려 책을 싫어하게 될 수도 있다는 나름대로의 계산에서다. 책 읽는 게 대단한 것이 아니라는, 밥 먹고 뒹구는 것처럼 생활의 일부일 뿐이라는, 독서의 부담을 덜어 주는 정책이 효과를 거두었는지 '책을 읽히고 싶은데 아이가 책을 싫어한다' 식의 고민은 지금까지 해 보지 않았다.

대개 거실 벽에는 그림이나 가족사진을 걸어 놓는다. 그 대신 난 지도 가게에 가서 국내에서 제작된 것 중 가장 크다는 세계지도를 사다 걸어 두었다.

아이들의 정서를 위해 그림을 걸지만, 며칠 지나면 싫증이 난다. 만날 똑같은 그림을 봐야 한다는 것도 인내심이 필요하다. 여백으로 남아 많은 생각을 불러일으키는 맨 벽보다 오히려 상상의 폭이 한정되는 점도 없지 않다. 가족의 화목한 한때를 사진으로 찍은 가족사진도 좋지만, 화가 나고 미울 때에도 늘 웃고 있는 가족을 봐야 한다는 것은 고역일 수 있다.

하지만 지도는 볼 때마다 새롭다. 모르는 데 투성이이고, 못 가 본 데가 수없이 많다. 아이들은 지도를 보면서 꿈을 키운다. 몸은 좁은 거실에 있지만, 생각은 온 세계를 자유롭게 떠돈다. 오대양 육대주를 품에 안을 만큼 가슴이 넓어진다. 동시에 아주 넓은 세계에서 자신이 있는 곳은 하나의 점으로도 표기되지 않을 만큼 작다는 데서 겸손함도 함께 갖추게 한다.

거기다 뉴스를 보면 날마다 세계 곳곳에서 갖가지 사건이 일어나는데, 그때마다 지도 속에서 그곳을 찾아보면 교육적으로도 효과가 크다. 쓰나미가 일어난 지역을 손가락을 짚으며 찾아보면 가슴이 뜨거워지고, 돕고 싶다는 마음이 더 간절해진다. 뉴스를 듣고 그냥 흘려보내는 것과는 다르게 세상사가 가깝게 느껴지고, 감정의 울림 또한 크다.

벽면을 채우는 세계지도와 앉은뱅이책상, 책장 정도면 거실은 이렇게 공부하기에 가장 좋은 장소가 된다. 외로워 들락거릴 필요가 없고, 밖으로 나가고 싶은 것을 참을 필요가 없으니 훨씬 안정된 상태에서 공부할 수 있다. 공부하다 지루하거나 허리가 아프면 바로 카펫이나 보료에 누워 뒹굴 수도 있다. 공부는 꼭 책상에 바르게 앉아서 해야 한다는 편견을 떨쳐 버리는 게 좋다. 평생 동안 해야 할 공부니 놀면서 쉬면서 하고, 노는 듯 쉬는 듯 해야 한다. 그래야 지치지 않고 오래 할 수 있고, 즐겁게 공부할 수 있다.

그럼 아이들 공부방은 어디에 쓰냐고 반문할 수 있다. 아이들도 혼자 있고 싶을 때가 있는데, 그때 쓰면 된다. 그리고 잠잘 때 침실로 사용하니 너무 억울해할 것 없다. 그리고 사춘기가 되면 아이들은 들어가라고 하지 않아도, 벌레가 제자리를 찾아들듯 스스로 제 방으로 기어 들어간다. 부모 곁을 맴돌던 아이도 자기만의 공간으로 찾아든다. 그때는 거실에 나와서 공부하라고 해도 나오지 않는다. 제발 거실에 나와 얘기 좀 하자고 사정을 해도 잘 나오지 않는다. 그러니까 사춘기 이전에는 아이가 원하지 않으면 굳이 공부방에 밀어 넣을 필요가 없다는 거다. 공부방 밖에서도 얼마든지 공부할 수 있고 더 효과적일 수 있는데, 굳이 고집할 필요는 없지 않은가.

7 되도록 **결정권**을 많이 준다

5학년인 유리는 제 옷을 제가 챙겨 입지 않는다. 엄마가 대신 옷을 챙겨 준다. 직장 생활을 하는 유리 엄마는 옷을 챙겨 주는 것도 유별나다. 일요일 저녁이면 월화수목금토, 요일별로 팬티에서 겉옷까지 따로 챙겨 지퍼 백에 개별 포장을 해 둔다. 아침에 일어나 옷 입을 때 고민할 것 없이 바로 꺼내 입게 하려는 배려에서다.

많은 부모들이 아이들의 하루 일과를 결정한다. 무엇을 먹고 입고, 무엇을 배우고, 어떤 학원에 다닐 것인가를 결정해 놓고서 그대로 따라 하도록 한다.

왜 그럴까? 부모들은 아이를 불완전한 존재로 본다. 아직 너무 어리고, 그래서 제대로 할 수 없으니 아이 스스로 선택할 수 없다고 생각한다.

하지만 아이도 하나의 독립된 인격체다. 선택할 수 있는 자유도 있고, 능력도 있다. '아이들이 뭘 할 줄 알아?'라고 생각하는 것은 다 우리 부모들의 편견이다. 갓난아이도 스스로 결정할 수 있는 능력이 있고, 그 결정에 따라 스스로 행동한다. 우유를 먹지 않기로 결정할 수 있고, 잠을 자기로 결정할 수 있다. 아이는 자랄수록 행동 영역이 넓어지고 다양해진다.

그런데 초등학교에 들어가면서 아이들의 결정권이 줄어들기 시작한다. 부모의 개입이 늘어나기 때문이다. 부모들은 잘 키우려는 욕심에 아이들의 결정권을 빼앗고, 통제하고, 관리한다. 커 갈수록 스스로 결정해서 행동하고자 하는 욕구는 점점 커지는데, 부모들은 반대로 막아선다.

아이들은 스스로 결정해서 행동하길 원한다. 무엇보다 아이들은 스스로 결정해서 행동할 때 행복해한다. 부모님이 대신 생각해 주고 대신 결정해 주던 때와는 다르게 활기차고, 적극적이 되고, 기가 산다는 사실을 알았다. 이를 간파한 뒤부터 난 이 사실을 적극적으로 이용하고, 애용하고 있다.

방법은 그리 어렵지 않다.

된장국을 끓이고 있어 집 안에 냄새가 가득 차 있다고 가정해 보

자. 후드를 켜도 냄새가 나면 창문을 열고 싶을 것이다. 아이한테 결정권을 주고 싶다면 창문을 열러 가기 전에 할 일이 있다.

"○○야, 후드를 켰는데도 냄새가 다 빠지지 않는다. 날씨는 춥지만, 창문 열까?"

이렇게 묻기만 하면 된다. 아이는 그런 것까지 엄마가 물어보았다는 데서 행복해하며 대답한다.

"예, 창문 여세요. 냄새가 정말 심하네요."

자기가 말한 대로 창문이 열리면 아이는 자기 말의 힘을 느낀다. 자기 존중감이 생기는 거다.

여행 계획을 세울 때도 아이에게 결정권을 줄 수 있는 좋은 기회가 된다.

"○○야, 우리 이번 여름엔 산으로 갈까, 아니면 바다로 갈까?"

"지난여름에는 산으로 갔으니까, 이번엔 바다로 가요."

"그래. 이번엔 바다로 가자."

이렇게 후하게 인심을 쓰는 거다. 산으로 가든, 바다로 가든 인생이 달라지는 중요한 결정이 아니지 않은가! 미심쩍은 아이는 물을지도 모른다.

"그래도 돼요?"

"당연하지. 우리 ○○가 바다로 가고 싶다는데, 바다로 가야지."

차가 밀리고 날씨가 더워도 아이는 짜증을 내지 않는다. 자기 결정에 대한 책임감으로 엄마 아빠를 달래기까지 한다.

"엄마 아빠, 덥지만 조금만 참으세요. 바다에 가면 가슴까지 시원해질 테니까요."

좀 더 큰 결정을 내리게 해도 좋다. 그럴수록 아이가 느끼는 자기 존중감, 자신감, 책임감은 더 커질 테니까.

자동차를 몇 년 탔을 때다. 차는 가끔 거리에 멈춰 서서 애간장을 녹이게 했지만, '빨간 자주'라는 그 색깔로도 우리 가족을 괴롭혔다. 거리에 섰을 때 단연 튀었으니까. 뒷자리에서 창피하다고 퉁퉁 불어 있던 큰아이가 말했다.

"가끔 거리에 서는 건 오래돼서 그렇다 쳐요. 그런데 색깔까지 눈에 띄는 색이라서 정말 쪽팔려요. 엄마 아빠 어떻게 자주색, 그것도 빨간 자주색 차를 사려고 맘먹었죠? 그 예술적 감각에 정말 찬탄이 나오네요."

아이가 이렇게 삐뚜름하게 나오자 남편과 난 기다렸다는 듯이 쏘아붙였다.

"그거 누가 한 결정인데?"

"누가 했는데요?"

"네가 했어, 네가. 유치원 다닐 때였을 거야. 빨간 자주색 차를 타고 싶다고 해서 이걸 산 거야."

"그래요? 하하하! 엽기다, 엽기."

한참을 웃고 난 큰아이는 말했다.

"어린애가 하는 말이니 말렸어야죠. 애가 그런다고 그걸 그대로 사면 어떡해요?"

"엄마 아빠는 어렸을 때에도 네 말을 존중해 주었어. 그래서 속으로는 은회색을 사고 싶었지만, 꾹 참고 너의 감각과 선택을 따라 준 거야."

"그래도 너무 심했던 거 아녜요? 하루 이틀도 아니고, 적어도 몇 년 쓸 물건을 어린애 한마디에 결정하고. 그렇지 않았으면 이렇게 눈에 띄진 않았을 것 아니에요."

말은 그렇게 하면서도 아이는 행복한 표정이었다.

이사 가는 일처럼 가정의 큰일에도 아이에게 결정권을 줄 수 있다. 은주 어머니가 그런 경우이다.

지하에서 세를 살 땐데요, 천정에서 물이 샜어요. 그런데도 주인집에서는 방수제로 땜질만 대충 해 주었어요. 그러다 보니 물이 계속 샜어요. 공사를 벌이면 큰돈이 들어갈까 봐 그런 거죠. 마침 계약 기간도 다 되고 해서 이사하기로 맘을 먹었죠. 속으로는 벌써 결정을 해 놨지만, 초등학교 1학년이던 은주한테 물었어요.

"은주야, 우리 이사 갈까?"

"예에, 우리 이사 가요. 이 집은 물도 새고, 그러잖아요."

어느새 적절한 이유까지 대며 말하더군요.

"그러자. 은주 네 말대로 물도 새고 하니까, 이사 가자."

자신이 결정해선지 물건 정리를 하고, 짐을 쌀 때에도 적극적으로 도우려 했어요.

그렇게 준비를 해서 이사를 간 날이었어요.

은주는 새집에 들자마자 말했어요.

"엄마, 이 집은 물도 안 새고, 정말 좋죠? 공기도 좋고, 경치도 잘 보이잖아요. 엄마 창 밖 좀 보세요. 하늘이 액자를 걸어 놓은 것처럼 멋져요."

아이는 새집의 좋은 점을 찾아내 말하기 바빴어요. 자신이 한 결정에 책임감을 느꼈던 거고, 자기 결정이 나쁘지 않았다는 걸 이해시키고 싶었나 봐요. 전 종종 이 방법을 써요. 아이도, 저도 재밌고 행복하니까. 아이를 다루는 덴 아주 능구렁이가 된 거죠.

당장 오늘부터 하루 한 가지 이상 아이에게 결정권을 준다는 목표를 세우고 실천하면 어떨까. 봄비에 새싹 자라듯 쑥쑥 크는 아이를 볼 수 있을 것이다.

8 산책은 산소다

산책은 산소다. 숨 막히는 현실에서도 산책을 하면 호흡이 터지고,

헐레벌떡 떠밀려 가다가도 산책을 하면 숨 고르기가 된다. 흥분도 가라앉고, 안정이 된다. 자신의 결점이 보이고, 반성하게 된다. 지나치게 매달렸던 일이 별것 아니었다는 걸 깨달을 때도 산책할 때다. 어려움과 큰 고비 앞에서도 정신이 새로워지며, 갈 길이 보인다. 산책은 설계의 시간이면서, 앞으로 나아갈 자양분을 얻고 에너지를 비축하는 시간이다.

산책은 이렇게 정신적인 도움만 주는 것은 아니다. 걷다 보면 운동이 된다. 운동 중에서도 가장 쉽고, 탈이 없는 걷기 운동이 저절로 된다. 그리고 햇빛을 받으며 걸으면 비타민 D가 합성되어 몸에도 좋다. 나이가 들수록 약해지기 쉬운 뼈, 약해지는 뼈 때문에 생기는 골다공증도 꾸준히 산책을 하면 예방할 수 있고, 좋아진다고 하지 않는가!

이렇게 정적이면서 동시에 동적인 활동은 많지 않다. 정적이면 동적인 면이 부족하고, 동적이면 정적인 면이 부족할 수 있는데, 산책은 그 둘을 모두 조화롭게 충족시켜 준다. 명상의 시간이면서 운동의 시간이 되어 주는 거다.

환갑을 지나고도 여전히 작품 활동을 활발히 하는 소설가 최인호 선생님은 하루에 한 시간은 꼭 산책을 한다고 한다. 그래서인지 그는 여전히 청년 같은 외모에, 활기가 넘친다. 작품도 여전히 젊다. 그것이 다 산책에서 얻은 힘이고, 에너지가 아닐까 생각한다.

요즘에는 산책하는 사람들이 많다. 난 자그마한 산 아래 사는데,

창문에 시선을 주면 하루 중 어느 때라도 산책하는 사람이 눈에 띌 정도다. 산책은 직접 할 때도 좋지만, 산책하는 사람을 보는 것만으로도 산소를 호흡한 듯 가슴이 상쾌해진다. 산책하고 싶은 욕구가 생긴다. 그래서 하던 일을 서둘러 마치고 일어선다. 아직 할 일이 남아 있을 때에도 과감히 접고 일어서기도 한다. 앉아 있긴 하는데 일이 지지부진하거나, 아이디어가 잡히지 않을 때에는 산책하는 게 더 낫다는 것을 경험으로 알기 때문이다. 그러니까 산책에 한 시간을 썼다고 해도 산책하고 돌아온 뒤의 능률을 생각하면 시간을 허투루 쓴 것이 아니다. 경제적이고, 효과적인 투자다.

이렇게 좋은 것이 산책인데도 아이들은 대부분 반기지 않는다. 엄마 아빠가 산책 나가자고 해도 들은 체 만 체다.

"맨송맨송 싱거운 산책을 뭐 하러 해요? 산책할 시간 있으면 텔레비전을 보거나 컴퓨터 게임 할래요."

아이들이 산책의 즐거움을 알고, 산책이 습관이 되게 하는 데도 부모의 노력이 필요하다. 물론 나이가 어릴수록 유리하다. 학교에 들어가기 전에는 나가자고 하면 강아지들이 산책을 좋아하는 것처럼 팔딱팔딱 뛰며 좋아한다. 그렇게 습관이 된 아이들은 초등학교 시기에도 산책을 즐길 수 있다.

아직 습관이 배지 않은 초등학생을 산책에 끌어들이는 데는 미끼가 필요하다. 공부의 부담을 줄여 주거나, 산책 뒤에 마을로 내려가 떡볶이나 어묵을 사 먹자는 식의 유혹이다. 다른 일처럼 처음이 어렵지, 그 즐거움을 안 뒤부터는 아이가 먼저 산책하자고 조르게 된다.

초등학생 시기는 산책하기에 최적기라고 생각한다. 중학생만 되어도 본인이 원해도 주중에는 산책하는 것이 여의치 않다. 과제의 양이 많고, 시간이 부족하기 때문이다. 그러니까 누릴 수 있을 때 한 번이라도 더 누리도록 배려해야 한다. 어떤 부모들은 공부할 시간도 부족한 데 산책할 시간이 어디 있냐고 반문할지 모른다. 하지만 학원 하나 더 다니고, 한 시간 더 공부하는 것보다 산책에서 더 많은 걸 얻는다면 생각이 바뀔 것이다.

집 주변을 돌아도 좋고, 가까운 공원이나 동산, 시장도 좋다. 하지만 역시 산책을 하기에는 집 근처의 동산이 가장 좋은 것 같다. 다행히 우리나라는 주변에 야산이 많다. 나무 몇 그루 안 될지라도 야산에 가면 공기가 다르다. 아이와 햇볕을 받으며 언덕을 오르고 오솔길을 걸으면, 도시의 번잡함을 털고 곧바로 호젓함에 빠져 들 수 있다. 고즈넉함은 온갖 소음에 비켜나 있던 마음속 소망을 불러낸다. 같이 길을 걷지만 각자 생각에 빠져 들기도 하고, 함께 생각을 나누기도 한다.

산책을 하며 계절의 변화를 몸으로 느끼는 것도 빼놓을 수 없는 즐거움이다. 봄에는 꽃비를 맞고, 가을에는 단풍잎 비를 맞으며 아이와 걷는 기분은 말로 다 할 수 없다. 아이들이 다 성장했을 때에도 소중한 추억이 된다. 아이랑 걸으면서 젖어 들었던 행복감은 부모에게도 오래오래 행복한 기억이 될 것이다.

산책을 하다 보면 나무와 아이들은 닮아 있다는 생각이 든다. 늘 자라고 있다는 것과 성장 에너지로 충만해 있다는 점이 말이다. 아이는 걸으며 나무와 성장 에너지를 주고받고, 서로를 격려할 것이다. '우리 앞으로 푸르고 건강하게 자라나자'는 속삭임이 들리는 것만 같다. 난 곁에서 그들이 내뿜는 젊음의 활기를 귀동냥하는 것만으로도 행복해진다.

요즘은 모두가 요란하고 현란한 전자 기기 속에 파묻혀 정신없이 살아간다. 그래도 어른들은 괜찮다고 생각한다. 어릴 때 자연과 어울려 실컷 뛰어놀고, 흠뻑 취했던 기억이 있기 때문이다. 그 저축 분을 연금 타 쓰듯 조금씩 헐어 쓰며, 디지털 시대의 소란스러움과 삭막함을 위로받으며 살 수 있다.

그런데 요즘 아이들은 태어날 때부터 늘 전자음, 요란한 영상 속에서 살고 있다. 그런 아이들을 볼 때마다 나중에 무엇으로 위로를 받을까 걱정이 된다. 그런 면에서 보더라도 산책은 전자 시대, 디지털 시대를 사는 우리 아이들에게 꼭 필요한 부분이 아닐까 생각한다. 하루 삼십 분이라도, 그것이 힘들면 일주일에 두세 번이라도 전자음과 소란스러운 영상을 귀에서 털어 내고, 눈에서 씻어 내도록 해야 한다. 그래야 정신도, 정서도 맑아지고 새롭고 촉촉하게 유지될 수 있지 않을까 생각한다.

텔레비전이나 컴퓨터에 매달리다 보면 운동량이 부족하게 되는데, 산책은 이도 해결해 준다. 비만 같은 것은 걱정할 필요가 없다!

이렇게 머리와 정서와 건강까지 챙겨 주는 산책은 놓칠 수 없는, 매일 반복되는 생활의 선물이다. 커 가는 아이들에게는 꼭 필요한 보물 창고다. 산책할 시간이 없다면 학원 하나를 끊고라도 산책을 하면 어떨까? 산책 학원에 다닌다는 생각으로 말이다.

9 건강한 아이가 행복하다

건강은 모든 것의 출발이고, 행복하기 위한 조건이다. 그래서 '건강을 잃으면 모든 걸 잃는 것이다'는 말도 나왔을 것이다. 그만큼 건강이 중요하다는 얘기다. 이는 아이들에게도 똑같이 적용된다. 그런데 아이들의 건강은 좀 다른 면이 있다. 아이들의 경우에는 건강도 부모가 챙겨 주어야 하기 때문이다. 그렇다면 아이들을 건강하게 자라게 하려면 부모가 어떻게 해야 할까?

먼저 건강에 대해 긍정적으로 말해야 한다. 우리 부모들은 '피곤하다, 컨디션이 좋지 않다, 골치가 아프다, 온몸이 쑤신다' 하며 자신의 건강이 좋지 않다는 말을 별 생각 없이 자주 내뱉는다. 하지만 이런 말들은 아이들에게 건강에 대해 좋지 않은 인상을 심어 줄 수 있다. 듣는 순간 덩달아 기분이 가라앉을 뿐만 아니라 건강하게 사는 것이 무척 힘들다고 생각하게 만들 수 있다. 그런 부정적인 말 대신 '오늘은 왠지 몸이 가뿐하다, 산책을 했더니 상쾌하다' 식으로 건강에 대해서 되도록 좋게 말하고, 좋게 말할 거리를 찾아야 하지 않을까?

또 건강에 대해 자신감을 심어 주어야 한다. 우리 부모들은 '손을 깨끗이 씻지 않으면 AI에 걸려', '독감 예방주사 맞으러 가자. 주사 맞지 않으면 큰일나' 하면서 끊임없이 아이들을 주눅 들게 한다. 건강이 아이를 잡아먹기 위해 입 벌린 맹수라도 되는 듯 겁주고, 위협한다. 그것이 효과를 발휘해 아이들이 손을 씻고, 주사를 맞을 수도 있다. 하지만 그런 태도는 아이들에게서 자신이 건강하다는 믿음, 건강하게 살 수 있다는 자신감을 앗아 갈 수 있다.

이런 부정적인 측면이 있는데도 엄마들은 그것이 자식을 향한 애정 표현이라도 되는 듯 '~하면 감기 걸린다, 다친다, 큰일난다, 죽는다'를 입에 달고 산다. 아이들의 경우, 믿고 기대하는 만큼 자란다는 '피그말리온(Pygmalion) 효과'가 건강에도 적용된다고 생각한다. 이미 건강하게 태어났고, 앞으로도 얼마든지 건강하게 살 수 있다는 믿음과 자신감을 심어 주어야 한다.

늘 어디가 아프다며 약봉지를 들고 사는 사람이 있다. 자기애의 표현일 수도 있고, 자신을 챙기는 노력일 수도 있다. 하지만 꼭 필요하지 않은 약을 습관적으로 털어 넣는 어른을 보면 퇴행의 이미지가 떠오른다. 세상에 어리광을 부리고 있다는 생각이 든다. 그런 부모 곁에서 자란 아이는 약을 애용하고, 약을 달고 사는 어른이 될 가능성이 많다. 부모는 늘 아이들의 거울이니까.

또 부모가 건강을 지키기 위해 몸소 실천하는 모습을 보여 주어야 한다. 그래야 아이도 건강을 유지하기 위해 노력한다. 그리고 건강도 노력 끝에 얻어진다는 것을 깨닫게 된다.

이렇게 건강에 대한 말과 태도를 '건강하게' 심어 주면서 부모가 운동을 함께하면 아이들은 말 그대로 건강해진다.

그런데 요즘 아이들은 웬만큼 바쁜 것이 아니다. 태권도니, 검도니 하는 운동 학원에 다니지 않는 경우에는 따로 시간을 내기가 쉽지 않다. 그러니 주중에는 가볍게 산책하는 것으로 만족해도 괜찮다. 하지만 주말에는 배드민턴, 자전거 타기, 등산, 공놀이 등을 하면서 땀에 젖는 기회를 갖는 것이 좋다. 운동은 몸의 건강을 위해서도 필요하지만, 정신 건강을 위해서도 필요하기 때문이다. 주말 운동은 일주일 동안 공부하면서 쌓였던 스트레스와 찌뿌드드함까지 날려 버릴 수 있다.

운동을 같이하는 파트너도 주중의 산책은 엄마랑 했으면 주말의 운동은 아빠하고 하는 식으로 바꿔 하는 것이 좋다. 이는 자녀 교육을 분담하는 차원에서도 좋고, 아이가 양성을 고루 갖출 수 있다는 측면에서도 좋다.

6학년인 소정이 아빠는 아이들 운동을 열심히 시킨다. 주말이면 북한산이나 관악산을 오르게 하거나, 한강 변에서 달리기를 같이한다. 참 모범적이라 생각된다. 그런데 소정이 아빠는 아이들이 싫다는 말을 감히 하지 못할 정도로 위압적인 분위기에서 운동을 시킨다. 그래서인지 소정이는 주말을 싫어하고, 주말이 오지 않기를 바란다.

"전 주말이 싫고, 주말이 오지 않았으면 좋겠어요. 아빠와 운동하기 싫어서요. 산을 가도 정상까지 올라가야 하고요, 달리기를 해도 10킬로미터 이상은 뛰어야 해요. 비 오는 날에도 뛰어야 해요. 싫다고 하면 버럭버럭 소리를 지르니까 뛰긴 뛰지만, 정말 하기 싫어요. 전에 아버지가 다리를 다친 적이 있어요. 깁스를 하고 병원에 입원했는데요, 그때 얼마나 좋았는지 몰라요. 그 지긋지긋한 운동을 한 동안이라도 안 하게 됐으니까요."

아무리 건강이 좋고 운동이 좋다고 해도, 이는 바람직한 모습이 아니다. 어차피 운동도 행복해지기 위해서 하는 거다. 운동하고 난 뒤의 상쾌함, 짜릿함을 맛보게 해 아이가 스스로 운동을 즐길 수 있도록 해야 한다. 그러니까 운동을 할 때에도 아이를 설득하고, 동의를 이끌어 내는 것이 먼저다.

운동에 맛을 들이면 요즘 아이들의 비만도 예방이 되고, 해결된다. 비만은 건강상의 문제는 물론 다른 여러 문제를 유발하기 때문에, 우리 부모들이 특히 관심을 가지고 주의를 기울여야 하는 부분이기도 하다.

_살찐 어린이 · 청소년이 가지는 문제점

1. 정서적인 문제점
두렵다.

우울하다.

화가 난다.

잠들기 어렵다.

매사 걱정이 많다.

2. 교우 관계의 문제점
친구들과 친하게 지내지 못한다.

다른 아이들이 나와 친구 되기를 싫어한다고 믿는다.

친구들이 나를 놀린다.

또래 아이들이 잘하는 일을 나는 제대로 못한다.

3. 학업상의 문제점
수업 시간에 잘 집중하지 못한다.

학교 수업을 제대로 따라가기 어렵다.

몸이 여기저기 불편해 결석할 때가 많다.

특별한 병이 없는데도 병원을 자주 간다.

― 자료: 삼성서울병원 소아청소년정신과

10 공부 아닌 얘기를 자주 나눈다

요즘 엄마들의 최대 관심사는 공부다. 반복되는 가정의 하루하루도 아이들의 공부를 중심으로 돌아가고, 아이들과 나누는 대화의 내용도 공부가 거의 대부분을 차지한다.

'공부했냐? 얼른 학원 가서 공부해라', '학습지는 그때그때 해야지 밀리면 어떡하냐? 그러고도 공부 잘할 수 있겠냐', '과외 선생님 올 시간이니 어서 준비해라' 등등 아이를 재촉하는 말들도 거의 대부분이 공부와 관련되어 있다.

'위층 ○○는 공부 잘한다더라. 그렇게 공부 잘하니 개네 엄마 아빠는 얼마나 좋겠냐. 밥 안 먹어도 배부를 거다. 엄마 친구 아들은 이번에 서울대 들어갔다더라.' 얼핏 보면 주변 얘기, 이웃 얘기인 것 같아도 이야기의 줄기는 공부다.

'너 이번에 10등 안에 들면 최신형 휴대전화 사 줄 테니까 열심히 해', '이번 기말 고사에서 평균 90점 넘으면 네가 그렇게 원하는 쌍꺼풀 수술, 겨울방학에 해 줄 테니까 한 번 열심히 해 봐' 하고 조건을 내세워 부추기는 것도 공부를 잘하게 만들기 위해서다.

우리 엄마들은 공부를 위해서라면 무슨 일이든 할 수 있을 만큼 집착이 크고, 각오가 대단하다. 이런 환경에서 자라나는 아이들도 엄마의 최대 관심사가 공부란 것을 모를 리 없다. 공부 잘하는 아이로 커 가길 바란다는 것을 잘 알고 있다.

아이들은 엄마의 바람을 충족시켜 주려고 노력한다. 그러다 보니 자연 아이들의 최대 관심사와 바람도 공부 잘하는 데 맞춰지게 된다. 그래서인지 요즘 아이들의 행복과 고민거리도 학업과 관계된 것이 거의 대부분이다. 성적이 많이 떨어졌다든지, 시험에서 좋은 점수를 받지 못했을 때 크게 좌절한다. 자신의 무능을 탓하는 것은 물론 부모님의 기대를 저버리고 실망시켰다는 책임까지 안게 된다. 부모님을 실망시킨 나쁜 아이, 그러니까 난 불효자라는 데까지 의미를 확장시켜 가며 자신을 비난하기도 한다. 아이들이 느끼는 공부에 대한 부담과 압박, 책임감이 어떠한가는 성적 비관, 입시 실패 등으로 자살하는 청소년을 통해 짐작할 수 있다.

인생에는 무수히 많은 시험이 있고, 누구나 시험에서 실패할 수 있다. 그럴 경우 실패의 원인을 살펴보고, 다음엔 좀 더 잘할 수 있는 방법을 찾아 노력하면 된다. 그런데 아이들은 중간고사를 잘 못 보는 것 같은 작은 실패도 생사의 주요 문제로 받아들인다. 실제로 생과 사의 갈림길에 서서 선택을 하기도 한다. 이 모두가 우리 어른들의 과도한 집착과 집중이 부른 결과가 아닌가 생각한다.

그렇다면 어떻게 할 것인가? 공부로부터 거리를 두는 것이 필요하다. 일부러 아이와 공부 아닌 얘기를 자주 해야 한다. 학교에서나 집에서나 학원에서나 늘 하는 것이 공부인 아이에게는 공부 아닌 얘기가 휴식이 되고, 정신을 새롭게 해 주는 청량제다. 그러니까 공부를 잘하게 하기 위해서는 아이들과 대화할 때도 공부 아닌 소재가 뭐 없을까 탐색해야 한다. 공부 아닌 얘기로 머리에 휴식과 산소를 선사해 주어야 한다. 그래야 아이가 새로운 기분으로 다시 공부에 임할 수 있고, 집중할 수 있는 힘이 생긴다.

아이의 일상을 챙겨 줄 때에도 되도록 공부 아닌 것을 입에 담도록 한다. '학습지 해라, 학원 가라'는 말 대신 '벌써 다섯 시네' 하는 식으로 시간을 알려 줌으로써 학습지 할 시간, 학원 갈 시간임을 상기시켜 아이가 스스로 챙기게 하는 것이 낫다.

이웃들 얘기를 할 때도 공부를 빼고 얘기하도록 입을 감시하고, 통제해야 한다. '그 집 사람들은 다들 인상이 좋더라. 평온해 보여' 하는 식으로 말이다. 사회에서 성공한 사람들로 아이를 자극하고 동기를 유발하고 싶을 때에도, 공부로 성공한 사람보다 자기 적성을 살려 열심히 노력한 끝에 성공한 사람을 소개하는 것이 좋다. 공부 하나면 되고, 공부가 전부란 생각을 갖지 않게 하기 위해서라도 이는 필수적이다. 공부에 짓눌리면 세상에 대한 호기심도 사라지기 때문이다.

"이 세상에는 왜 이렇게 공부할 게 많은 거예요. 이것도 다 외워야겠네요. 조상들이 가만히 있었으면 우리들이 공부하기 편했을 텐데, 왜 그렇게 많은 일들을 했나 몰라요. 그냥 가만히 좀 있지. 후세인 우리들 편하게."

해지는 초등학교 3학년인데도 벌써 귀차니즘에 빠져 있다.

공부로 지친 아이는 특히나 공부 아닌 얘기로 숨구멍을 열어 주어야 한다. 공부 아닌 얘기로 휴식을 제공하고, 정신을 새롭게 해 주어야 다시 즐겁게 공부할 수 있다. 그러니까 공부 잘하길 바란다면 더욱 공부 아닌 얘기를 자주 할 필요가 있다는 거다. 영화나 다큐멘터리를 시청하는 등 공부와 직접적인 관련이 없는 활동을 해야 한다.

공부 아닌 얘기를 하고 활동을 하는 것은 공부를 더욱 잘하게 하는 외에도 이점이 있다. 인생에는 달달 외우는 공부 말고도, 관심을 갖고 심취할 것들이 많다는 것을 암시해 주는 효과가 있다.

미국으로 이민 가 살고 있는 친구는 전화로 말했다.

"한국에서는 미국 중·고등학교 애들은 공부 별로 안 하는 줄 알잖아. 그런데 와 보니 아니야. 중산층 사람들은 미국도 자식 교육에 정성을 다하더라고. 공부도 많이 시키고, 명문 대학 들어갈 때 필요한 클럽활동 이력까지 챙기느라 얼마나 열심들인지 몰라. 일일이 차에 태워 데리고 다니면서 말이야. 하지만 한국하고 다른 게 있어. 주말에는 확실히 기분 전환을 해 주는 거야. 공부 아닌 일로 아이들 정신을 새롭게 해 주는 데 공을 들여. 그게 여기 사람들 정책인 것 같아. 그래야 새로 시작하는 다음 주에 더욱 열심히 공부에 매진할 수 있다고 보는 거지."

늘 그의 말을 되새기며 실천하려고 한다. 그래서인지 사정이 있거나, 한국적인 실정으로 주말을 그렇게 쓰지 못한 때에는 미안함과 안타까움으로 마음이 편치 못하다.

11 콩나물대가리만 봐도 머리가 아픈데
피아노를 꼭 배워야 할까?

우리나라는 가정의 피아노 보유와 피아노 교육을 받는 학생 비율이 단연 1등이라고 한다. 음악의 나라인 오스트리아보다도 더 많은 가정이 피아노를 가지고 있고, 많은 아이들이 피아노를 배우고 있는 셈이다.

그렇다고 우리가 그들보다 음악에 대한 애정이 더 깊고, 음악을 즐기느냐 하면 그건 아닌 것 같다. 우리나라 사람들의 관심과 목표는 교양으로서 피아노를 제법 칠 줄 아는 아이를 만드는 데 있다. 거기다 나는 어렸을 때 못 배웠으니 아이만은 피아노를 꼭 배우게 하겠다는 엄마들의 콤플렉스 해소라는 측면도 없지 않다.

"○○, 요즘도 피아노 학원 다녀요? 지금 뭐 치고 있어요?"

"체르니 30번 치다 그만두었어요. 이제 5학년이니까 영어, 수학 공부 해야죠."

"우리 ○○도 체르니 30번은 치다 그만두어도 그만둬야 할 텐데 얼마나 짜증을 부리는지, 원."

"체르니 30번은 쳐야 악보도 보고, 중학교 가서 이론도 딸리지 않는다던데."

"그러니까요. 다른 악기를 할 때도 악보 보는 게 기본이니까 피아노를 제대로 배워야 할 텐데, 애가 얼마나 싫어라 하는지. 그러다

보니 진도도 아직 바이엘이에요. 고학년 되면 영어, 수학 공부 해야
하니 열심히 치래도 말을 안 들어요."

아파트 주변에서 쉽게 들을 수 있는 대화다.

초등학생치고 엄마 손에 이끌려 피아노 학원을 들락거리지 않은
학생이 없을 정도다. 그러다 보니 어릴 때부터 아이들이 피아노로
인해 받는 스트레스가 많고, 피아노를 둘러싸고 엄마와 겪는 갈등
이 이만저만 아니다.

"전 이 세상에 피아노가 왜 있는지 모르겠어요. 콩나물대가리만
봐도 머리가 지끈지끈 아픈데, 학원에 안 가면 엄마한테 죽으니까
할 수 없이 가야 해요. 체르니 30번 들어가면 휴대전화 사 준다고
했으니까 그래도 쳐야죠."

엄마들은 갖은 위협과 회유를 해서라도 정해 놓은 목표를 채우고
자 한다. 아이가 음악을 좋아하고 안 좋아하고는 그리 중요하지 않
다. 그러다 보니 아이들의 시달림이 크다. 그래도 남자 아이를 둔
엄마는 비교적 쉽게 포기하는 편이다.

"몇 달이 지나도 간단한 악보 하나 못 보고, 애가 피아노 앞에만
앉으면 한숨을 푹푹 쉬면서 못 견뎌 하더라고요. 그래서 할 수 없이
끊었어요. 치면 좋지만 남자 애니까 못 쳐도 될 것 같아서요."

하지만 여자 아이를 둔 엄마들은 그렇지 않다. 갈 데까지 간다. 아
이와 피아노가 웬수가 되고, 아이와 엄마가 웬수가 될 때까지 욕심
으로 밀어붙인다.

엄마들의 목표도 이루면서 아이가 피아노를 통해 음악을 알고, 음악을 좋아하고, 즐기는 방법은 없을까? 생각하다 찾아낸 것이 '한 걸음 먼저 휴식' 작전이다.

어떤 악기나 다 마찬가지이듯 피아노를 익히려면 일이 년도 아니고 몇 년을 매일 쳐야 한다. 그리고 진도가 올라갈수록 날마다 연습량도 많아진다. 그러다 보니 피아노 치는 것을 제법 좋아하던 아이도 힘들어할 때가 있다.

우리 아이들도 그랬다. 일곱, 여덟 달 교습이 계속되면 지친 기색이 역력했다. 그러면 아이가 말하기 전에 좀 끊었다 할 거냐고 물었다. 엄마가 먼저 제안해선지 아이는 끊고 싶겠지만, '예, 좀 쉴래요' 하고 바로 대답하지 않았다. 엄마의 제안에 다소 여유를 찾았는지, 힘들면서도 '좀 더 해 보고 힘들면 쉴게요' 하면서 또 한두 달 인내하며 쳤다. 어리지만 제 말을 지켜야 한다는 책임감이었을 것이다.

하지만 계속 치게 하지 않았다. 아이가 많이 참고 있다는 것을 알기 때문에 고비가 왔다고 생각하고 대담하게 끊어 주었다. 지긋지긋해지기 전에 쉬게 해 주어야 다시 피아노로 돌아갈 수 있을 것 같아서다.

피아노를 배우는 몇 년 동안 고비가 왔다 싶으면 그렇게 휴식을 선물했다. 이 단순한 작전으로 두 아이는 교양인으로서는 이만하면 됐다 싶은 수준까지 이를 수 있었고, 난 피아노를 둘러싼 작전에서 몸을 뺴냈다. 그 뒤부터는 아이가 원하면 더 배우는 것으로, 순전히 아이의 재량에 맡겨 두기로 하고 피아노 전선에서 물러났다.

두 아이 모두 피아노를 더 배우겠다고 나서진 않았다. 하지만 피아노를 그만둔 지 몇 달 지나자 새로운 모습이 발견되었다. 수시로 피아노 앞에 앉는 거다. 요즘도 대학생인 큰아이나 초등학교 6학년인 둘째나 마찬가지다. 공부하다 쉴 때나 한 과제를 끝내고 다음 과제로 넘어가기 전 같은 때, 한바탕 피아노를 치고는 다음 일로 들어간다. 어느 땐 둘이서 플루트와 피아노로 이중주를 하기도 하고, 자작곡을 연주하고 녹음해서 들려주기도 한다. 배우는 동안 힘들고 고비가 많았던 피아노를 즐기고 있는 거다.

잘 치든 못 치든 피아노가 아이들에게 위안과 위로를 주고 있다는 것이 정말 반갑다. 죽는 날까지 같이 갈 친구를 하나 마련해 준 만족감에서다. 앞으로 인생을 살다 보면 어려움에 부닥치는 게 한두 번이 아닐 것이다. 아마도 아이들은 그때마다 피아노를 치며 자신을 위로하고, 다독이고, 다시 힘을 얻을 것이다.

맞다. 잘 사귀면 피아노도 평생 가는 친구다. 평생 갈 친구를 사귀게 한다는 생각으로 엄마들이 밀어붙이거나 서두르지 말고, 나름의 정책을 고안해 고비를 넘겨 주는 게 필요할 것 같다.

12 가정에서 할 수 있는 **미술교육 방법**은?

아이의 미술교육을 둘러싸고도 엄마들은 할 말이 많다. 아마 이것만 모아 놓아도 책 한 권은 거뜬히 될 것이다.

그런데 가만히 들어 보면 미술교육도 다분히 실적에 치우쳐 있다. ○○학원을 다니는데 이번에 미술 대회에 나가 상 탔다, 그 학원은 미술 수행 평가를 잘 맞도록 잘 챙겨 준다, 거기는 이번에 미대에 20명 넘게 보냈다 등 예술교육을 실적을 가지고 따지고 판단한다. 예술적 기본 소양을 길러 주려고 어떻게 노력하고 있으며, 시야를 넓혀 주려고 어떤 시도를 하고 있는지 등에는 별로 관심이 없다.

그런데 실적에 관심이 없는 엄마도 미술 학원 하나쯤은 다녀야 한다는 생각을 갖고 있다. 과목이 과목이다 보니 아이들이 피아노를 배울 때처럼 그렇게 스트레스를 받지는 않는다. 하지만 학원 하나 추가하는 데 따른 시간은 할애해야 한다. 필수라고 생각하는 영어, 수학에 운동 하나, 음악교육으로 피아노 하나, 미술 학원 하나 꼽다 보면 벌써 다섯이 되고, 그것을 다 소화해야 하는 아이는 파김치가 된다.

미술 학원은 꼭 다녀야 할까? 흔히들 예체능은 소질 계발을 위해서 어릴 때 배우는 것이 좋다고 알고 있다. 하지만 원하지 않을 때, 아니면 너무 이른 나이에 학원으로 내몰아 소질 계발은커녕 오히려 예술에 대한 싹을 자르고 있는 면도 없지 않다. 한때 흥미가 없고 못했을 뿐인데, 아이가 이 방면에 소질이 없다고 단정 지어 말하는 면이 없지 않기 때문이다.

그렇다면 화가들은 아이들의 미술교육을 어떻게 하고 있을까? 그것이 늘 궁금했다. 그래서 내 동화책에 그림을 그렸던 화가를 만났을 때 물었다.

"교육이란 게 뭐 필요할까 하는 생각에 그냥 키우고 있어요. 미술교육을 생각해 특별히 하는 것 없이. 생각해 보면 우리가 어렸을 때 학원 다니거나 누구한테 배워서 지금 그리고 있는 거 아니잖아요."

"맞는 말인 것 같아요. 글을 쓰고 있는 저도 어릴 때 학원 다니거나 누구한테 글쓰기를 배워서 지금 글을 쓰고 있는 건 아니니까요."

"하지만 아이의 가슴에 뭔가 담아 주려고 배려를 하는 편이죠. 책과 친하게 지내게 하고, 가끔씩 전시회도 데리고 다니고, 여행도 많이 하고요. 요즘 어린이 연극 학교에 다니고 있는데 그것도 그렇고, 아니 사는 것 자체가 모두 미술에 도움이 되죠."

맞는 말이다 싶어 그 말을 이웃 예지 엄마에게 전하니 펄쩍 뛴다.

"그건 전문가적인 여유에서 하는 말이에요. 특별히 교육하지 않지만, 그 집 아이는 엄마를 보고 알게 모르게 배우는 것이 많을 거예요. 하지만 우리처럼 평범한 사람이 그렇게 했다가는 망해요. 실제로 중학교 가서는 실기가 미술 점수의 대부분을 차지하는데, 대비하지 않으면 큰일나요. 아무리 다른 과목을 잘해도 미술 점수가 나쁘면 평균이 확 내려가니까요. 그러니까 수채화, 소묘, 데생 그런

거에 대한 기초는 익히고 가야 해요. 안 그러면 성적 관리에 실패하게 되고, 상위권은 힘들죠."

전문가인 화가와 미술을 전공하지 않은 예지 엄마의 말을 조합하면 우리 보통 엄마들이 갈 길이 보인다.

미술교육도 무조건 학원에 밀어 넣기보다는 아이의 머리와 가슴에 풍부한 상을 심어 주는 쪽으로 방향을 잡아야 한다. 좋은 데를 데리고 다니며 산책하고, 좋은 책을 많이 읽게 하고, 음악을 들으며 생각에 잠길 수 있는 시간을 주는 거다. 책 속에는 실제로 얼마나 좋은 그림들이 많이 등장하는가. 또 음악을 들을 때 우리 머릿속에 얼마나 많은 이미지가 떠오르는가. 아이는 산책하고 책을 읽고 음악을 들으며 많은 이미지들을 축적할 것이고, 기회가 되면 제 나름대로 해석한 이미지가 떠오를 것이고 표현하고자 할 것이다. 그것이 바로 작품이고, 예술이지 않은가!

그러니까 어릴 때는 기름 짜기 식으로 무조건 짜내려 할 것이 아니라 먼저 나중에 창작의 자원이 될 이미지를 축적하도록 이끄는 게 필요할 것 같다. 그러다 자신이 원하고 필요로 하는 때에 기술적인 면이나 기법을 익히면 효과를 보지 않을까 생각한다. 기술적인 면보다는 아이의 가슴에 상을 축적해 주는 것이 먼저라는 거다.

13 아이는 **동화**가 키운다

"예전의 부모들은 아이를 보통 대여섯씩 키웠잖아요. 요즘에는 한둘인데, 왜 이렇게 힘든지 모르겠어요."

"정말이에요. 한다고 하는데도 잘 안 되는 것이 부모 노릇이고, 맘대로 안 되는 게 자식 교육인 것 같아요."

엄마들은 모였다 하면 푸념하곤 한다. 원인 분석에 들어가기도 한다.

"공부 때문이에요, 공부. 요즘 애들은 어려서부터 공부 부담이 많잖아요. 부모들의 기대가 크고 의욕이 넘치다 보니, 아이들이 성에 안 차 보일 수도 있어요. 내 아이는 이 정도는 되어야 한다는 마음속 기준이 있고, 거기 못 미치면 아이를 닦달하게 되고 문제가 있는 것처럼 보는 거죠."

"요즘 애들은 정서적으로도 불안해 보여요. 여자 애들은 지면에서 한 10센티미터는 떠서 생활하는 것 같고, 남자 애들은 술이 덜 깬 것 같아요. 공부에 학원에 스트레스 받고, 잠깐잠깐 쉬어 봤자 텔레비전 보고 컴퓨터 하는 게 고작이잖아요. 그래선지 정서적으로 안정이 돼 있지 않아요."

부모 입장에서나 아이 입장에서나 살아 내기 쉽지 않은 세상이 되었다.

하지만 요즘 애들이 정서적으로 불안하다는 것은 부모들의 착각일지도 모른다. 너무 근접해 있다 보니까 아이들의 결점이 눈에 들어오는 것이다. 예전 부모들은 아이들과 거리가 있었다. 숫자가 많아서 한 아이에게 쏟는 관심이 적을 수밖에 없었고, 또 먹고살기 힘드니까 아이에게 요즘처럼 집중할 수 없었다. 그러다 보니 커 가면서 보이는 이런저런 징후들이 눈에 잘 들어오지 않았고, 간과할 수 있었던 것이 아닐까?

정말로 요즘 애들이 정서적으로 불안하다면, 도시의 콘크리트 건물에 사육하다시피 하는 생활 패턴도 한 원인이 아닐까 생각한다. 아이들은 동물이고, 그 어느 때보다 동물적 속성이 강한 때이니 자연과 교감하면서 정서적 안정을 찾아야 하는데, 그 길이 꽉 막힌 것이다. 예전에는 부모가 밥 먹이고 옷 입혀 주고 잠은 재워 주었지만, 거의 방목하다시피 키웠다. 인간이 동물로서 갖고 태어난 에너지를 발산할 공간이 충분했다는 말이다. 하지만 도시 생활을 하면서 그 길이 막혔다. 우리에 갇힌 동물 신세가 되면서 아이들은 힘들다. 힘든 아이들의 모습이 우리 어른들 눈에는 정서 불안으로 보일 수 있다는 거다.

불안해하고, 불안해 보이는 아이들이 많은 건 사실인 것 같기도 하다. '술에 취한 듯, 술이 덜 깬 듯' 들떠서 생활하는 아이들이 적지 않다. 저학년 남자 애들 중에 특히 그런 경우가 많다. 밥 먹어라, 숙제하라 등 기본적인 대화를 벗어나면 의사소통도 원활히 되지 않는 것을 느끼곤 한다. 어느 땐 다른 별에서 똑 떨어진 존재가 아닐까 하는 생각이 들 정도다.

어떤 엄마들은 편한 자리에서 말하곤 한다.

"여자 애들은 곧잘 말을 들으니까 몰라도, 솔직히 남자 애들은 가끔 매를 들어야 해요. 매를 안 들으면 말이 먹히지 않으니까요."

"그건 아이가 어릴 때 얘기예요. 초등학교 고학년만 돼 봐요. 공부하라고 해도 어기적거리며 말 안 들을 땐 정말 사람 미친다니까요. 거기다 뭐 좀 안다고 말대답이나 콩콩 해 봐요. 정말 팔짝 뛸 지경이 되죠."

"아이들과 실랑이를 벌이다 보면 전생에 무슨 인연이었기에 너와 내가 부모 자식 사이로 만나 이러고 있냐, 한탄이 절로 나온다니까요."

아무리 자식 훈육이 힘들다 해도 방법은 있다. 책을 이용하는 거다. 책 중에서도 동화책을 읽게 하면 의외로 수월하게 잘 풀린다. 동화책은 아이들의 가슴을 다독여 주고, 달래 주고, 위로해 준다. 가려운 데를 긁어 주고, 궁금한 것을 알려 준다. 아이의 내부에 있는 성장 에너지를 올바른 데로 이끌어 줄 줄 안다. 그러면서도 부모처럼 강요하지 않는다. 조용히 이야기로 예를 들어 가며 설득한다. 그러다 보니 아이들의 반감이 적다. 자기도 모르는 새 설득당해 끌려가게 된다.

그리고 동화책을 읽으면 한자리에 뭉근히 있어야 하니, 엉덩이에 모터가 달린 듯 가만 있지 못하고 돌아다니는 증상도 점차 좋아질 수밖에 없다. 그러다 보면 부모들이 그렇게 바라는 공부도 잘하게 되는 밑천이 생긴다. 아직도 공부는 책하고 해야 하고, 뭉근히 앉아 있을 줄 알아야 제대로 할 수 있기 때문이다.

문제는 동화책하고 친해지기까지가 쉽지 않다는 거다. 그때까지는 부모의 세심한 배려와 노력이 필요하다. 그 다음부터는 부모는 밥 먹여 주고, 옷 입혀 주고, 재워 주면 된다. 그 부분만 책임지면 동화책이 아이를 맡아서 키워 준다. 양육의 짐을 상당 부분 덜 수 있다. 지식에 대한 정보는 물론 사회교육, 역사교육, 생활교육까지 다 시켜 줄 만큼 요즘 동화책은 다양하기 때문이다.

그런데 요즘 공부 열풍이 얼마나 거센지 5, 6학년만 되도 동화책을 별로 읽지 않는다. 엄마들이 읽지 못하게 한단다. 3, 4학년까지는 책을 읽히다가도 초등학교 고학년이 되면 동화책 읽을 시간에 영어, 수학 공부 하길 바란단다. 이는 책 판매고에서도 확연히 드러난다. 고학년 대상으로 나온 책은 잘 팔리지 않는다.

영어, 수학과 컴퓨터밖에 없는 공허한 가슴과, 세상살이에 벌써 지친 눈을 가지고 있는 아이들을 보면 안타깝다. 아이들에게만 공부하라고 밀어붙일 것이 아니라 우리 어른들이 열심히 공부해야 한다. 그래서 아이들이 좀 더 행복할 수 있는 길을 찾아 주어야 한다.

제3장

습관이 행복을
만들어 간다

1 공부보다 **생활 습관**이 먼저다

부모들은 아이가 공부를 잘하길 바라는데, 공부를 잘하려면 생활 습관이 먼저다. 생활 습관이 잡히면 공부는 당연히 잘하게 되어 있다.

좋은 습관을 갖는 데는 나이가 어릴수록 유리하다. 어린아이일수록 잘 받아들이고, 나쁜 습관이 아직 굳어져 있지 않아 좋은 습관을 들이기 쉽다. 그만큼 학습 효과가 크다고 할 수 있다. 세 살 버릇 여든까지 간다는 말도 그래서 나왔을 것이다.

그런 면에서 보면 생활 습관을 잡아 주는 것이 조기교육이 아닌가 생각한다. 한 살이라도 일찍 영어, 수학을 공부하는 것이 조기교육이 아니라, 가정에서 좋은 습관을 길러 주는 게 진정한 의미의 조기교육이라는 거다. 그런데도 엄마들은 영어, 수학, 예능 등의 사교육에 더 열심이다. 생활 습관이 안 돼 있는 아이는 사교육을 받아도 별로 효과가 없는데도 그것에 매달린다.

정현이는 6학년인 지금까지도 시간을 지키는 습관이 되어 있지 않다. 학교에도 지각을 자주 하고, 학교 끝나고 가는 학원에도 시간 맞춰 갈 때가 드물다. 엄마가 직장 생활을 하는 점을 이용해 최대한 시간을 늦춰 간다. 엄마가 학원 갈 시간에 맞춰 전화하면 지금 간다고 하거나 동생들에게 갔다고 하라고 시키고, 엄마가 퇴근할 무렵에야 집을 나선다. 그러다 보니 종합반 수업에 한 시간 이상 늦는 경우도 적지 않다. 그러니 공부가 제대로 될 리 없다. 정현이의 버릇은 공부에만 한정되어 있지 않다. 온 가족이 교회에 가는 일요일마다 한바탕 소동이 벌어진다. 다른 식구들은 다 준비가 되었는데도 출발하지 못한다. 뭉그적거리는 정현이를 기다려야 하고, 그러다 보면 예배 시간에도 매번 늦는다. 그렇게 가족들이 곤란을 당하는 것을 보면서도 버릇을 고치지 않는다. 정현이 엄마는 '내가 직장 생활을 해서 아이가 이렇게 됐다'고 한다. 하지만 버릇을 잘못 들여서지, 엄마가 직장 생활을 해서 그렇게 된 것은 아니라고 생각한다.

습관은 몸에 시계를 들여놓는 일이다. 규칙적인 생활로 몸 시계를 만들어 가는 과정이다. 여섯 시에 일어나는 것이 습관이 된 사람은 누가 깨우지 않아도 여섯 시가 되면 눈이 뜨이지 않는가.

습관은 '몸 시계'인 동시에 센서다. 좋지 않은 것을 버리고, 좋은 걸 찾아서 자기 것으로 만드는 '바디 센서'다. 손을 씻지 않으면 뭔가 찝찝해 손을 씻게 되고, 큰 소리로 떠드는 아이가 안타깝게 보이고, 그래서 자기 목소리를 낮추게 되는 자동 감지기다.

아이들에게 좋은 습관을 만들어 주려면 어떻게 해야 할까? 아이들에게 좋은 '몸 시계'를 만들어 주고, 좋은 '바디 센서'가 작동되게 하려면 어떻게 해야 할까?

문제는 간단하다. 늘 그렇듯이 부모들이 아이들에게 본보기가 되어 주면 된다.

아이들에게 좋은 습관을 길들이기 위해 엄마가 해야 할 일을 찾아 본다.

1. 규칙적인 생활을 한다. 엄마는 아무 때나 먹고 자면서 아이들에게 규칙적인 생활을 하라는 것은 억지다.

2. 약속을 지켜야 한다. 아이와 한 약속은 물론, 생활 속에서 다른 사람들과의 약속도 소중히 여기고 지키는 모습을 보여 주어야 한다.

3. 부지런해야 한다. 아이보다 늦게 일어나고, 낮에도 트레이닝 바지를 입고 침대에서 뒹구는 엄마는 아이에게 열심히 공부하라고 말할 자격이 없다. 말해 봤자 먹히지도 않는다.

4. 아이한테 책을 읽으라고 하기 전에 책 읽는 엄마가 되어야 한다. 엄마가 책을 끼고 살면 아이는 자연스럽게 책 읽는 아이가 된다.

5. 운동을 생활화해야 한다. 엄마가 운동을 싫어하면 아이도 그렇게 되기 십상이다.

좋은 습관은 미래에 대한 투자다. 아이의 미래를 결정짓는다. 그러니 공부보다 좋은 습관을 들이는 데 더 공을 들여야 한다. 생활 습관이 잘 되어 있으면 덩굴에 감자 딸려 오듯 인생에서 거둬들일 수 있는 성취가 딸려 올 것이기 때문이다.

2 일찍 일어나야 하루가 잘 굴러간다

연말이면 사람들은 바다로, 산으로 해돋이 여행을 떠난다. 일출을 색다르게 맞이하려고 부지런하게 움직인다. 그러다 보니 고속도로에 정체가 발생해 고생이 이만저만 아니다. 해돋이 여행을 못 간 사람은 강변이나 동네 뒷산에 올라서라도 해맞이를 한다. 기다리던 끝에 이윽고 해가 모습을 드러내면 여기저기서 함성이 터진다. 해가 서서히 떠오르는 모습을 감상하면서 사람들은 제각기 새해 다짐을 하고 소망을 품는다.

'사람들은 왜 새해의 해는 특별히 대접할까? 1월 1일의 해는 정말 다른 것일까?'

해돋이를 보고 사라져 가는 사람들의 뒷모습을 볼 때마다 생각에 잠기게 된다.

생각을 좇다 보면 '시작'의 의미에 다다르게 된다. 누구에게나, 언제나 '시작'의 의미는 중요하고 또 그 힘이 강력하다는 결론에 이른다. 새롭게 맞으면 새해가 잘 굴러갈 것이고, 새로운 다짐도 일년 내내 올림픽의 성화처럼 불타오를 것이라는 믿음이다. 그러니까 새해 첫날의 일출은 소망이고, 다짐이고, 기대다. 일 년 내내 타오를 성화를 가슴에 피워 놓는 의식이다. 그렇기 때문에 사람들은 해맞이를 좀 더 색다르게 하고 싶은 것이다.

그런데 새해 첫날에만 해가 떠오르는 것은 아니다. 아침마다 해가 떠오른다. 새해 첫날의 해돋이가 의미가 있는 것처럼 아침마다 솟아오르는 해에게도 소망을 품을 수 있고, 다짐을 새길 수 있고, 하루가 잘 펼쳐지길 기대할 수 있다.

그런데도 우리는 아침마다 떠오르는 해에게는 큰 의미를 두지 않는다. 별 생각 없이 맞거나 어쩔 수 없이 맞는다. 게으르고 싶거나, 일어나기 싫은 사람에게는 소망과 다짐과 기대는커녕 '아침마다 왜 해는 뜨는 거야?' 하는 원망의 대상이다. 하지만 아무리 원망해도 아침이면 해는 어김없이 떠오른다. 원하든, 원하지 않든 열리는 세상이라면 그 하루를 보람 있게 사는 쪽을 택하는 것이 낫지 않을까?

하루를 잘 쓰려면 어떻게 해야 할까? 아침에 일찍 일어나는 것이 그 출발이다. 일찍 일어나야 하루가 잘 굴러간다. 하루라는 공을 서두르지 않고 잘 굴릴 수 있다. 일찍 일어나야 레일을 벗어나 엇나가지 않고, 하루가 제대로 굴러간다.

어른의 경우 '아침형 인간'이 되면 남보다 두세 시간 먼저 일어나 새벽이 주는 고요 속에서 하루를 맞이할 수 있다. 중요한 일을 집중해서 처리할 수도 있다. 나는 새벽 다섯 시에 일어나 일곱 시까지 작업을 하는데, 낮에 서너 시간 하는 것보다 더 효율이 있다.

그렇지만 아이들은 굳이 '아침형 인간'이 될 필요는 없다고 생각한다. 성장기에 있는 아이들에게는 아침잠도 의미가 크고 달콤하기 때문이다. 아침잠의 달콤함은 어린 시절에 맛볼 수 있는, 놓칠 수 없는 선물이기도 하다.

하지만 밥 먹기 한 시간 전에는 일어나는 것이 좋다. 그래야 눈곱도 떼지 않은 얼굴로 식탁에 앉거나, 밥 먹을 시간도 없이 집을 뛰쳐나가는 일을 피할 수 있다. 그 정도의 여유는 두고 시작해야 시간표를 확인하고, 준비물은 제대로 챙겼나 점검하고, 선생님과 친구들을 만날 준비를 할 수 있다.

전날 다 챙겨 놓고 자면 아침에 늦게 일어나도 되지 않느냐고 할 수 있다. 하지만 그렇게 했을지라도 아침에 책가방을 다시 점검하는 것이 좋다. 책가방을 다시 점검하면서 정확히 준비물을 챙기는 건 물론 하루를 잘 살아야겠다는 다짐을 하게 되기 때문이다.

유혹에는 늘 함정이 있듯 아침잠의 유혹에도 함정이 있다. 하루를 어긋나게 하는 함정이다. 유혹에 져 늦게 일어나면 '학교 늦겠으니 빨리빨리 준비해라', '지금 빨리빨리 하고 있잖아요' '넌 왜 만날 늦는 거니?' 하면서 실랑이가 벌어진다. 그러다 보면 아침부터 좋지 않은 말이 오가게 되고, 감정을 상하게 된다.

그 상태로 학교에 가면 기분이 좋을 리 없다. 까딱하면 친구와 싸우고, 싸웠다고 선생님한테 혼나고, 골이 나 더 옆 친구한테 트집을 잡게 되고…… 도미노 게임처럼 연쇄반응이 일어난다.

늦잠꾸러기 승우의 아침은 늘 요란하다. 승우는 아침을 먹어 본 적이 없다. 늦게 일어나니 입맛이 있을 리 없고, 또 먹을 시간도 없다. 아침을 먹지 않는데도 시간은 촉박하기만 하다. 까치집 머리에 단추도 제대로 끼지 못하고 집을 뛰쳐나가지만, 지각하기 일쑤다. 지각했다고 선생님한테 꾸중을 듣고, 뛰어오느라 지쳐 책상에 앉으면 아침부터 몸이 나른해진다. 아침을 먹지 않아서인지 뇌도 잘 움직이지 않아 학습 내용이 이해가 되지 않는다. 그러다 보니 졸기 일쑤고, 선생님한테 자주 지적을 받는다. 늘 혼나는 모습을 봐선지 아이들도 승우를 함부로 대한다. 그러다 보니 승우는 친구들과 자주 싸운다.

아이들도 하루를 맞이할 준비 시간이 필요하다. 일찍 일어나 하루를 설계하고, 마음의 준비를 하는 시간이 있어야 한다. 하루를 수동적으로 질질 끌려 다니느냐, 아니면 자신이 주도적으로 끌고 나가느냐가 아침에 달려 있다. '일찍 일어나는 새가 벌레를 많이 잡는다' 는 말도 있듯이 일찍 일어나야 얻는 것도 많다.

어른이야 스스로 다짐하면 아침에 일찍 일어날 수 있다. 하지만 아이들의 경우는 부모가 세심하게 배려하고 챙겨 주지 않으면 'early bird' 가 될 수 없다.

_부모가 아이를 일찍 일어나게 하는 방법

1. 아이보다 일찍 일어난다.

2. 창문을 열어 집 안에 상쾌한 아침 공기를 들여놓는다.

3. 아이를 깨워 아이와 함께 시원한 물 한 잔을 마신다.

4. 창문을 향해 서서 아이와 함께 3분 정도 가볍게 스트레칭을
한다.

여기까지만 해 주어도 'early bird'의 명랑한 노랫소리를 하루 종
일 들을 수 있다.

3 자녀 교육에도 정책이 필요하다

아이들은 삶에 대한 태도는 물론 교육 방식까지도 부모로부터 배
우게 된다. 그래서 부모가 되어 아이들을 기를 때 자신의 부모가 했
던 방식을 아이들에게 적용하곤 한다.

어느 경우에는 문제점을 알고 있으면서도 자신의 부모와 똑같이
행동한다. 어릴 때 그렇게도 싫어했던 엄마의 행동을 다 자란 딸이
그대로 하는 경우처럼. 그 어느 때보다 영향받기 쉬운 어린 시절에,
그것도 장기간에 걸쳐 답습된 거라 무의식에까지 자리를 잡은 것이
다. 초등학교 아이를 하나를 두고 있는 현경 씨가 그런 경우다.

난 가끔 우울해져요. 나도 모르게 불같이 화를 내는 내 자신에 대한 반성 때문이죠. 내 아이만큼은 잘 키우고 싶었는데, 그래서 아이도 하나만 낳았는데 이렇게 키우고 있나 싶어서 침울해져요. 물론 평상시에는 저도 그런 대로 괜찮은 엄마라고 생각해요. 아이의 말에 귀 기울여 주고, 아이가 하는 행동이나 말을 이해하려고 노력하는 편이거든요. 그런데 가끔 불같이 화를 내는 거예요. 지나고 보면 그렇게까지 화를 낼 일이 아니었는데, 사소한 잘못에도 아이한테 소리 지르고 몰아세우고 욕하고 매를 들기까지 해요. 어렸을 때 저희 엄마가 저한테 그랬거든요. 그래서 전 굳게 결심했어요. 이담에 애 낳으면 난 절대 그렇게 키우지 않겠다고. 그런데 제가 엄마가 했던 행동을 그대로 따라 하고 있는 거예요. 그렇게 싫어했던 모습인데. 평상시에는 잠잠하다가도 한번 분노가 치밀면 조절이 안 돼요. 하지만 폭풍처럼 화가 지나가면 자책으로 우울하고 기운이 없어져요. 청소하고 밥하고 하는, 평상시의 생활도 할 수 없을 만큼 축 처지게 돼요. 아이가 날 어떤 엄마로 생각할까 하는 데 생각이 미치면 아이 보기도 민망해진다니까요. 그래서 한동안은 내 잘못을 잊게 하려고 아이한테 더 잘해 주죠. 하지만 얼마 못 가 또 폭발을 해요. 반성하지만 잘 고쳐지지가 않아요.

교육 수준도 낮았고 먹고살기도 힘든데다 아이들 수까지 많아서일까, 예전에는 이런 부모들이 적지 않았다. 아이를 함부로 대하고,

욕하고, 때리는 일도 더 잦았다. 말할 것도 없이 바람직한 모습이 아니다. 그런데 이런 부모 모습이 자녀들에게 모두 안 좋은 영향을 미치는 것은 아니다. 난 그렇게 하지 않아야겠다는 '반면교사'의 역할을 톡톡히 하기 때문이다. 그런 경험이 있음으로 해서 좀 더 나은 목표를 세우고 노력하게 된다.

엄마 노릇하기에도 세상은 참 많이 좋아졌다. 경제적으로 훨씬 여유로워졌고, 아이 수도 적어 아이들의 세세한 감정까지 챙길 수 있게 되었다. 그리고 관심만 기울이면 책이나 인터넷 등에서 다양한 정보를 서로 나눌 수 있고, 얻을 수 있게도 되었다. 그래서인지 요즘 부모들이 아이를 키우는 모습을 보면 정말 엄청난 발전을 했다. 늘 반성하고, 보다 좋은 방법을 찾으려고 노력하고, 공부한 결과다. 이렇게 아이들 교육 방법도, 부모 노릇이 함께 진화하고 있다는 데 희망이 있지 않나 생각한다.

하지만 예전 부모들한테도 성실함, 근면함, 인내력, 생활력 등 요즘 부모들이 본받을 점이 적지 않다. 기술적인 면에서만 따져도 그 현명함에 눈이 번쩍 뜨이는 방법이 한둘이 아니다. 보물 같은 그 정책을 찾아내 아이들에게 적용해 보는 것도 좋을 것 같다.

어느 가정이나 그 보물은 있게 마련인데, 내 경우에는 그게 '쉬어라, 쉬어'다. 그때나 지금이나 부모들은 아이들의 공부에 집착이 크다. 그러다 보니 입에 공부하라는 말을 달고 산다. 아이들이 부모한테 '가장 많이 듣는 잔소리도 1위가 공부'라는 조사 결과가 나와 있을 정도이니까. 그런데 내 아버지는 시도 때도 없이 쉬라고 했다. 공부할 때는 물론 공부하지 않고 놀고 있을 때까지도 공부하라는 말 대신 쉬라고 했다.

그런데 공부하다 '쉬어라, 쉬어' 라는 말을 들으면 쉴 수가 없었다. 아버지가 날 생각해 주는구나 하는 고마움에 쉴 수가 없었다. 그 고마움에 보답하려면 '쉬라' 는 말을 거역해야 할 것 같았다. 그래서 할 수 없이 공부했고, 쉬어도 짧게 쉬고는 공부로 돌아가곤 했다. 그만큼 '쉬어라, 쉬어' 는 마력이 있었다.

공부를 안 하고 있을 때 뜬금없이 '쉬어라, 쉬어' 하는 소리를 들으면 어린 마음에도 양심의 가책을 느꼈다. 그래서 더 놀고 싶어도 슬금슬금 책을 찾았다. 그러니까 공부하라는 말 대신 '쉬어라, 쉬어' 라고 한 역발상은 성공적인 정책이었던 셈이다.

지금 생각하면 그때 내 아버지도 공부하라고 말하고 싶었을 것이다. 하지만 그 맘을 숨기고 우회 정책을 편 것이다. 어쨌든 어린 우리들에게 그 정책은 효과가 컸다. '쉬어라, 쉬어' 라는 말을 들을 때마다 맘이 편하지 않았고, 공부를 해야 할 것 같은 생각이 들었기 때문이다. 그러면서도 '공부하라' 는 말을 들을 때보다 반감이 적었다. 지금 변호사를 하고 있는 형제는 가끔 말한다.

"아버지의 '쉬어라, 쉬어. 공부는 쉬어 가면서 하는 거다' 라는 말씀 때문에 공부를 안 할 수가 없었어. 그 말을 듣고 어떻게 공부를 안 해."

나도 이 말을 내 아이들에게 적용하곤 한다. 그동안 세월이 많이 흘렀고, 아이들도 그때의 아이들이 아니지만 아직도 효과가 있다. '쉬어라, 쉬어' 하고 무심코 던지면 '지금까지 놀았는데 찔리게 왜 그러세요'라든가 '별로 안 했는데요, 지금부터 열심히 할게요' 하는 말이 튀어나온다. 오랜 세월 속에서 검증된 정책의 효과를 확인하면서 자녀 교육에서도 자신의 뜻을 효과적으로 관철시킬 수 있는 정책이 필요하다는 생각을 하게 된다.

아이한테 공부하라고 말하고 싶을 때 이 말을 적용해 보는 것은 어떨까? 이렇게 말하면 어떤 사람들은 말할 것이다. 그 말을 곧이곧대로 믿고 놀면 어떡하냐고. 실제로 어떤 아이들은 눈치도 없이 정말 쉬라는 말로 받아들이고 놀기 바쁠 것이다. 내 형제 중 하나도 그랬다. '쉬어라, 쉬어' 라는 말을 들을 때마다 헤헤거리며 집을 나가 신나게 놀았다. 허락받았으니 맘 편하게 실컷 논 것이다. 그렇게 잘 놀던 그는 지금 아이들과 잘 놀아 주는, 아이들의 놀고 싶은 심정을 잘 알아주는 교사가 되어 있다. 곧이곧대로 받아들일지라도 나쁘지 않다는 말이다. 공부하라는 말을 듣고 노는 아이보다 '쉬라'는 말을 듣고 노는 것이 마음 편하니까. 편하게 놀 수 있다는 것은 아이들에게 선물이다. 그리고 쉬는 여유, 쉴 수 있는 여유는 살아가는 데 꼭 필요한 부분이기도 하다. 그러니까 밑져야 본전인 셈이다.

이처럼 같은 말을 해도 받아들이는 정도나 반응은 아이들마다 다를 수 있다. 저마다의 개성 때문이다.

어쨌든 오늘 당장 아이에게 '쉬어라, 쉬어'를 적용해 보는 것은 어떨까. 그러면 제각기 다른 뒷이야기가 만들어질 것이다.

4 아이들은 30분 인간이다

아이들은 무슨 일이든 오래 하지 못한다. 조금만 지나도 몸이 쏘삭거리는지 주위를 두리번거리고, 딴 데 눈을 둔다. 다리를 덜덜 떨고 안절부절못한다. 하지만 그것은 아이들 잘못이 아니다. 어른들과 몸 시계가 다르기 때문이다. 보폭의 크기가 다른 것처럼 아이의 몸을 움직이는 시간개념이 다르다. 그래서 어른이 볼 때 '오래 하지 못하고 쉽게 지루함을 느끼는 것' 처럼 보이는 거다.

아이들의 몸 시계는 대체로 30분을 넘지 않는 것 같다. 30분 단위로 움직인다고 보면 된다. 어떤 일이든 30분을 넘어서면 하기 싫어하고, 참느라 힘들어한다. 참고 해도 집중력이 떨어져 별 효과가 없다. 공부도 마찬가지다.

그런데 부모들은 아이들이 공부를 많이 하기를 바란다. 양에 집착한다. 하지만 30분을 넘겨 하는 공부는 집중력이 떨어진 상태이기 때문에 효과가 적다. 그런데도 부모들은 아이들이 진득하게 앉아 공부하기를 바란다. 그래야지만 공부하는 것 같은 생각이 든다. 찔끔 찔끔하는 것은 어째 공부 같지가 않고, 시원찮다고 불평한다.

그런 불만이 들 때는 엄마와 손잡고 걸어가는 어린아이를 생각해 보자. 보폭을 맞춰 주지 않으면 아이는 엄마 손에 끌려가거나 반쯤 지면에서 떠들린 상태로 가게 된다. 남이 볼 때는 안타깝기도 하고, 우습기도 한 모습이다.

　그렇게 되지 않으려면 끊어 주어야 하고, 바꿔 주어야 한다. 한 과목을 30분 했으면 쉬게 해야 한다. 그리고 다른 과목을 잡고 30분 정도 공부하는 식으로 운영해야 한다. 공부할 양이 많아 쉬는 것이 여의치 않다면 30분 단위로 과목이라도 바꿔 주어야 한다. 떡을 찔 때 콩고물과 쌀가루를 바꿔 깔 듯 공부와 휴식으로, 한 과목을 했으면 다른 과목으로 바꿔야 한다. 그래야 맛있고, 재밌고, 머리에 쏙쏙 들어오는 공부 떡이 쪄진다.

　그런데 공부 떡을 찔 때 염두에 둘 것이 있다. 말을 하고 듣고 계산하는 기능, 영어, 수학, 과학 등은 좌뇌가 담당하고, 음악을 듣거나 그림을 그리거나 어떤 이미지를 떠올리고 하는 기능은 우뇌가 담당한다는 뇌의 역할 분담 기능을 참조하는 거다. 오른손에 든 짐이 무거우면 왼손으로 바꿔 들 듯 공부 떡을 찔 때 좌뇌가 담당하는 과목과 우뇌가 담당하는 과목을 떡쌀과 콩고물 삼아 섞어 찌는 거다. 그것이 뇌의 균형적인 발전을 위해서도 좋고, 집중력을 높이는 데도 유리하다.

　아이들이 30분 인간이라는 것만 기억해도 엄마와 아이의 관계가 좋아진다. 30분을 못 해도 원래 아이들은 그러니까 기분 나쁘지 않게 받아들일 수 있다. 아이가 30분은 넘겨 공부하면 엄마는 보너스라도 받은 듯 기분이 좋아진다. 아이들은 재미있게 공부할 수 있고, 부모들은 윽박지를 일이 준다. 이해력이 생겨 불만이 줄고, 마찰이 줄어든다. 아이들을 너그럽게 대할 수 있고, 효과적으로 공부 계획을 세울 수 있다.

그런데 요즘에는 '방학 중 집중 관리', '집중학습', '집중 프로그램'이라는 이름으로 아이들을 오랜 시간 잡아 두고 공부시키는 학원이 많다. 학원의 이익과 부모의 욕심이 맞아떨어져 인기다. 그러다 보니 장시간 학원에서 고생하는 아이가 많다.

올해 초등학교 3학년인 아란이는 다른 아이들처럼 여러 학원에 다닌다. 그중에서도 영어와 수학은 일주일에 세 번, 세 시간씩 공부한다.

"영어 시간은 그런대로 견딜 만해요. 선생님들이 좀 놀아 주기도 하거든요. 하지만 수학 시간에는 미칠 것 같아요. 시험지를 몇 장씩, 그것도 빠르게 풀어야 혼나지 않거든요. 어떤 때는 두 시간 내내 시험지만 풀다 와요. 머리가 어질어질하지만 안 풀면 안 돼요. 선생님이 엄마한테 이르면 전 그날이 죽는 날이거든요. 방학 전에 치른 경시 대회에서 제가 두 개를 틀려 동상을 받아 엄청 혼났거든요. 그래서 이번 겨울방학에 실력을 엄청 키워 놔야 한대요. 안 그러면 전 깻살이에요. 실력을 더 많이 높이려고 학원도 우리 동네에 있는 학원 안 다니고 강남까지 다니고 있잖아요."

이 정도면 교육이 아니라 기름을 짜는 것이 아닐까 여겨진다. 마지막 한 방울까지 짜고 또 짜는 참기름 집이 연상된다. 이러다 공부 맛을 알기도 전에 지치는 것은 아닐까 걱정이 된다.

_30분 단위로 끊기와 함께 공부의 집중력을 높일 수 있는 방법을 알아본다.

1. 아침은 꼭 챙겨 먹는다

심장에서 뿜어내는 혈액의 20%가 뇌로 간다. 뇌의 에너지 소모량이 그만큼 많다는 뜻이다. 탄수화물이 충분한 아침 식사로 포도당을 뇌에 공급해야 한다. 아침 식사는 머리 운동의 시작을 알리는 신호다. 씹는 행위는 머리를 자극하고, 소화기의 움직임으로 신진대사가 활발해진다.

2. 틈틈이 스트레칭을 한다

스트레칭은 언제 어디서나 할 수 있다는 장점이 있다. 긴장으로 굳은 몸을 풀어 주고, 혈액순환을 활발하게 해 두뇌 회전을 돕는다.

3. 초콜릿이나 사탕, 꿀물을 준비한다

곡류의 포도당이 소화 과정을 통해 뇌 세포에 이용되기까지는 시간이 걸린다. 당분 섭취는 포도당을 보완한다.

4. 기름진 음식은 절제한다

기름진 음식은 소화가 느리고, 피로와 졸음을 유발한다.

5. 눈 지압을 하고 멀리 보며 쉰다

손바닥을 비벼 따뜻하게 한 뒤 눈에 2~3초가량 댄다. 눈 주위의 뼈를 시계 방향으로 꾹꾹 눌러 준다. 눈의 긴장을 풀고, 두통까지 가라앉는다.

6. 철분을 섭취한다

뇌는 포도당과 함께 산소를 필요로 한다. 철분은 혈액 중 헤모글로빈의 원료가 된다. 오징어와 쇠간, 달걀노른자 등에 많이 들어 있다.

7. 비타민 B군을 섭취한다

두뇌 기능과 신체의 활력 증진에 꼭 필요한 것이 비타민이다. 피로 회복에도 도움을 준다.

— 자료: 중앙일보

5 하루 하나 이벤트를 마련한다

아이들의 입장에서 보면 세상은 불확실한 것들로 가득 차 있다. 새로 배워야 할 것도 너무 많다. 자신보다 훨씬 크고, 모든 면에서 능숙한 어른들과 사는 것도 만만치 않은 일이다. 거인으로부터 보살핌을 받기도 하지만, 거인은 때때로 혼내고 이래라저래라 끊임없이 명령을 내린다. 이런 입장에 놓여 있다 보니 아이들도 알게 모르게 스트레스를 받을 것이고, 그 양도 적지 않으리라 짐작된다.

스트레스가 있다면 스트레스를 줄여 주고, 풀어 주어야 한다. 파격적이거나 의외의 즐거움을 누릴 수 있도록 배려해 주어야 한다. 현실로부터 받는 압박감을 잊거나 날려 버릴 수 있는 기회를 만들어야 한다. 그래야 호흡을 가다듬고 다시 앞으로 나아갈 힘이 생긴다.

물론 규칙적인 생활과 매일 반복되는 스케줄은 아이들에게 중요하다. 안정감을 주고, 생활에 질서가 생기기 때문이다. 하지만 반복되는 생활은 따분할 수 있고, 스트레스를 유발한다.

반복되는 생활 속에서 몸과 정신을 새롭게 이끌어 가려면 가끔 정해진 틀에서 벗어날 필요가 있다. 생활에 산소를 불어넣을 방법을 찾아야 한다. 어렵지 않다. 규칙적으로 반복되는 생활에 이벤트를 끼워 넣는 거다. 되풀이되는 생활에서 벗어나 새로운 것을 경험할 수 있게 하는 이벤트는 아이들에게 선물이다.

선물 중에서도 아이들이 가장 좋아하는 것은 부모들과 노는 거다. 거인처럼 큰 어른이 모든 권위를 벗어던지고 놀아 줄 때 아이들은 가장 큰 해방감과 행복감을 느낀다. 아이들이 받는 스트레스를 퇴치하는 데는 아주 효과적이라는 얘기다.

그런데 어떤 이들은 아이와 어울려 뒤엉켜 노는 것을 꺼린다. 귀찮아서도 그렇지만, 그렇게 하면 채신머리없어 보이고, 아이들이 자신을 우습게 여기거나 존경하지 않을까 봐서도 그렇다. 하지만 오해다. 난 그동안 아이들과 함께 어릴 때 못 논 것까지 보태 실컷, 무지막지하게, 막무가내로 놀았지만 아이들이 날 무시하거나 깔보는 증상은 아직 없으니까.

마음의 준비가 되면 아이와 즐겁게 놀 수 있고, 아이에게 이벤트가될 수 있는 아이템을 찾아 행동에 돌입하면 된다.

그동안 해 본 이벤트 몇 가지를 소개한다.

• 밀가루 반죽 : 밀가루 반죽을 해서 맘껏 주무르고, 만들고 하면서 놀게 한다. 물감을 섞어 색색의 밀가루 반죽을 만들어 갖고노는 것도 좋다. 아이가 직접 반죽한 것으로 수제비, 칼국수를만들어 먹어도 새롭다.

• 오자미 만들기 : 부모들의 어린 시절을 돌아보며 놀이를 찾아보면 좋은 아이디어가 떠오른다. 오자미도 그중 하나다. 아이랑천을 잘라 바느질하고, 콩을 얻어 오자미를 만들어 보라. 집 안에 금세 옛날 분위기가 감돈다. 그리고 다 만들어진 오자미 두개로 던지고 받고 하는 놀이를 보여 주고, 아이랑 같이한다. 막무가내로 집어 던져 맞으면 아웃되는 놀이도 재미있다. 그러다열이 올라 집 안에서 소화가 안 될 것 같으면 밖으로 나가 오자미를 던지고, 잡기 놀이를 하면서 뛰어 보시라.

- 오이 두레박 : 오이 하나를 반으로 싹둑 자른다. 아이랑 하나씩 쥐고 껍질이 다치지 않도록 조심하며 속을 파낸다. 웬만큼 깊이가 만들어지면 양쪽에 구멍을 뚫어 실을 꿰어 연결시킨다. 그게 바로 오이 두레박이다. 그런 다음 깨끗이 씻은 양동이에 먹는 물을 담아 거실로 옮겨 놓는다. 아이랑 마주 보고 서서 양동이에 오이 두레박을 천천히 떨어뜨려 물을 길어 올려 보시라. 시골 우물가가 바로 연출된다. 오이 두레박으로 길어 올린 물을 먹는 맛도 좋다. 오이 냄새까지 보태져 상큼하다. 이름 하여 오이 냉수다.

- 공치기 : 우리가 어렸을 때는 다양한 공놀이를 하며 자랐다. 그때 그 시절 노래를 부르며 갖가지 공놀이를 아이에게 가르쳐 주면 된다. 엄마의 공놀이 솜씨에 아이들의 입에서 찬탄이 쏟아질 것이다.

- 권투와 씨름, 레슬링 : 아이랑 실전 게임을 하는 것처럼 해 보시라. 치고, 박고, 뒤집고, 안다리를 걸어 넘어뜨리다 보면 웃음이 터져 나오고, 숨이 가쁠 정도로 운동이 된다. 레슬링을 하면서 서로에게 '빠데루'를 먹이는 것도 색다른 경험이다.

- 풀싸움과 토끼풀 목걸이 : 오후에 집 근처를 돌며 한적하게 어릴 때 했던 풀싸움을 하고, 토끼풀을 뜯어 토끼풀 반지, 목걸이, 팔찌를 만들어 아이에게 해 주고 직접 만들어 보게 한다.

- 박스 태워 주기 : 사과 박스든 귤 박스든 집 안에 들어온 박스

는 그냥 버리지 않고 이용한다. 아이를 박스에 태우고 끌고 다니며 거실을 누빈다. 코너를 돌다 무게중심이 흐트러지며 나동그라지기도 하고, 아이의 몸무게를 이기지 못해 박스가 찢어지기도 할 것이다. 그 모두가 놀이다. '놀이동산에 간 것보다 더 재밌다' 는 말이 아이 입에서 나올 것이다.

• 베란다 물놀이 : 여름철에 하면 좋은 놀이다. 먼저 창문 가리개인 버티칼을 친다. 큰 고무통 같은 데다 물을 담아 주는 것도 좋고, 호스가 연결되어 있다면 호스를 가지고 맘껏 놀게 해 본다. 옷을 다 벗고 놀아도 좋다. 처음에는 창피하다면서 안 하려고 하지만 아이들은 욕실 아닌 데서, 욕실에서 하는 행동을 한다는 데 해방감을 맛보면서 행복해한다.

• 거실에 텐트 치기 : 거실에 텐트를 치는 즉시 생기 있고 활기찬 분위기가 연출된다. 여름에 하면 거실이 야영장으로 변신을 하고, 겨울에 하면 계절을 바꿔 사는 재미를 느낄 수 있는 놀이다.

이 외에도 생활 속에 끌어들일 수 있는 이벤트는 수없이 많다. 습관화된 생활에서 발 하나만 슬쩍 빼내도 바로 거기서 이벤트는 시작되기 때문이다. 오늘은 무슨 이벤트로 아이를 즐겁게 할까 하는 마음만 가져도 아이를 대하는 태도가 달라진다. 서비스 정신이 발휘되어 상냥해지고, 평생 고객인 아이를 좀 더 이해하려고 노력하게 된다.

아이가 건강하게 자라려면 많이 웃고, 떠들고, 마음껏 놀며, 즐겁게 생활해야 한다. 그것이 정서에도 좋고, 아이의 건강을 지켜 주는 원동력이 된다. 장난치고, 웃고, 떠들고 하다 보면 그 자체가 운동이 된다. 심각하고 진지한 것만이 의미가 있고 좋다는 생각은 우리 어른들의 편견이다. 적어도 하루 한 번은 규칙적이고 진지한 것에서 벗어나 해방감을 맛볼 수 있도록 해 주자. 그것이 바로 아이도 행복하고, 부모도 어린 시절로 돌아가 다시 행복을 맛볼 수 있는 비결이다.

_엄마가 아이와 뒤엉켜 놀기 위한 방법 다섯 가지

1. 아이가 날 어렵게 여기지 않도록 평상시에 부드럽게 대한다.
2. 목에서 힘을 빼고, 몸을 유연하게 푼다.
3. 내가 무너지는 만큼 아이는 행복하다는 것을 기억한다.
4. 아이보다 더 신나고 더 개궂게 놀아야 한다.
5. 아이와 논 다음에는 행복한 표정을 짓거나 재미있었다고 말해 준다(실제로 놀아 보면 아이보다 엄마 자신이 더 행복하고 재미를 느낄 때가 많다).

6 자신감은 돈으로 살 수 없다

아이들 중에도 돈을 너무 내세우고, 시도 때도 없이 돈 자랑을 하는 아이가 있다.

초등학교 3학년인 석빈이는 거의 매일 지각을 한다. 많이 늦는 것도 아니고, 십 분 정도 꼭 늦게 교실 문을 들어서선 묻지 않아도 말한다.

"기사 아저씨가 늦게 데려다 줬어요."

3학년만 되어도 그 말의 의미는 물론 숨겨진 의도까지 알아챌 수 있다. 벌써 눈치 빠른 아이들은 고개가 옆으로 돌아간다.

'에이, 재수 없어. 늦으면 늦었지, 기사 아저씨 얘기는 왜 꺼내는 거야?'

석빈이의 잘난 척이 먹히지 않는다.

하지만 석빈이는 효력이 있다고 생각하는지, 다음날에도 그 다음날에도 지각을 하고 똑같은 말을 한다. 그 말을 하기 위해서 지각을 하는 것 같다.

어느 날 참다 못한 여자 아이 하나가 대들었다.

"야아, 너희 집만 차 있어? 요즘 차 없는 사람이 어디 있다고 그런 말을 해?"

그러자 석빈이는 기다렸다는 듯 말했다.

"너희는 차는 있지만 기사는 없잖아. 우리 아빠는 사장이라서 기사가 있어."

여자 아이도 거기서 물러나지 않았다.

"학교 앞 붐비니까 차 타고 오지 말라고 교장 선생님이 늘 말씀하시잖아. 제발 학교에 차 가지고 오지 말라고 가정 통신문을 나눠 준

것도 벌써 몇 번짼데. 바로 너 같은 애들이 있기 때문에 계속 그러시는 거잖아."

"기사 아저씨도 없는 주제에 까불어. 우리 아빠는 회사 사장이고, 그래서 기사가 있는 거야."

석빈이는 자신이 시간 관리가 안 돼 늘 지각하는 아이로 친구들 머릿속에 받아들여지고 있다는 것을 깨닫지 못한다. 선생님의 말씀과 규칙을 지키지 않는 아이로 친구들 사이에 인식되고 있다는 건 짐작도 못한다.

그동안의 노력 때문인지 아이들도 석빈이가 돈 많은 애라는 정도는 대체로 인정하는 분위기다. '걔네 부자래. 기사까지 있대잖아' 하는 말이 아이들 입에서 나오는 것을 보면. 하지만 아이들은 석빈이를 똑똑한 아이라고는 생각하지 않는다.

4학년인 현지는 옷에 집착한다. 묻지 않아도 '이건 어디 것이고, 얼마 짜리야' 라는 말을 끊임없이 늘어놓는다. 모듬원들이 모여 어떤 장기 자랑을 할까 토론 중인데 뜬금없이 말한다.

"우린 56평인데 너흰 몇 평이야?"

"우린 전세야."

"전세를 살다니 안됐다. 그런데 왜 전세를 사니? 전세 살면 주인집 아줌마가 괴롭히잖아."

현지는 친구들과 얘기 중에 제 의견이 받아들여지지 않거나, 주목을 받고 싶을 때마다 돈을 내세운다. 돈으로 그 순간을 모면하고 넘어가려고 한다.

"너희들 프랑스 요리 도브 프로방살(쇠고기 사태 찜 요리, 고기를 적포도주와 여러 가지 야채를 함께 끓여서 만드는 음식)) 먹어 봤니? 우린 가끔 호텔 식당에 가서 프랑스 요리 먹는데, 너희도 한 번 가 봐. 되게 맛있어. 우리 가족은 프랑스에 있는 흘레 드 랑뜨레꼬뜨라는 맛집에도 갔는데."

돈으로 친구들을 누르고, 자기 입지를 세워 보려 한다. 하지만 어린 아이들 사이에서도 이 정책이 순순히 받아들여질 리 없다. 재수 없거나 잘난 척하는 아이로 낙인찍힐 따름이다. 그 태도 때문에 친구 관계까지 좋지 않게 되고, 왕따의 원인이 될 수도 있다. 머리가 커질수록 친구들의 반감은 더욱 커질 것이고, 나중에는 정신연령이 의심되는 바보로 취급받게 될 테니까. 그런데도 본인은 그것을 모르고 계속 돈자랑을 한다. 가끔은 이렇게 돈이 의식의 성장을 가로막아 유치함에 머무르게 하는 걸림돌이 되기도 한다.

행복을 위해서도 이런 태도는 바뀌어야 한다. 돈도 중요하지만, 그것이 어린 가슴의 중심에 있어서는 곤란하다. 인생에는 돈 말고도 소중하고, 의미 있고, 행복을 얻을 수 있는 것이 많은데, 그런 것들을 놓칠 수 있다. 어린 나이에는 특히 그렇다. 그런데도 그 버릇을 끊지 못하고 고등학교에 가서까지 돈자랑을 하는 아이가 있다.

현미는 엄마 아빠가 의사라서 경제적으로 여유가 있다. 그래서인지 티셔츠 하나도 브랜드 있는 것으로만 산다. 현미는 브랜드 옷을 사 입는 것으로 양이 차지 않는지, 친구들에게 말한다.

"이 옷 되게되게 싸다. 35만 원밖에 안 하더라. 거의 쓰레기야."

주변에 있던 아이들 눈이 심상치 않다. 경멸감에 같이 있기도 싫은지 자리를 박차고 나가는 아이도 있다.

"나 더 이상 여기 있기 싫다. 치사해서 못 있겠어."

상황이 이런 지경인데도 현미는 자신이 곤경에 처했다는 것을 모르고, 애써 참고 있는 친구들에게 말한다.

"우리 엄마는 왜 이딴 것들만 사는지 모르겠어. 좀 우아한 걸 사지 않고."

이러는 것도 커 가는 과정이고, 또 많은 경우에 크면서 '증상'이 완화되면서 좋아진다. 하지만 생각보다 오래가는 경우도 있다. 사회인이 되고 결혼한 다음까지도 고치지 못하는 경우가 있다. 고질병이 될 수 있다는 얘기이다. 주변에서 어설프게 돈자랑을 하는 희극적인 사람들을 쉽게 볼 수 있는 것도 바로 이 때문이다.

이 점에 대해서도 어릴 때의 부모 역할이 중요하다. 돈이 중요하지만, 돈이 전부인 어린 가슴은 안타깝다. 어린 가슴은 보다 깨끗하고 맑은 것들로 채워져야 한다. 그것은 아이들의 권리이기도 하다. 그러니 어른들이 챙겨 주고, 배려해 주어야 한다.

어떤 부모들은 아이의 자신감을 위해서, 친구들 사이에서 우위에 있도록 하기 위해서 은근히 돈을 내세우고, 돈자랑을 하도록 부추기기도 한다. 하지만 아이들의 세계에서도 자신감은 돈으로 살 수 없다. 아이들의 자신감은 건강한 체력과 학교생활과 교우 관계에서 비롯된다. 아이들은 생활 속에서 똑똑한 아이를 알아보고, 인정해 준다. 그리고 자신감은 이렇게 남으로부터 진정으로 인정받을 때 생긴다.

그리고 어리다 해도 지켜야 할 품격이 있다. 아이들의 품격을 위해서도 부모의 배려가 필요하다. 품위를 잃지 않도록 이끌어 주어야 한다. 그런데 아이 친구네 아파트 평수나 묻고, 임대 아파트 사는 애하고는 놀지 말라는 식의 가정환경에서는 품격이 길러지기 어렵다. 부모의 품격이 곧 아이의 품격으로 이어지고 나타나기 때문이다.

7 TV와 싸우지 마라

'부모님에게 가장 많이 듣는 잔소리'를 조사한 결과에서 '공부해'가 1위, '컴퓨터 게임 하지 마'가 2위, '텔레비전 그만 봐'가 3위를 차지한 것을 보면 요즘 아이들이 무엇을 좋아하고, 어디에 빠져 있는지 확연히 드러난다. 그리고 부모들의 희망도 함께 엿볼 수 있다.

실제로 요즘 아이들은 TV를 너무 많이 본다. 그러다 보니 숙제할 시간이 부족하고, 학원 시간을 놓치기도 한다. 늦게까지 TV를 보는 바람에 아침에 늦게 일어나고, 자고 나도 피로가 제대로 풀리지 않는다. TV는 이렇게 아이들의 생활에 문제를 일으키는 것으로 끝나지 않는다. 가족 간의 대화 시간을 빼앗고, 아이들을 세속적인 관심에 물들게 하는 등 여러 가지 문제를 일으킨다.

올해로 4학년이 되는 지희는 연예계 소식통이자 연속극 해설가다. 틈만 나면 TV 앞에 앉아 있고, 밤 늦게까지 TV를 보다 보니 모르는 것이 없다. 연예인 누가 무슨 성형수술을 했고, 누가 유부남과 바람 피웠다는 말이 어린아이 입에서 거침없이 쏟아져 나온다. 연속극의 내용을 훤히 알고 있는 것은 물론 앞으로 어떻게 전개될지 빠삭하게 유추해 내기도 한다.

"혼수가 적었다고 시어머니가 지금 며느리 구박하는 거야. 그래서 며느리가 집을 나갔는데, 그때 옛날 애인을 만난 거야. 근데 그 애인이 지금 시누이의 남편인 것 있지. 아직 시누이는 그 사실을 몰라. ……."

벌써 아이의 순진성이 빛이 바래고, 어른들의 속물근성이 아이의 말과 사고방식에 깊숙이 배여 있다. 부모님들이 아이들한테 TV 보지 말라고 하는 것도 이런 여러 가지 폐해를 막고 싶은 심정이리라.

그래서인지 TV를 배격하는 사람들이 적지 않다. 그들은 TV를 바보상자라며 무시하는 데 그치지 않고, 훨씬 적극적으로 대처한다. 'TV 안 보기 운동 본부', 'TV 안 보기 시민 모임' 같은 것을 만들어 TV 안 보기 운동을 펼친다. 또 부모들의 적극적인 대처를 부추기는 책들도 많이 나와 있다. TV를 보면 아이가 수동적이 되고, 사고력과 집중력이 떨어짐은 물론 두뇌 발달이 늦어진다며 겁을 준다. TV로부터 내 아이를 지키자, TV를 없애자, TV를 깨부숴라 등 선전 포고용 문구까지 쉽게 볼 수 있다. 거의 TV와 전쟁을 하는 수준이다.

선동적인 문구를 볼 때마다 '왜 사람들은 TV를 볼까?' 생각하게 된다. 그럴 때마다 한 시인의 말이 떠오른다.

"요즘 시대에 사람한테 TV만큼 위로와 위안을 주는 게 있나. TV는 버튼만 누르면 언제든지 반갑게 맞아 주고, 웃어 주고, 재미있게 놀아 주잖아. 우리 현대인들이 TV를 보는 건 전적으로 외로워서야. 외로워서 TV를 켜는 거라고."

주변에 자식이 육 남매지만 외롭게 지내는 할머니가 있다. 할머니는 늘 집에서 혼자 지낸다. 원래 성격이 사교적이지도 않지만, 관절염으로 다리가 성치 않아서이기도 하다. 그런데도 할머니는 그런대로 잘 지낸다. 어떻게 그렇게 혼자 지내냐고 안부를 물으면 할머니는 말한다.

"테레비가 있잖아. 자식들이 전화도 안 하고 오지도 않지만, 테레비 있으니까 살아. 테레비 켜면 사람 사는 이야기도 들을 수 있고, 재미있는 이야기도 많이 해 주잖아. 지금 내게 재밌는 일이 뭐 있겠어. 그래도 테레비 보면서 웃어. 테레비 나오는 사람들은 얼마나 말도 잘하고 잘 까부는지, 원. 테레비 보는 동안은 그전에 자식들하고 속상했던 일까지 다 잊게 된다니까. 그래서 난 하루 종일 테레비 켜 놔."

그러면서 할머니는 TV 없이 살다 간 사람들을 안타까워한다.

"옛날 노인네들은 테레비도 없이 어떻게 살았는지 몰라. 얼마나 심심했을겨."

이처럼 우리는 TV를 통해 얻는 것도 많고, 위로받는 것도 많다. 그것을 생각해서라도 테러 단체라도 되는 듯 몰아세우고, 전쟁을 할 필요는 없다고 생각한다.

사실 TV에 의지하는 바도 많은데, 하루아침에 적으로 몰아세우는 것은 어느 면에선 배반이다. 또 너무 부작용이나 폐해에만 초점을 맞추면 이점과 순기능을 놓칠 수 있다. 구더기 무서워 장 담그지 못하는 우를 범할 수 있다.

문제는 과도하게 보는 것이고, 안 볼 걸 보는 거다. 그런데 이 세상에 아무리 좋은 것도 과도해서 좋은 건 없다. 그러니 아이들에게도 무조건 못 보게 하는 것보다는 시청 지도가 필요하다.

TV는 교육적으로 이용하면 효과가 크다. 그래서 교육방송도 생겨났고, 수능 방송 프로그램도 생겨났다. 일반 방송에서도 다큐멘터리처럼 다른 데서는 얻기 힘든 양질의 정보를 얻을 수 있다. 이제는 교육도 TV를 떠나서는 어렵게 되었다. 그런데 새삼스럽게 TV와 담을 쌓고 장벽을 칠 필요가 있을까! 그보다는 좋은 프로그램을 선택할 수 있는 능력과 TV와 잘 사귀는 방법을 알려 주어야 한다.

영상 시대를 사는 아이들에게 TV는 필수다. 아이디어와 상상력도 TV를 통해 얻을 수 있다. 시사 문제를 접할 수도 있고, 다큐멘터리를 보면서 사회적인 시각을 키울 수 있다. 특히 외국어 공부에는 최적이다. 내 경우에는 아이들의 영어 공부를 TV로 해결했다. 조기 유학이나 연수를 가지 않았는데도 영어를 자유롭게 듣고, 말할 수 있게 된 것은 순전히 TV 덕택이다. TV도 잘만 이용하면 보물 상자이고, 금 밭이 될 수 있다는 것을 확인한 셈이다. 그래서인지 난 TV를 끄라는 말을 들을 때마다 걱정이 된다.

'영어 공부는 어떻게 하려고 그러지? 학원에서만 공부할 수도 없고, 카세트테이프로 공부하는 건 지루하고 영상이 빠져 있어 실제 상황에 부딪쳤을 때 현실 적응력이 떨어질 텐데. 연수나 조기 유학을 보낼 정도로 돈이 많나? 돈이 많다고 해도 그렇지, 조기 유학도 TV 못지않게 위험할 수 있고, 부작용도 클 수 있는데.'

TV 편성표를 가지고 아이들과 이야기를 나눌 때이지, 눈을 가릴 때가 아니라고 생각한다. 세상에는 TV보다 해로운 것들이 얼마든지 있고, 그것을 모두 못 보게 한다는 건 이제 거의 불가능하게 되었다. 모처럼 아이랑 영화를 보려고 용산역에 갔다가 대낮에도 버젓이 영업을 하고 있는 윤락 여성을 보게 되는 식이다. 그러니 버튼만 누르면 나오는 수많은 프로그램 중에서 질과 내용을 선택할 수 있는 안목, 좋지 않은 프로그램은 안 볼 수 있는 자제력을 길러 주는 것이 더 필요하다.

결국 TV도 선택의 문제다. TV가 보물 상자가 될지, 아니면 물리쳐야 할 적이 될지는 결국 우리 어른들의 선택과 노력에 달려 있는 것 같다.

8 책 읽는 아이가 행복하다

"이 세상에 책이 왜 있고, 책을 왜 읽어야 하는지 모르겠어요. 책은 왜 읽어야 해요?"

아이들은 가끔 생뚱맞고 대담하다 싶은 질문을 한다. 이런 질문을 받으면 순간 당황하게 된다. '사람이 책 없이 어떻게 살아? 책 없이 사는 건 상상할 수도 없는 일이야.' 막 이런 말이 입 밖으로 튀어나오려고 한다. 하지만 서둘러 마음을 진정하고, 아쉬움에 책의 이점을 다시 생각하게 된다.

책은 가장 든든하고, 오래갈 친구다. 책은 오해하고, 변덕을 부리고, 배반할 줄 모른다. 소홀히 하고, 잊고 있다가 찾아가도 언제나 한결같은 모습으로 맞아 준다. 피로한 몸을 쉬게 해 주고, 지친 영혼을 달래 준다. 외롭거나 몸이 아파 누워 있을 때에는 물론 죽는 날까지도 자리를 뜨지 않고 곁에서 지켜 주는 친구다.

책은 친구 중에서도 조용하고 침착한 친구다. 그렇게 때문에 책과 친구가 되면 성격이 차분해지고 조용해진다. 요즘에는 교실에서 가만히 앉아 있지 못하고 돌아다니는 아이가 예전보다 많아졌다고 한다. 만화, 컴퓨터 게임 등 요란한 매체 속에서 자라서 그런지도 모른다. 그런 점을 예방하고 치료할 수 있는 것도 책이 아닌가 생각한다.

사람은 어른이나 아이나 혼자 있는 시간이 필요하다. 혼자 있으면서 생각하고, 반성하고, 계획을 세우고, 깊이를 모르는 상상에 빠지기도 하면서 많이 성숙해진다. 창의력도 혼자 있는 시간을 통해 길러진다. 생각을 좇다 보면 그물에 잡히는 것이 있고, 그것이 창의력의 실마리가 될 때가 많다. 그런데 책을 읽으면 혼자 있는 방법을 배우게 된다. 책은 혼자 하는 지극히 개인적인 활동이기 때문이다. 책을 읽으며 혼자 있는 시간을 즐기게 된다.

책을 좋아하는 아이는 학교가 즐겁고, 인생이 즐겁다. 학교에는 온갖 아이들이 다 있다. 게으른 아이, 거짓말하는 아이, 으스대는 아이, 폭력적인 아이 등 온갖 군상이 다 있고, 그 군상들이 온갖 사건을 빚어낸다. 인간 사회의 작은 실험실이다. 아이는 책에서 보았던 인물들을 발견하고, '저런 애는 책에서처럼 다음엔 이렇게 행동할 거야' 예상해 볼 것이다. 그 예상은 맞아도 재미있고, 틀려도 재미있다. 책 읽는 습관이 든 아이는 흥미를 가지고 바라볼 수 있는 여유가 생긴다. 예상이 맞으면 반가울 것이고, 틀리면 새로운 인간형의 발견이라 또 반갑고 흥미를 느낄 것이다.

책을 읽으면 말도 잘하고, 발표도 잘하게 된다. 책을 읽는다는 것은 단순히 내용만 따라가는 작업이 아니다. 책 속의 등장인물들과 계속해서 토론하는 과정이다. 그러면서 논리가 서게 되어 발표를 잘하게 된다. 그리고 책 읽는 아이는 아는 것이 많다. 책은 정보의 창고다. 많은 정보를 알고 접하다 보니 발표할 거리가 많이 생기게 된다.

그리고 말 잘하는 아이는 글도 잘 쓴다. 말은 생각을 입으로 표현한 것이고, 글은 생각을 문자로 표현한 것이니까. 말할 줄 아는 것은 철자만 익히면 다 글로 쓸 수 있다. 그러니까 말 잘하는 사람은 글도 잘 쓸 수 있다는 얘기다. 결국 생각의 차이가 글의 질을 결정하는데, 생각의 차이는 책을 읽으며 길러진다. 책을 많이 읽은 사람이 아무래도 사고의 폭이 넓고 깊으니 당연한 결과가 아닌가 생각한다.

책을 읽으면 감성이 풍부해지고, 마음 밭이 풍요로워진다. 책을 읽으며 다양한 경험을 하면서 마음 밭이 일구어지기 때문이다. 밭의 식물처럼 없던 감성도 책을 통해 싹트게 되고, 책의 양분을 먹으며 자라나게 된다.

하루하루 책을 읽다 보면 생활이 근면해지고 성실해진다. 그리고 절약이 몸에 배게 된다. 책을 읽다 보면 소비할 시간도 없고, 물건을 사 대는 것보다 책 읽는 데서 더 큰 의미를 발견하기 때문이다. 특별한 종교를 갖고 있지 않아도 생활이 경건해진다. 근면과 성실과 절약이 반복되는 생활에 종교적인 신성함을 선물해 주는 것이다.

요즘에는 많은 아이들이 만화, 텔레비전, 컴퓨터에 빠져 있거나 빠질 위험에 놓여 있다. 엄마들도 이 문제로 걱정이 많고, 고민이 많다. 그런데 이도 책이면 간단히 해결된다. 책 좋아하는 아이는 만화를 별로 좋아하지 않는다. 만화에 나오는 문장들의 허술함, 조악함에 불만을 갖게 될 테니까. 또 연예인들이 떼로 나와 떠드는 TV 프로그램이나 컴퓨터 게임에도 그리 탐닉하지 않는다. 책에서 느끼는 깊이가 없을 뿐만 아니라 너무 소란스럽기 때문이다. 책 좋아하는 아이는 컴퓨터 자판을 두드리며 왜 싸워야 하는지, 아까운 시간을 깨고 쳐부수며 소모해야 하는지 그 이유를 모른다. 그러다 보니 한다 해도 깊이 빠져 들지 않게 된다. 언제나 자기 옆에는 조용하고, 든든하고, 친절한데다 똑똑하고, 현명하기까지 해서 늘 조언을 아끼지 않는 책이라는 멋진 친구가 있다는 것을 알기 때문이다.

그런데 이렇게 이점이 많은 책도 어떤 아이들은 읽으려고 하지 않는다. 그저 책 아닌 만화, 텔레비전, 컴퓨터만 좋아한다. 습관이 되지 않아서이고, 아직 책 읽는 즐거움을 몰라서다. 아이들은 아무리 좋은 것도 그것의 이점을 잘 모를 수 있다. 이 세상의 모든 것을 배워서 알아야 하고, 익히고 깨우쳐야 하는 처지에 있기 때문이다. 아직 세상에 태어난 지 얼마 되지 않아 모든 것이 새로우니 누군가가 가르쳐 주어야 하고, 인도해 주어야 한다.

엄마가 음식 챙겨 주듯 챙겨 주고, 양치질하는 습관을 길러 주듯 책 읽는 습관도 길러 주어야 한다. 책의 맛을 알고, 책과 친구가 되도록 이끌어 주어야 한다. 이것이 아이가 가장 든든한 친구를 얻는 길이고, 인생을 행복하게 사는 길이다. 가장 확실한 투자고, 가장 소중한 유산을 물려준다는 생각으로 책 읽는 습관을 길러 주는 데 공을 들여야 한다.

그런데 이 일은 생활 속에서의 작은 실천만으로도 가능하다.

1. 엄마가 늘 책을 읽는다.

2. 아이가 어릴 때부터 엄마가 늘 책을 읽어 준다.

3. 아이가 읽는 책은 엄마도 읽는다. 그래야 엄마와 아이의 대화가 자연스럽게 되고, 그것을 보면서 아이도 더욱 진지하게 책을 읽게 된다.

4. 새로운 장난감, 놀이 기구, 디지털 기기에 너무 노출시키지 않는다.

5. 도서관과 서점 출입을 자주 한다.

9 자꾸 말 심부름을 시켜라

둘째 아이 급식을 도우러 갔다가 선생님이 푸념하는 소리를 들었다.

"우리 반은 ○○때문에 여러 가지로 지장을 받아요. ○○는 다른 결점은 없는데, 애가 너무 느려요. 만들기도, 그림도 제 시간에 끝나는 법이 없어요. 급식도 걔 때문에 우리 반이 매일 제일 늦고요. 점심시간 내내 식판을 가지고 있으면서도 그걸 다 못 먹고 5교시까지 갖고 있을 때가 많다니까요. 그러니 반 분위기가 엉망이 될 수밖에요. 그래서 ○○ 엄마를 오라고 해서 말했어요. 내가 초등학교 교사 30년 경력이 있는 사람으로서 감히 말씀드리는데, 귀하다고 '오냐, 오냐' 하지 말고 집에서 심부름 같은 걸 많이 시키라고. 그러면 일 처리 능력도 길러지고, 행동이 빨라진다고. 그런데도 내버려 두는지 요즘도 똑같아요. 오늘만 해도 둘째 시간이 만들기였는데, 셋째 시간 끝날 때까지 갖고 있더라고요. 그 아이 때문에 다른 애들이 얼마나 피해를 보는지 몰라요. 그런데 ○○ 엄마는 그걸 전혀 모르나 봐요."

아이에게는 가정이 업무 처리 능력을 배양할 수 있는 연습장이다. 귀할수록 심부름을 시키면서 일 처리 능력을 길러 주는 것이 좋다. 본격적으로 세상으로 나아가기 전에 미리 인턴 수업을 받는 중이라 생각하고, 아이에게 충분히 기회를 주어야 한다.

이렇게 일 심부름뿐만 아니라 말도 심부름을 시키는 것이 좋다. 난 아이가 말을 시작할 때부터 말 심부름을 시켰고, 애용하고 있다.

말 심부름이라니? 혹시 부부 싸움을 했을 때 '네 아버지 밥 먹으라고 해라', '안 먹는다고 해라'를 시키라는 말인가.

아니다. 집 밖에 나갔을 때 아이에게 말할 수 있는 기회를 주라는 거다. 슈퍼, 식당, 버스, 백화점에서 기회가 있을 때마다 말 심부름을 시키는 거다.

"○○야, 아저씨한테 가서 이 아이스크림 얼마냐고 여쭈어 봐."

그러면 아이는 처음에는 안 한다고 하거나, 수줍어하면서 뒤로 내빼거나 한다. 그럴 때에는 자신감을 얹어 주면서 선동할 필요가 있다.

"우리 ○○, 말 잘하잖아. 가서 말해 봐. 아저씨가 깜짝 놀랄걸."

그러면 아이는 쭈뼛거리며 발걸음을 떼 옮기기 시작한다. 아저씨
한테 가면서도 몇 번이나 엄마를 돌아볼 것이다. 그러면 어서 가라
고, 지금 잘하고 있다는 뜻으로 고개를 끄덕여 준다.

"아, 아저씨, 아 아이스크림 얼마예요?"

"700원. 아이고, 똑똑하기도 해라."

내내 지켜본 슈퍼 아저씨는 장단을 맞춰 줄 것이다.

식당에서 수저를 바닥에 떨어졌을 때도 조심하지 않았다고 혼낼
생각부터 하지 말고, 말 심부름을 시킬 수 있는 기회로 삼자.

"아주머니한테 가서 수저 떨어뜨렸으니 하나 더 달라고 해 봐."

백화점에서 쉬가 마렵다고 하면 아까 집에서 누라고 할 때 누지 왜
귀찮게 하냐고 타박하지 말고 대신 말한다.

"저기 서 있는 직원한테 가서 화장실 어디 있냐고 물어봐."

이런 일을 반복하다 보면 아이는 남한테 말 걸고, 어른한테 말하는
것을 두려워하지 않게 된다. 수저를 받아 든 아이는 '제 말이 통한
다'는 소중한 경험을 갖게 되고, 거기서 자신의 의사소통 능력에 대
해 자신감을 얻게 된다. 언제 어디서나 말 심부름 할 일이 없나 살피
고, 상황이 벌어진다 싶으면 얼른 가서 말하는 것을 즐긴다.

이를 생각해서 내 아이는 말 심부름을 시키고, 남의 아이가 말을
걸어올 때는 친절하게 응대해 주자. 아이 하나를 키우려면 한 동네

가 필요하다고 했던가. 내 생각에는 한 동네가 아니라 온 세상이 필요한 것 같다. 세상은 커 가는 아이들의 연습장이 되어야 하고, 우리 어른들은 그들이 충분히 연습하도록 기꺼이 파트너가 되어 주어야 한다.

몇 년 전 지방에서 서울로 유학 온 친척 아이를 초대한 적이 있다. 서울대학에 입학한 것을 축하해 주기 위해 음식 준비를 해 놓고 기다렸다. 그런데 약속 시간이 두 시간이 지나도록 소식이 없었다(참고로 전 국민이 휴대전화를 소지하는 때가 아니었다). 갈비를 다시 데웠다 나물을 다시 뒤집어 놓았다 하며 무작정 기다릴 수밖에 없었다. 세 시간이 지나서야 아이가 머쓱하게 웃으며 나타났다.

"왜 이렇게 늦었니? 전에 한 번 왔었잖아."

"차를 잘못 타서요. 종점까지 갔다가 다시 타고 오는 바람에."

"종점까지 갔다 왔다 해도 이렇게 늦진 않았을 텐데, 시간이 되게 많이 걸렸다, 응?"

"사실은, 종점에서 집까지 갔다가 다시 거기서 출발했어요. 그래야 방향을 알 것 같아서요."

아이가 무안해질까 봐 놀라움을 감추었지만 난 너무 놀랐다.

'잘못 탔다 싶으면 빨리 기사 아저씨한테 물어 대책을 세웠어야지 종점까지 갈 필요가 뭐 있어. 또 종점까지 갔다 쳐. 돌아오는 길에 기사 아저씨한테 물어서 가장 가까운 지점에서 내렸어야지, 어떻게 집에까지 가서 거기서 다시 출발할 생각을 했을까.'

탄식이 나올 정도였다. 어릴 때부터 말 심부름을 시켰으면 이런 일은 없지 않았을까? 어릴 때부터 말 심부름을 시킨 덕분에 난 요즘도 식당에 가서 편안히 앉아 서비스를 즐길 수 있다. '물이 떨어졌어요', '김치 좀 더 갖다 주세요'는 이미 아이들 몫이 되었으니까.

10 욕 없이 말 못 하는 아이, 어떻게 할까?

어느 시대에나 욕이 있었고, 어떤 언어나 욕은 있다. 그리고 지금은 아이들 앞에서 권위를 세우고 고고한 척하는 우리 어른들도 욕하던 어린 시절이 있었다. 그래서 아이들이 욕을 해도 '커 가는 과정이려니' 생각하면서 이해하려고 한다.

그런데 요즘 아이들은 좀 심한 것 같다. 초등학교 고학년이 되면서부터는 아예 욕에 풍덩 빠져 산다는 느낌이다. 욕을 하기 위해서 말을 하는지, 말을 하려다 욕이 나온 것인지 분간이 안 될 정도로 욕이 난무한다. 아니 욕을 그 자체로 즐기는 것 같기도 하다. 조폭 영화들이 유행하고, 인터넷 언어가 오염되면서 그 정도가 더 심해진 것 같다. 거기다 다른 분출구나 해방구 없이 아이들을 공부로만 내모는 사회 분위기와 우리 부모들의 열성도 한몫하는 것이 아닌가 싶다.

"아이 씨, 존나 잘생겼다. 저 새끼 존나 멋있지?"

'존나'와 '잘생겼다', '저 새끼'와 '멋있다'가 어떻게 한 문장에 나란히 올 수 있는지, 그 조합이 놀랍기만 하다. 막가파식 욕의 비빔밥이라고나 할까.

특히 요즘 아이들은 '존나'와 '졸라', '조낸'을 애용한다. 지극히 생물학적이고 변태적인 용어임에도 불구하고 중·고 여학생은 물론 여대생까지 입에 담는다.

어떤 아이들은 그것이 욕인지도 모르고 입에 담는다. 그것이 욕이라면 놀라서 묻는다.

"그게 욕이었어요? 매우, 많이, 아주, 그런 뜻 아니었어요?"

되묻는다. 실제로 '조낸'을 영어인 줄 알고 쓰는 아이들도 있다. 발음할 때 느껴지는 사운드의 감미로움 때문인지 여자 아이들이 많이 쓴다. 자기 딴에는 귀엽게 말한다고 쓰는 것이 '조낸'이다.

깜짝 코멘트 하나! '존나'와 '졸라', '조낸' 등 욕을 입에 달고 사는 아이가 있다면 '존나'류 욕 대신 '지존'을 사용하도록 권해보시라. 아이들은 '지존'이라는 단어를 예상 외로 좋아한다. 발성할 때 실리는 파워가 강하기 때문이다. 그래서인지 어떤 아이들은 그것이 욕인 줄 알고 즐겨 쓰기도 한다. 그 정도로 환영받는 단어이니 언어 순화에 도움이 될 것이다.

욕하는 것을, 요즘 아이들의 공부 스트레스를 감안해 눈 딱 감고 용서하고 넘어갈 수도 있다. 하지만 그러기에는 욕의 폐단이 너무 크다. 욕의 폐해는 단순히 욕을 내뱉었다는 것으로 끝나지 않기 때문이다. 욕을 하는 사람이나 듣는 사람이나 감정이 상한다. 욕하는 사람이 행복할 수 없고, 욕을 듣는 사람이 기분 좋을 리 없기 때문이다. 또 욕을 하면 감성을 다칠 수 있다. 정서가 메마르고, 거칠게 변해 간다. '시발', '존나'를 밥 먹듯 하는 아이가 감성을 다독이는 시의 작고 여린 울림을 감지하기는 어렵지 않겠는가! 아마도 아이는 내뱉을지 모른다.

"에이, 이 시 존나 재수 없다."

어린 가슴이 이렇게 물드는 것은 큰 손해다. 욕을 함과 동시에 많은 행복이 아이의 가슴으로부터 멀어진다는 것을 깨닫고 우리 엄마들이 좀 나서야 한다. 엄마들은 아이의 행복을 지키는 파수꾼이기 때문이다.

그렇다면 어떻게 해야 할까? 욕을 전혀 안 하고 살 순 없지만, 되도록 적게 하는 방법에는 뭐가 있을까?

저학년들은 도덕심을 불러일으키면 된다. 네가 욕을 하면 상대는 마음이 아프다는 점을 알려 준다. 그리고 남에게 욕을 하면 무엇보다 자기 입이 더러워진다고 말해 주자. 아직 순진한 상태라 말똥말똥한 눈으로 쳐다보며 고개를 끄덕인다.

고학년 아이들이 뭣 모르고 습관적으로 욕을 할 때는 욕의 뜻을 알려 주는 것도 방법이다. 하지만 대개 욕의 의미가 지극히 생물학적이고, 섹스나 생식기 등과 관련이 있는 단어들이기 때문에 너무 적나라하게 설명하지 않도록 수위 조절에 신경을 써야 한다.

간단한 뜻만 알려 주어도 아이들은 '내가 그런 말을 쓰다니, 변태였다' 며 후회한다.

욕의 뜻을 알려 주어도 아랑곳하지 않고 욕을 하는 아이들은 벌을 주어야 한다. 둘째 아이의 담임선생님은 지금 욕과 전쟁을 하고 있는데, 욕을 하면 그 욕을 노트에 100번 쓰라는 식의 벌로 효과를 보고 있다. 아이들은 쓰기 싫어서라도 욕을 조심하게 된다고 한다. 서너 번만 해도 삼사백 번을 써야 하니 쉽지 않은 징벌이다.

하지만 욕했다고 나무라고 벌을 주면서도 아이들에 대한 따뜻한 마음만은 거두어서는 안 된다. 도덕적으로 문제가 있다거나 하는 식의 말은 피해야 한다.

중학교 1학년인 지원이는 말한다.

"이상하게도 집에 들어오면 욕이 안 나와요. 그런데 학교에 가서 애들이랑 같이 있을 때는 자꾸 욕이 나와요. 그리고 욕을 해야 애들하고 잘 어울리게 돼요. 욕 안 하면 범생이라고 왕따당할 수도 있거든요."

이렇게 욕은 아이들에게는 사회적인 요소도 있다. 그 복잡한 구조를 익히고 적응하려고 우리 아이들은 오늘도 어지간히 노력하고, 애쓰고, 부대끼고 있는 중이다. 이 점을 생각하면 아이들도 살려고 무던히 애쓰고 있는 것 같아 가상하고 안타깝다.

11 아이들도 **살림**을 하고 싶다

박씨 할머니는 일흔다섯 살이 되어 따로 살림을 났다. 할머니가 살림을 난다고 하자 집안이 발칵 뒤집혔다.

"어머니, 연세가 지금 몇이에요? 따로 살다가도 이제 자식과 합칠 연세인데, 따로 나가 사시다니요? 그리고 어머니가 나가 사신다고 하면 남들이 뭐라 하겠어요? 자식 며느리가 어떻게 했기에 그 연세에 나가 사실 생각을 했겠느냐고 쑥덕거릴 것 아니에요?"

효자라고 소문난 자식들은 그동안 한다고 했는데 다 늙은 연세에 저러실까, 서운함과 허탈감으로 어머니를 극구 말렸다.

"내가 살면 몇 년이나 살겠냐? 남은 기간이라도 혼자 살고 싶어. 이제 몸도 나아 움직일 수 있으니까 내 먹을 건 내가 사다 끓여 먹고 싶어. 내 살림은 내가 하는 거여. 니들이 나한테 못 해서 나가는 게 아니라니까. 죽기 전에 그냥 내 살림을 내가 하고 싶은 것뿐여. 그게 내 소원이니까 다른 생각일랑 말고 암말 말어."

할머니는 독립을 선언하고, 정말 따로 살림을 났다.

시장 골목에서 만난 할머니는 횡재라도 한 듯 틀니 낀 입으로 말했다.

"아, 다른 데서는 1500원 하는 대파를 여기서는 글쎄 500원에 팔아, 500원에."

살림하는 재미에 푹 빠져 사는 할머니가 행복해 보였다.

노인 단독 가구가 느는 데는 여러 이유가 있겠지만, 죽을 때까지 자기 살림은 자기가 꾸리고 싶은 욕구도 한몫하고 있다고 본다. 사람은 사회적인 동물임과 동시에 또한 경제적인 동물이다. 경제행위를 할 때 힘이 솟고, 경제인으로 살 때 행복하다.

아이들도 마찬가지인 것 같다. 부모의 울타리에 안전하게 갇혀 있지만, 조금이라도 경제행위를 할 때 행복해한다. 경제인으로 타고난 본능이 DNA 깊숙이 자리 잡고 있기 때문일 것이다. 가능한 범위에서 제 살림을 하고 싶고, 제 나름대로 꾸리고 싶은 욕구가 있다. 이를 즐기고, 능력을 펼치도록 우리 어른들이 도와주고 이끌어 줄 필요가 있다.

1, 2학년 때에는 일주일 단위로 용돈을 주고, 용돈 기입장을 쓰게 하는 것으로 시작하면 좋다.

"용돈 기입장, 그거 쓰면 뭐 해. 전과 마찬가지로 쓸 것 다 쓰고, 만날 부족하다고 손 벌리는데. 그래서 난 그냥 달라고 할 때마다 줘. 그게 속 편하니까."

하지만 필요할 때마다 타서 쓰는 것과 다만 얼마라도 용돈을 받아 쓰는 거하곤 많이 다르다. 용돈을 받으면 아이의 머릿속에 새로운 땅이 생긴다. 어떻게 쓰고 어떻게 저축할 것인가, 요리조리 재게 되고 생각하게 된다. 훨씬 능동적으로 움직이게 되어 생활이 활기차다. 용돈을 잘못 굴려 일주일이 되기 전에 펑크가 날지라도.

경제권 없이, 혹은 경제권을 박탈당한 채 필요할 때마다 돈을 타 쓰는 남편 혹은 아내는 빈부에 관계없이 불만에 차 있다. 왜 그럴까? 자신이 주무를 수 있는 영역, 살림하는 재미를 빼앗겨서다. 좀 부족할지라도 자기가 벌어서 쓸 때 행복하고, 그것이 안 되면 한 달 단위라도 돈을 받아 써야 살림 꾸리는 재미를 맛볼 수 있다. 인간의 피 속에는 경제인으로 살고자 하는 끈질긴 욕구가 있기 때문이다.

3, 4학년 때부터는 현명한 소비와 저축에 대한 교육도 곁들여야 한다. 통장을 만들어 돈이 불어나는 재미를 느끼게 하면 더 좋다. 아이들이 통장의 불어나는 숫자가 애완견이라도 되는 듯 키우는 재미에 빠져 드는 걸 볼 수 있다.

그런데 너무 저축에 아이들 발목을 묶어서도 안 된다. 저축과 함께 주식과 펀드 등 투자에 대해서도 시야를 넓혀 주어야 한다. 대개의 아이들은 그들 금융 상품이 저축보다 많이 벌 수 있지만, 원금을 까먹을 수도 있다는 점을 설명하면 불안해한다. 세상에 태어난 지 얼마 안 되는 우리의 여린 새끼들은 때로 무모한 모험에 나서기도 하지만, 대개는 안전 지향적이기 때문이다.

아이들 정서를 감안해 주식과 펀드 등 투자를 할 때도 위험성이 큰 상품보다는 좀 더 안전한 것을 택해야 한다. 아동기까지 돈에 노심초사하게 만들고, 돈에 찌들어 살게 할 필요는 없으니까. 우리의 목표는 경제인의 유전자를 갖고 태어난 내 아이가 경제를 맛보며 행복하길 바랄 뿐이지 않는가.

어떤 아이들은 돈과 경제행위에 도통 관심이 없다. 그런 아이들에게는 《열두 살에 부자가 된 키라》나 《펠릭스는 돈을 좋아해》 그리고 《10원으로 배우는 경제 이야기》와 같은 책을 읽게 해 아이의 피 속에 잠들어 있는 경제 유전자를 일깨워 줄 필요가 있다. 어차피 우리 인간은 죽는 날까지 경제인으로 살아가야 할 운명을 타고 났기 때문이다.

12 앙금은 다 게워 내야 한다

살다 보면 누구나 짜증이 나고, 화가 날 수 있다. 이건 사랑으로 맺어진 가정에서도 마찬가지다. 눈에 넣어도 안 아픈 자식이지만 때로는 '왜 만날 저 모양일까, 왜 저렇게밖에 못 하지?' 하는 불만으로 화가 나고 짜증이 난다. 화가 나고 짜증이 나는 것은 아이들도 마찬가지다.

'엄마 아빠는 왜 만날 명령만 할까, 왜 늘 엄마 아빠 생각만 맞다고 할까? 나도 생각이 있는데. 그리고 왜 엄마 아빤 공부만 좋아할까. 내가 다른 걸 하려고 하면 무조건 뭐라 하고, 못 하게 막잖아.'

가끔은 아이들의 불만이 밖으로 표출되기도 한다. 대개의 경우, '어디서 부모한테 눈을 치뜨고 달려들어?' 하는 생각에 분노로 치를 떤다. 사춘기의 나쁜 싹을 엿본 듯, 나쁜 싹은 초기에 잡아야 한다는 생각으로 엄하게 야단을 치고, 매를 들기까지 한다. 반항하기 시작한 것으로 해석해서 과도하게 대응한다.

하지만 아이들이 자신의 생각을 표출하기 시작하는 것은 성장하고 있다는 증표가 아닐까! 그러니 기분 나빠 하기보다는 '요 녀석이 벌써 저런 생각도 하는구나. 제법인데' 생각하면서 반길 일이다.

물론 아이들은 때때로 잘못을 저지른다. 그것을 바로잡아 주어야 하는 건 부모로서 당연한 의무이고, 책임이다. 그런데 문제는 우리 어른들이 아이들도 제 나름대로 생각을 가질 수 있고, 의견을 말할 수 있는 존재라는 것을 가끔 잊는다는 거다. 학교 가는 아이에게는 자기 의견과 생각을 똑똑히 말하라고 하면서도, 가정에서는 '어떻게 그런 생각을 할 수 있니?' 하면서 아이들의 생각을 짓뭉개기 일쑤다. 어디서 감히 그런 말을 하냐며 말을 막는다. 아이가 자기 생각을 가질 수 있다는 것을 인정하지 않는다. 그럴수록 아이들 마음에는 골이 패고, 앙금이 괸다.

사람은 어느 관계에서나 쌍방이 의견을 주고받을 수 있어야 한다. 그리고 아이는 혼내고, 때리고, 이것저것 트집 잡아 야단치고, 몰아세울 상대가 아니다. 아이들에게는 자유의 영토가 필요하다. 부모한테 혼나지 않기 위해 급급하다 보면 허둥대고 눈치 보는 아이가 되기 쉽다. 자유를 잃는 만큼 아이의 정서는 불안해지고, 억압되고, 분노가 쌓인다. 일방적으로 당하기만 하면 아이는 할 말을 하지 않는다. 부모가 원하는 대로 하는 '착한 아이'가 된다. 부모들은 '착한 아이'에 만족하겠지만 아이는 마음에 상처가 생기고, 적의까지도 가질 수 있다. 사춘기가 되면 그동안 참아 왔던 감정이 폭발해 돌출 행동을 할 수도 있다. 반대로 무조건 '참는 병'에 걸려 무기력해지고, 무관심해지고, 무감동할 수도 있다. 세상사에 의욕을 잃고, 말이 없는 아이가 될 수 있다.

올해 6학년인 난솔이는 지금까지 엄마가 하라는 대로 공부했고, 학원에 다녔다. 난솔이는 유치원 때부터 아빠와 사이가 좋지 않은 엄마의 화풀이까지도 소화해 내며 묵묵히 견뎌 왔다. 그런데 한 번도 속을 썩이거나 대든 적이 없는 난솔이가 어느 날 집을 나가고 말았다. 그제야 난솔이 엄마는 뒤를 돌아보았다. 그동안 자신이 부당하고 과도하게 했던 행동들을 되짚어 보고, 반성했다. 하지만 난솔이는 집에 돌아와서도 마음을 열지 않았다. 엄마가 고칠 점은 고치겠으니 말하라고 해도 말하지 않고 있다. 마음속에 굳은 앙금이 풀리려면 더 많은 노력과 시간이 필요할 것 같다.

부모들은 여전히 '착한 아이'에게 마음이 쏠린다. 아이를 모범적으로 잘 길러야 한다는 부모 된 책임감에서도 그렇지만, 가정 내에서만은 '말이 먹히는' 권력자가 되고 싶은 욕구도 없지 않은 것 같다. 자기 중심적이고 엄한 부모일수록 무서운 부모가 되어 '착한 아이'를 만들고 싶은 욕구가 더 강하다.

그런데 자기 중심적이고 엄한 부모는 따로 정해져 있지 않다. 누구나 자기 중심적이고 엄한 부모가 될 수 있다. 우리 모두는 미숙하고 결점이 많은지라 노력해도 안 될 때가 많고, 순간순간 감정이 변하고, 잘못된 선택을 할 수도 있다. 아이한테 그렇게까지 할 필요가 없었는데 하는 생각에 뒤늦게 후회하고, 자책하는 것도 바로 이 때문이다.

하지만 감정 표현 자체가 나쁘다고는 생각하지 않는다. 아이들은 그것을 보면서 엄마, 아빠도 똑같이 감정이 있고, 저런 행동을 해서는 안 되겠구나 하면서 고쳐 나갈 수 있다.

문제는 감정의 표현이 아니라 아이들의 생각과 느낌을 막고, 말을 못 하게 윽박지르는 것이다. 잘못을 지적할 때는 행동만 나무라야지 아이에게 상처를 줘 앙금으로 남게 해서는 안 된다. 혹 순간을 못 이겨 상처를 주었더라도 감정에 앙금이 괴지 않도록 그때그때 풀어 주어야 한다. 최소한도 자기 전에는 서로 이해를 구하고, 화해하고, 용서를 구해야 한다. 하루를 그냥 넘기지 말아야 한다.

그 의식은 잠자기 전 침대에서 뒹구는 시간을 이용하면 좋다. 불을 끄면 집중이 되어 더욱 좋다.

"아까는 엄마가 너무 흥분해서 미안하다. 그럴 일이 아니었는데……."

먼저 무장해제를 하고 들어가 보시라. 아이는 천사 같은 얼굴로 조근조근 말을 풀어 놓을 것이다. 서운했던 점, 자기가 잘못했던 점도 찾아낼 것이다.

감정의 찌꺼기가 없어야 아이들은 사랑받는다는 느낌으로 행복하게 잠들 수 있다. 꿈이 혼란스럽지 않다. 편히 잠들도록 해야 잠이 휴식이 되고, 아이들은 성장한다. 성장판은 누워 있을 때나 잠잘 때에만 성장을 한다고 하지 않는가!

그리고 감정의 찌꺼기가 없어야 내일을 새롭게 맞을 수 있다. 늘 새로운 것을 접하고 배워야 하는 아이는 속이 깨끗해야 한다. 그래야 방해받지 않고 새로운 것을 잘 받아들일 수 있다. 우리 부모들이 그렇게 바라는 공부도 잘할 수 있다.

그래서 난 성질을 죽이고 먼저 화해의 제스처를 취한다. 너무 많은 손해를 보기 싫기 때문이다.

13 이야기로 재워라

어렸을 때 고향 마을에 아이들에게 이야기를 잘 해 주는 아주머니가 있었다. 찢어진 양말을 꿰맬 때나, 부엌에서 쪼그리고 앉아 나물을 다듬을 때나 그분은 이야기를 멈추지 않았다. 다섯이나 되는 아이들은 엄마를 빙 둘러싸고 앉아 이야기를 들었다. 나도 슬그머니 끼어들어 동냥해서 듣곤 했다. 그 애들은 가난했지만 늘 행복해 보였고, 꿈꾸는 듯 눈빛도 맑고 깊었다. 우리들 친구를 대할 때도 여유가 있었고, 품격이 있었다. 그래서 늘 부러웠다.

아이의 엄마가 되어 잃은 것도 많지만, 어린 시절 늘 부러워만 하던 일을 실천할 수 있어서 행복하다. 그 아주머니와 아이들의 모습을 떠올리며 아이들에게 수시로 이야기를 해 주고 있다.

낮에 해 주는 이야기도 좋지만, 잠자기 전에 아이랑 침대에 나란히 누워서 들려주는 이야기가 아이들에게 더욱 좋다. 사랑받는 느낌으로 아이가 잠에 빠져 들 수 있으니까.

큰아이는 초등학교 6학년 때까지도 가끔 어리광을 부렸다.

"엄마, 이야기 하나만 더 해 주세요. 전 엄마가 자기 전에 이야기 해 주는 게 가장 좋아요."

"이야기가 그렇게 좋니?"

"이야기도 재미있지만, 잠자기 전에 이야기를 해 주면 엄마가 절 사랑하는 것 같아서 마음이 놓여요."

"그럼 이야기 안 해 줄 때는 엄마가 널 사랑하지 않는 거니?"

"그건 아닌데요, 어쨌든 엄마가 이야기를 해 주면 엄마가 절 사랑한다는 느낌이 막 들어요."

아이들은 이렇게 부모가 해 주는 이야기를 통해 부모의 사랑을 느끼는가 보다. 이야기의 내용보다 이야기 해 주는 그 자체가 중요한 의미를 갖는 것도 이 때문이다.

잠자기 전에 이야기를 해 주면 아이의 꿈속 마당이 다양해지고 풍부해진다. 잠자기 전에 들은 이야기가 상상의 나래를 펴고 꿈 마당을 마구 휘젓고 다니기 때문이다. 꿈꾸는 아이, 꿈꿀 수 있는 아이로 기르는 데는 이야기만한 게 없는 것 같다.

이야기는 아빠가 해 주어도 좋고, 엄마가 해 주어도 좋다. 번갈아 해 주면 더욱 좋다. 이야기 릴레이 게임을 하면서 아이가 스스로 이야기를 만들어 내도록 유도하는 것도 좋다. 어느 땐 이야기를 해 보라고 하기 전에 아이가 먼저 해 보겠다고 나서기도 한다. 그럼 그러라고 하면 된다.

이야기를 들으면 대개 머릿속에서 또 다른 이야기가 만들어진다. 또 머릿속 이야기는 꺼내 놓고 싶은 것이 사람 마음이다. 어쨌든 이야기를 만들어 낼 수 있는 기회를 주는 것이 필요하다. 이야기의 시작을 부모가 하고, 끝은 아이가 맺도록 하는 것도 좋다. 반대로 아이가 먼저 시작을 하고, 부모가 끝을 맺어 보기도 한다. 어느 경우나 도움이 된다.

아이가 이야기를 이끌어 가다 줄기를 놓치거나 옆길로 새 이야기의 실타래가 엉킬 수도 있다. 하긴 하는데 무슨 이야기인지 도통 모르겠고, 말도 안 되는 이야기를 할 때도 많다. 그래도 좋다. 그때가 바로 웃을 수 있는 기회이고, 아이는 그 재미난 경험을 통해 이야기에도 줄기가 있어야 된다는 것을 깨닫게 된다. 그리고 다음에는 이렇게 저렇게 이야기를 만들어 봐야지 하면서 머릿속으로 구상하고 설계를 하게 된다.

또 어떤 아이들은 듣는 것은 좋아하지만 자신이 하는 건 싫어한다. 그럴 경우에는 굳이 해 보라고 시킬 것까지 없다. 잠자기 전에 이야기를 해 주는 것은 어디까지나 아이를 행복하게 잠으로 인도하는 데 일차적인 목적이 있는 거니까.

잠자기 전에 이야기를 해 주라고 권하면 어떤 엄마들은 말한다.

"이제 다 커 초등학생인데 그냥 자면 되지 굳이 이야기까지. 귀찮잖아요. 솔직히 말해서 어릴 때 책 읽어 주는 것도 굉장히 힘들었거든요. 그걸 졸업해 이제 좀 홀가분해졌는데, 아이에게 또 이야기를 해 주라뇨. 제 스스로 자면 됐지, 다 큰 애를 왜 재워 줘요?"

많은 사람이 귀찮아한다. 하지만 아이들이 갓난아이였을 때를 생각하면 이야기 해 주는 것은 귀찮은 일이 아니다. 말 그대로 누워서 떡 먹기다. 아이가 울면서 보채거나, 바둥거리나, 잠을 안 자는 바람에 잠을 못 자는 일은 이제 없지 않은가. 이야기를 해 주면 아이는 조용히 들을 것이고, 이야기의 양탄자를 타고 꿈나라로 행복한 여행을 떠날 것이다. 그러니 다 컸다고 생각하지 말고, 아이들이 잠자기 전에 공을 좀 들이는 것은 어떨까?

어떤 부모들은 말한다.

"하지만 이야깃거리가 있어야 이야기를 해 주죠. 해 주려고 해도 할 말이 없어요. 원래 전 이야기꾼이 아니라서요."

대단한 이야기를 지어낼 필요도 없고, 이야기꾼일 필요도 없다. 또 이야기꾼은 되겠다고 작정한다고 해서 되는 것도 아니다. 생활 속 이야기를 있는 그대로 해 주는 것으로도 충분하다. 어느 가정에나 가족들을 하나로 묶어 주는 이야깃거리는 있다. 같이 살다 보면 순간순간 이야기가 만들어지게 되어 있으니까 말이다. 또 가끔 필름을 뒤로 돌려 지난 사건이나 사고를 뒤지면 된다. 당시에는 심각했을지라도 훗날에는 재미있는 이야깃거리가 될 수 있다. 남에게는 별 의미가 없어도 가족들에게는 숨겨진 보물이 될 수 있다.

또 부모들의 어린 시절 추억은 좋은 이야깃거리가 된다. 아이들은 엄마 아빠의 이야기를 들으며 30, 40년 뒤로 시간 여행을 떠난다. 어린 시절의 엄마 아빠와 지금의 엄마 아빠의 모습을 비교하면서 재미있게 듣는다. 아이들이 가장 재미있어 하는 항목이기도 하다.

아이에게 엄마 아빠가 경험했던 실수에 대해 스스럼없이 해 주는 이야기도 좋다. 이를 통해 아이는 '엄마 아빠도 사람이다' 는 것을 확인하고, 안도한다. 늘 엄마 아빠처럼 잘 행동해야 한다는 부담을 덜 수 있고, 카타르시스를 느낀다. 인생을 살아가는 데 여유를 갖게 된다.

그날 무슨 일이 있었는지에 따라 이야기를 달리 선택하는 것도 필요하다. 낮에 아이와 얼굴 붉힌 일이 있는 날에는 재미있는 이야기나 유머 있는 이야기가 좋다. 웃게 하는 이야기는 아이의 분노를 씻어 줘 잠자리를 편안하게 해 주기 때문이다.

이런저런 궁리를 해도 이야깃거리가 없는 날에는 책을 읽으면 된다. 엄마 아빠가 직접 해 주는 이야기보다는 생동감이 떨어지지만 책도 이야기이고, 이야기 속에는 늘 보물이 숨겨져 있다.

어쨌든 학습지를 풀거나 학원 숙제를 하다 지쳐 쓰러져 자거나, TV를 보다 잠들게 하지는 말아야 한다. 하루 중에 가장 고요하고, 평화롭고, 행복해야 할 시간을 그렇게 쓰는 것은 억울한 일이고 낭비다. 그만큼 아이들에게는 잠자기 전의 시간이 소중하고, 어떻게 잠자리에 드느냐는 중요한 문제다.

제4장

공부 방법을 아는
아이가 행복하다

1 독 서 가 반이다

2003년 시행된 경제협력개발기구(OECD) 주관의 '학업 성취도 국제 비교(PISA)' 결과가 발표된 뒤 각국들은 '학력'에 대해 예민해져 있는 것 같다.

순위에서 밀린 독일은 '수학 2위, 과학 3위'인 우리나라 아이들의 평가 결과를 보고 '학원과 과외로 아이들을 학대시킨 결과'라고 비꼬았다고 한다. 자기들은 몇 달 전부터 아이들에게 집중적으로 예상 문제까지 풀게 하는 등 대비를 하고서도 성적이 안 좋게 나오자 딴지 건다는 신문 보도도 있었다.

일본도 학력 저하에 충격을 받고 지난 77년 이후 계속 줄여 온 수업 시간을 다시 늘리는 쪽으로, 학력 중시 교육으로 전환한다고 한다. 학생들의 창의력과 개성을 키우기 위해 도입된 여유 교육이 실제로는 기본 교과를 소홀히 해 학력 저하의 주범으로 작용했다는 비판에 따른 것이다. 국어와 영어, 수학의 수업 시간을 늘리고, 전국 학력 시험으로 학교 간 경쟁을 유도하기로 했다고 한다.

비단 다른 나라만의 이야기가 아니다. 서울시 교육청도 지난 8년 동안 금지해 왔던 초등학생들의 학력 평가(일명 일제 고사)를 부활했다. 국제 경쟁력과 국가의 미래를 위해 인성 교육만으로는 부족하니 학력을 중시하겠다는 방침이다.

그런 모습을 보면 '국가도 급하면 할 수 없구나. 공부에 목매는

'공부 마마', '공부 파파'의 모습과 다를 것이 없다는 생각에 쓴 웃음이 나온다.

하지만 또 몇 년 지나면 '학력 중시' 정책을 반성하고, '창의력과 인성 교육' 쪽으로 기울어질지도 모른다. 역사적으로 보면 교육정책은 늘 그 중심축이 왔다 갔다 오락가락해 왔지 않은가.

교육정책이 바뀔 때마다 학부모들은 당황하고 휘둘린다. 하지만 치우침 없이 중심을 잡고 아이를 지도하면 문제없다. 교육정책이 어떻게 바뀌든 세월이 지나도 후회하지 않는 교육, 교육정책과 교육과정이 바뀌어도 경쟁력 있는 교육, 아이를 행복하게 만드는 교육목표를 세우고 밀고 나가야 한다. 아이의 학력과 창의력, 인성 교육을 적절히 조화시켜 아이의 잠재력을 키워 나가야 한다. 이미 대학생이 된 큰아이와 아직 초등학생인 둘째를 키우며 그동안 풍상을 겪으며 대한민국 보통 아줌마인 내가 내린 결론이다. 교육기관이나 정부의 교육정책 이전에 가정에 교육정책이 먼저 그리고 굳건하게 있어야 한다는 거다.

그렇다면 공부도 잘하면서 창의력을 키워 주고 바른 인성을 갖게 하려면 구체적으로 어떻게 해야 할까?

가정마다 여러 가지 시도가 있을 수 있고, 프로그램 개발도 가능할 것이다. 하지만 가장 기본이 되고 먼저 할 일은 독서라고 생각한다.

책 읽는 아이는 창의력이 좋다. 책 속의 갖가지 사건을 경험하면서 생각하는 능력과 상상력이 발달하기 때문이다. 또 책 속 인물을 통해 자연스럽게 인성 교육이 이루어져 성품이 좋은 아이가 된다. 처음에는 흥미로 책을 읽지만, 읽다 보면 이해력과 응용력이 생겨 공부도 잘하게 된다. 그러니까 늘 책을 가까이 두고, 책을 호흡하도록 하고, 책과 친해져 독서의 맛을 알도록 유도하는 것이 중요하다.

초등학교 3학년인 상현이는 책을 읽어도 무슨 내용인 줄 모른다. 내용을 모르니 재미있을 리 없다. 그래서 상현이 엄마는 요즘에는 국어교육에 집중투자를 하고 있다. 국어 학습지를 두 개 시키고, 독서 토론 과외도 시킨다.

"1, 2학년 때에는 잘 몰랐어요. 그런데 3학년이 되면서 수학의 응용문제를 대부분 틀리는 걸 보면서 국어 실력이 모자란다는 걸 알았어요. 응용문제가 나오면 읽어도 모르니까 아예 읽지 않고, 숫자만 보고 제 마음대로 대충 더하고 빼고 곱하고 나누더라고요. 그러니 틀릴 수밖에요. 1, 2학년까지만 해도 아이가 말 배울 때도 늦었으니 책 읽는 것도 좀 늦나 보다고 대수롭지 않게 생각했어요. 남자 아이들은 좀 늦는다고 하니까 그런 줄로 안 거죠. 사실 어렸을 때부터 책은 많이 사 줬어요. 그런데 흥미가 없는지 읽질 않더라고요. 그래서 언젠간 좋아하게 되겠지 내버려 뒀는데, 그게 잘못이었어요. 수학은 그런 대로 했고 과목 중에서 제일 좋아했는데, 이제 수학조차 싫어할까 봐 그게 걱정이에요. 수학 성적보다 전 그게 더 염려된다니까요."

모든 공부의 기초인 언어, 국어가 안 되면 수학도 안 된다는 것의 증명이다.

비단 수학만의 문제가 아니다. 사회, 과학 등 다른 과목도 모두 글로 되어 있고, 의미를 파악해야 새로운 사실과 정보를 배워 나갈 수 있다. 그런데 읽어도 무슨 뜻인 줄 모르니까 전반적으로 학습 능력이 뒤떨어지게 되는 거다.

상현이는 심지어 친구들이 하는 농담조차 못 알아듣거나 잘못 알아들을 때가 자주 있다. 그러다 보니 대화에 쉽게 끼어들지 못한다. 말이 잘 안 통하니까 아이들이 무시하고 안 놀려고 한다. 결국 친구 문제까지 순탄치 않게 된 거다.

시기를 놓치지 않는 것은 책 읽기에서도 중요하다. 단기간에 열심히 하고, 집중투자 한다고 해결되지도 않는다. 상현이처럼 지금이라도 문제점을 깨달은 것은 다행이지만, 또 너무 집중하다 더욱 싫어하게 되지는 않을까 염려된다.

책 읽는 아이는 교육정책이 어떻게 변하든 흔들리지 않는다. 인성 교육으로 중심축이 이동하든, 창의력 교육으로 기울든, 학력 중시로 정책이 바뀌든 항상 경쟁력이 있고 행복할 수 있다. 책이 모든 것의 기초가 되고, 그 모두를 해결해 주기 때문이다. 인생에서 어느 시기, 어느 단계에 있든 책 읽는 습관이 가장 소중한 자산이고, 자원인 이유다.

모든 일에 시작이 반인 것처럼 공부에는 독서가 반이다.

2 체계와 계통을 세우는 덴 교과서만한 게 없다

교과서는 아이들이 꼭 알아야 할 각 과목의 정수를 학년에 맞추어 정리해 놓은 책이다. 그 분야의 많은 전문가들이 연구진, 집필진, 심의진으로 참가해서 심혈을 기울여 만든 책이다. 아이들의 발달단계를 심사숙고해서 가장 익히기 쉽도록 만든 책이다. 그러니까 어느 과목이든 교과서 공부가 필수다. 교과서로 공부하는 것이 가장 안전하고 편한 길이다. 가장 많은 사람들이 밟고 다녀 가장 잘 닦인 길이기 때문이다.

그런데 많은 이들이 교과서를 소중하게 여기지 않는다. 시중에서 산 참고서나 전과, 문제집을 우위에 두고 교과서를 무시하는 경향마저 있다.

공부할 때에는 교과서가 가장 기본이고, 교과서를 가장 먼저 해야 한다. 교과서를 공부하지 않거나 제대로 공부하지 않고, 참고서로 하는 공부는 위험하다. 참고서로 하는 공부는 교과서를 통해 공부를 한 다음에나 효과를 볼 수 있다. 어디까지나 기본 줄기는 교과서여야 하고, 교과서로 잡아야 한다는 얘기다.

참고서는 줄기를 풍성하게 장식하는 곁가지이고, 이파리이다. 기본 줄기 없이는 곁가지가 자랄 수 없고, 이파리도 있을 수 없다. 그것은 '밑 빠진 독에 물 붓기'다. 공부를 해도 흘러 나가고 만다. 그리고 곁가지를 따라다니다 보면 지금 어디쯤에 서 있고, 무엇을 공부하고 있는지 놓치기 쉽다. 그러니까 참고서로 보충하고 싶을 때에도 그 단원의 교과서를 먼저 읽어야 한다. 시험 볼 때도 마찬가지다. 교과서를 읽으며 그 단원의 목표가 무엇인지, 무엇을 말하고 있는지를 먼저 파악해야 한다. 그런 다음에 참고서를 대하면 참고서 내용도 더 잘 들어온다. 참고서가 왜 그 부분을 보충하고 있고, 심화하고 있는지까지 훤히 이해가 된다.

흔히 아이들은 교과서는 너무 딱딱해 지루하고 재미없다고 한다. 하지만 줄거리 파악 능력이 있으면 딱딱한 교과서도 이야기로 읽을 수 있다. 책을 좋아하고 많이 읽는 아이는 교과서도 이 세상의 많고 많은 책 중의 하나로 받아들인다. 중압감 없이 가볍게 받아들이니 부담 없이 공부할 수 있고, 부담 없이 공부하니 성적 또한 좋을 수밖에 없다.

교과서를 공부할 때도 방법이 있다. 목차가 중요하다. 차례를 보면 책 전체의 구조가 훤히 드러난다. 또 목차를 순서대로 연결하면 이야기가 만들어진다.

4학년 1학기,《사회》를 보면 1단원은 '우리 시·도의 모습'이고, 2단원은 '우리 시·도의 발전하는 경제'다. 거기 이어지는 3단원은 '새로워지는 우리 시·도'다. 언뜻 보면 단순한 나열 같지만, 연결해 보면 구조가 보인다. 우리 시·도의 자연환경과 생활을 살핀 다음, 우리 시·도의 자원과 생산 활동을 살피면서 주민 생활을 알아보고, 우리 시·도가 가진 여러 가지 문제와 해결책을 알아보도록 배열하고 있다. 그리고 마지막으로 우리 시·도의 미래의 모습을 그려 보도록 한다. 아주 짜임새 있는 구조로 아이들의 관심과 의식을 점진적으로 넓혀 가도록 배치되어 있는 것을 알 수 있다.

수학도 마찬가지다. 덧셈과 나눗셈이 나온 다음 곱셈과 나눗셈이 나오고, 그 뒤에 넷이 섞여 있는 혼합 계산이 나온다. 혼합 계산까지 된 다음에는 분수가 나오고, 분수를 제대로 알려면 사칙연산이 가능해야 하기 때문에 덧셈, 뺄셈, 곱셈, 나눗셈을 익히도록 배치되어 있다. 그 다음에는 분수의 다른 표현인 소수를 배치해 분수와 소수의 표현 양식과 그 둘 사이의 전환 방법을 배우게 한다. 분수에서처럼 소수로도 덧셈, 뺄셈, 곱셈, 나눗셈을 하게 한다. 사칙연산으로 소수를 다룰 수 있도록 하고 있다. 그 다음에는 문제 푸는 방법 찾기로 그동안에 배운 것들을 실생활에서 종합적으로 응용할 수 있게 하고 있다.

치밀하게 계산된 배치이고, 효과적으로 과목의 목적과 단원의 목표를 이룰 수 있도록 구성되어 있다. 체계와 계통을 세우는 데는 교과서만한 것이 없고, 교과서가 최적의 교재가 아닌가 생각한다.

수학책에 딸려 있는 수학 익힘책은 말 그대로 수학책에서 공부한 것을 연습을 통해 익히도록 만든 책이다. 그런데 그 체계가 얼마나 친절한지 엄마의 따뜻한 손길이 느껴질 정도이다. '○○○을 알아보기'를 통해 수학책에서 공부한 것을 충분히 연습하도록 하고, '잘 공부했는지 알아보기', '다시 알아보기', '좀 더 알아보기'를 차례로 배치해 공부하는 아이를 옆에서 이끌어 주고, 다독여 주고, 북돋워 주고, 칭찬해 준다. 정말 '착한 교과서'이다.

그런데 아이들은 '착한 교과서'를 몰라준다. 그 친절함을 아이가 느낄 수 있도록 교과서의 체제에 대해 설명을 곁들여 이끄는 것은 엄마의 몫이다. 물론 다른 사람이 해 주어도 좋겠지만, 주변을 둘러보아도 이것까지 챙겨 줄 사람은 아직 없는 것 같다. 교과서를 앞에 두고 꼭꼭 짚어 가면서, 얼마나 많은 사람들이 세심하게 배려하고 애쓰고 있는지를 아이가 알도록 설득하고 이해시키자. 거기까지만 성공하면 아이가 열심히 공부하고, 공부 잘하는 걸 볼 수 있을 것이다.

3 영어 공부는 초등학생 때가 적기다

많은 아이들이 서너 살만 되어도 영어를 공부한다. 심지어 갓 돌지난 아이들까지도 영어 교육을 받는다. 하지만 영·유아를 대상으로 하는 영어 교육은 뇌 발달에 부정적이라는 연구 결과가 나와 있다. 스트레스가 크고, 학습을 뒷받침해 주는 다른 능력들이 아직 덜 성숙되어 학습 효과가 크지 않다고 한다. 그러니까 너무 서두르거나 욕심낼 필요는 없다.

그보다는 모국어인 우리말 실력을 배양하는 것이 필요하다. 우리말을 잘해야 영어도 잘할 수 있기 때문이다. 배경인 모국어가 취약한 아이는 영어를 공부해도 어느 정도 수준 이상은 올라가기 힘들어한다. 우리말 실력 때문에 발목이 잡히는 것을 볼 수 있다. 우리말이나 영어나 모두 언어라는 점, 결국 외국어를 배울 때도 언어능력이 기본 바탕이 되어 주고, 언어능력이 있어야 상승할 수 있는 에너지가 비축되는 셈이다.

유치원 과정에서는 우리말을 풍부히 하면서, 놀이를 통해서 영어와 친숙해지는 정도로만 목표를 잡아도 충분하다고 생각한다. 그렇게 워밍업을 하면서 기초 체력을 길러 준비하다가 초등학생 시기에 본격적으로 공부하는 것이 효과적이다. 영어 공부는 초등학생 때가 적기라는 뜻이다. 이렇게 생각하는 데에는 몇 가지 이유가 있다.

첫째, 초등학생 시기는 우리말을 익힌 경험이 있기 때문에 다른 언어를 공부하면 습득이 빠르다. 모국어인 우리말을 배우면서 언어에 대한 이해력이 생겼기 때문이다.

둘째, 초등학생 시기는 뇌 발달 과정으로 볼 때도 적기다. 뇌 과학자들과 언어학자들에 의하면 언어 습득 능력은 일곱 살 무렵에 발달하기 시작해서 열 살 때 전성기를 이루다가 열두 살 때 언어능력을 관장하는 부분의 발달이 거의 멈춘다고 한다. 그런데 열 살이면 3·4학년이고, 열두 살은 5·6학년이니 초등학생 시기에 언어를 공부하면 효과적이라는 결론이 나온다. 외국어를 모국어처럼 익히려면 열두 살 이전에 끝내야 한다는 말도 그래서 나왔을 것이다.

셋째, 초등학생 시기는 정서적, 심리적으로도 영어 공부를 하기에 알맞다. 앞에서도 말한 것처럼 너무 어린 나이에 영어를 공부하면 스트레스가 크다. 그리고 중학교 이후에는 자의식이 발달해 실수할까 봐 잘 나서지 않고 말수가 줄어든다. 그런데 초등학생 시기는 별고민 없이 따라 하고, 잘 나서고, 잘 종알거린다. 심리적이나 정서적으로도 외국어인 영어를 공부하기에 유리한 셈이다.

넷째, 영어 공부는 장기간의 집중적인 시간 투자가 필수적이다. 그런데 중·고등학생 시기만 해도 교과목이 많고, 입시 부담으로 영어에 많은 시간을 투자할 수 없다. 시간적으로 여유가 있고, 다른 학과목에 대한 학습 부담이 크지 않은 초등학생 시기가 적기인 셈이다.

이렇게 영어를 습득하기에 유리한 초등학생 시기를 놓치지 않고 이용해 아이들이 영어 자유인이 되도록 이끌어야 한다. 해 보니 충분했고, 두 아이는 영어에 콤플렉스 없이 살아갈 수 있는 수준에 이르렀다.

그렇다면 어떻게 해야 영어 자유인이 될 수 있을까? 현지가 아닌 이 대한민국 땅에서 배우는 한계를 극복하려면 어떻게 해야 할까?

그동안 적용해서 효과를 본 방법을 소개해 본다.

우선 많이 듣고 소리 내어 읽어야 한다. 많은 경우에 듣기 능력을 위해 카세트테이프를 이용한다. 그런데 초등학생들은 카세트테이프보다는 비디오테이프가 유리하다. 또 EBS나 AFN을 이용해도 좋다. 어쨌든 아이들은 영상과 함께 듣기 공부를 하는 것이 좋다. 어릴 때부터 영상과 함께 자라난 세대이고, 화면에 대한 흥미와 이해력이 높아 잘 들을 수 있도록 도와주기 때문이다. 그리고 영상으로 하는 공부는 실생활과 맞닿아 있어 나중에 실제 상황에 부딪쳤을 때 현장 적응력이 좋다.

그런데 영어는 듣기만 한다고 해서 잘 들리지 않는다. 문자의 공급 (책)이 있어야 더 잘 들리고, 책을 통해 얻은 정보가 많을수록 더 많이 들을 수 있다.

그런데 책을 읽을 때에는 눈으로 읽지 말고 소리 내어 읽어야 한다. 외국어 공부에는, 특히 현지가 아닌 데서 공부할 때는 이것이 꼭 필요하다. 아이를 가르치는 동안 난 이 방법을 내내 고수했는데, 효과 만점이었다.

소리 내어 책을 읽으면 말하기도 좋아진다. 초등학생들이 영어 공부를 하기 위해 읽는 책은 아이들을 대상으로 만들어진 책이다 보니 대화 글이 많이 등장한다. 책을 소리 내어 읽다 보면 그 문장들이 뇌에 입력되고, 어느 순간 아이 입에서 그 말이 흘러나오는 것을 확인할 수 있다. 그리고 그렇게 향상된 말하기 능력은 곧 쓰기 능력이 된다. 말하는 것은 철자만 알면 쓸 수 있기 때문이다.

이렇게 듣기, 읽기, 말하기, 쓰기 능력이 서로 꼬리에 꼬리를 물고 유기적으로 언어능력을 향상시킨다. 현지가 아닌 데서도, 조기 유학 콤플렉스 없이 영어 공부가 가능한 이유다.

듣기와 읽기가 어느 정도 됐다 싶으면 말하기와 쓰기도 교재를 따로 선정해 공부를 해 나가면 된다. 국어 공부를 할 때에도 읽기, 쓰기, 말하기, 듣기 교재를 따로 갖춰 각 기능을 체계적으로 익혀 나가듯 영어도 그렇게 배치하면 된다. 듣기와 소리 내어 읽기는 기존에 해 오던 대로 계속하면 되고, 말하기와 쓰기는 시중에 나와 있는 activity book과 work book을 이용하면 된다. 단계적으로 구성된 시리즈가 많이 나와 있으니 편집 방향과 아이의 단계, 성향을 감안해 선택하면 된다.

대부분의 학부모들이 원어민 강사를 열렬히 선호한다. 하지만 어릴수록 아이들은 한국인 교사를 선호하고, 외국인 강사의 수업에 스트레스를 받는다고 한다. 그리고 영어의 기초와 체계를 세우는 데는 원어민 강사하고 공부해야 꼭 유리한 것도 아니다. 그러니까 원어민 강사에 너무 연연하기보다는 영어의 기초와 체계를 세우는 것이 더 중요하다. 내 경우에는 영어를 충분히 공부한 다음에 원어민을 만나게 해서 오히려 시간과 에너지를 절약할 수 있었다. 아이들은 원어민을 상대로 그동안 엄마와 익힌 영어를 연습할 수 있는 상대로 즐겁게 '이용하고 애용' 했다.

벌써 원어민 교사가 배치된 학교가 있고, 앞으로는 거의 모든 초등학교에 원어민 교사가 배치된다고 하니 희소식이 아닐 수 없다. 또 요즘에는 동네 학원에만 가도 원어민이 있다. 하지만 너무 큰 기대는 금물이다. 원어민과 같이 있다고 해서 그리고 '생활 영어' 몇 마디 종알거린다고 해서 영어가 자동적으로 해결되는 것은 아니기 때문이다. 어디서 배우든, 누구에게 배우든 영어 공부의 기초를 쌓고 체계를 세우도록 이끌어야겠다.

4 한자는 매일매일 조금씩 하는 게 남는다

한자를 가르치다 보면 아이들은 묻는다.

"우리말이 있는데 왜 어려운 한자를 배워야 해요? 우리말만 쓰면 안 돼요?"

다 아는 것처럼 우리는 한자 문화권이어서 한자를 모르면 어휘력은 물론 이해력, 우리말 구사력까지 지장을 받는다.

아이들이 초등학교 고학년에 가서 '용액(溶液)'이라는 말을 접했다고 가정해 보자. 그것이 '녹을 용(溶), 액체 액(液)'이라는 한자어임을 아는 아이들은 쉽게 개념을 받아들인다. 하지만 한자를 모르는 아이는 잘 이해하지 못한다. '두 가지 이상의 물질이 섞여 액체로 된 혼합물'이라는, 용액의 사전적 의미를 억지로 외워야 한다. 외워도 의미가 잘 들어오지 않을 뿐만 아니라, 쉽게 잊어버린다. 그러니까 한자를 모르면 우리말을 잘할 수 없다는 결론이다. 흔쾌히 받아들이고 싶지 않지만, 엄연한 현실이다. 우리말 실력을 위해서도 한자는 필요하다는 생각으로 아이들에게 한자를 공부하게 해야 한다.

그렇다면 한자는 어떻게 공부하는 것이 좋을까?

많지 않게, 양을 조절해 매일매일 공부하는 습관을 들이는 것이 중요한다. 하지만 단순히 한자어의 훈과 음을 외우는 것은 바람직하지 않다. 영어를 공부할 때 단어를 따로 떼어 외우는 게 의미 없는 것과 같은 이치다. 書(글 서, 쓸 서)를 배웠으면, 讀書(독서)와 書店(서점)처럼 그 글자가 들어간 단어와 문장을 익히는 것이 필요하다.

거기서 한 걸음 더 나아가 우리 생활 속에 섞여 있는 한자어를 되짚어 보면 좋다. '경수는 書店에 가서 讀書하는 걸 좋아한다' 식의 예를 통해 우리말 속에 깊숙이 들어와 있는 한자어의 쓰임을 알아보는 거다. 이렇게 해야 書(글 서, 쓸 서)를 오래 기억하고, 실생활에서 응용해서 쓸 수 있는 능력도 길러진다. 배운다는 것은 궁극적으로 쓰기 위함이다. 그러니까 새로운 것을 배울 때에도 실생활에서 쓰기 좋게 배워야 하고, 쓸 수 있도록 연결하는 과정이 필요하다.

하루에 공부하는 양으로는 이 정도면 충분하다고 생각한다. 하나의 한자어를 배우고, 그것이 들어간 단어 두셋과 문장을 익히는 것으로 충분하다.

그런데 요즘에는 한자 교육도 과열되어 있다. 한자가 수능에서 제2 외국어 대신 선택할 수 있는 과목이 되고, 또 대기업 취업 시 한자 실력을 테스트한다고 해서 그런 것 같다. 학원이나 학습지는 거기에 편승해 공격적인 마케팅을 한다. 반드시 인증 시험에 붙어야 하고, 급수를 따야 할 것처럼 부추기고 몰아간다. 불안해진 부모들은 한자까지도 학원이나 학습지를 시킨다. 학교장에 따라서는 너무 과도하게 한자 교육에 치중하는 학교도 있다.

사립 초등학교인 소정이네 학교는 1학년 때부터 한자를 가르친다. 학년마다 따야 할 인증 시험 급수가 정해져 있다. 그것을 못 따면 학년을 올라가지 못한다고 위협하며 아이들에게 한자 공부를 시킨다. 5학년인 소정이는 단어는 물론 홑 글자도 모르는 것이 많다. 그런데 선생님은 한시를 가르치면서 외우라고 한다. '공부해도 도대체 무슨 말인지 알 수 없는 한시' 때문에 소정이는 인증 시험이 있기 전날 가출을 하고 말았다. 한자 인증 시험에 대한 부담감이 너무 컸던 거다.

"수학이나 영어면 몰라도, 무조건 외우면 되는 한자 때문에 어떻게 집을 나갈 수 있죠?"

"글쎄 말예요. 도저히 이해가 안 돼요."

엄마나 학교 선생님은 수학이나 영어는 우수한 소정이가 한자 때문에 가출했다는 사실을 이해하지 못한다.

한자 교육이 필요하지만, 너무 과도한 것은 문제다. 생활과 학습에 불편함이 없을 정도면 되지 한시까지 줄줄 외우게 하는 것은 어른들의 과시욕이다. 과시욕이 아이들의 가슴을 멍들게 할 수 있다는 것을 생각해, 학습량 조절에도 신중을 기해야 한다.

더욱이 요즘 아이들은 한자 외에도 많은 학습 부담을 안고 살아가지 않는가! 영어와 수학에 대한 부담만 해도 우리 부모 세대들이 경험했던 것과는 비교할 수 없을 만큼 크고 많다. 총체적인 학습량과 부담까지 감안해 각 과목의 학습량을 짜야 한다.

공부는 엄마 아빠가 집에서 돌봐 주는 것이 가장 효과적이라는 여러 연구가 나와 있다. 하지만 모든 부모가 다 가능한 건 아니다. 사정이 여의치 않아서 불가능한 경우도 있고, 실력이 부족해 그럴 수도 있고, 어떤 경우에는 감정 조절이 안 돼 가르치지 않는 것이 나은 경우도 있다.

하지만 한 가지만은 부모가 아이 교육을 이끌어 가라고 권해 드리고 싶다. 그동안 아이들의 교육을 전담하면서 많은 이점을 확인했기 때문이다.

부모가 직접 가르치면 아이와의 유대감이 좋아진다. 또 아이를 알 수 있는 중요한 기회가 된다. 부모는 아이를 가르치면서 아이의 전반적인 학습 능력은 물론 인내력까지 체크할 수 있다. 이는 아이의 학습 계획을 짜고, 진로지도와 미래의 직업을 생각할 때 중요한 자료가 될 것이다. 그러니까 한 과목만이라도 아이의 공부를 봐 주는 것이 필요하다.

나는 그 한 과목으로 한자를 추천하고 싶다. 한자는 부모들이 가르치기 가장 쉬운 과목이다. 시중에 나와 있는 교재를 하나 사서 앞에서 말한 것처럼 하루에 한자어 하나나 둘, 그것이 들어간 단어와 문장을 익히는 정도면 충분하다. 그것이 한 페이지일 수도 있고, 반쪽일 수도 있다.

한자는 실력이 없어도 가르칠 수 있다. 수학처럼 전 단계의 기초가 없으면 접근하기 어려운 교과목이 아니다. 언제든지 달려들어 하면 되고, 할 수 있는 것이 한자 공부다. 그러니까 한자에 약한 부모라 해도 얼마든지 지도가 가능하다. 아이랑 같이 외워 나가면 되니까. 아이를 가르친다는 핑계로 한자 실력을 높이는 계기가 되어 줄 것이다. 매일매일 20분 정도만 투자하면 충분하다.

아이의 공부를 봐 주면 공부하면서 느는 실력도 실력이지만, 아이는 부모의 애정을 느낀다. 그리고 아이는 매일매일 돌봐 주는 엄마 아빠를 보면서 성실성도 배운다. 공부란 무엇이고, 어떻게 해야 하는지에 대해서도 알게 되는 기회가 된다. 과목은 달라도 공부라는 공통점에서 비롯되는 유사점은 늘 있고, 참고할 점이 많기 때문이다. 그러니까 한자 한 가지 정도는 되도록 학원에 보내지 말고 집에서 가르치는 것이 어떨까? 그러다 자신이 붙으면 다른 과목에도 도전할 용기와 욕심이 생길 것이다.

5 선생님을 존경하고, 수업 시간에 집중 하게 하려면

적지 않은 아이들이 학교 가는 것을 좋아하지 않고, 수업 시간에 제대로 적응하지 못한다. 수업 중에 돌아다니는가 하면 쪽지를 주고 받거나 만화를 그리는 등 딴 짓을 하는 초등학생들이 적지 않다. 중·고등학생들의 경우에는 수업 시간에 엎드려 자는 아이들도 많다. 친구를 '왕따'시키며 괴롭히는 아이도 있다. 이러다 보니 학교생활에 염증을 느끼게 되고, 학교생활이나 수업에 대해서도 만족도가 낮다. 그리고 예전에 비해 선생님에 대한 신뢰감과 존경심이 많이 약해졌다. 이렇게 교실이 붕괴되는 것은 전반적이고, 전국적인 현상이라고 한다. 이처럼 학생과 교사의 신뢰가 약해지면서 수업이 제대로 안 되는 이런 학급 붕괴 현상은 일본이 원조라고 한다. 그런데 요즘에는 우리가 일본보다 더 심하다는 연구 결과가 나왔다.

그렇다면 왜 이렇게 교실이 붕괴되고 있을까?

여러 이유가 있을 수 있지만, 사교육이 가장 큰 원인이 아닌가 생각한다. 아이들은 사교육을 통해서 학교에서 배울 것을 이미 다 배웠다. 새롭게 배워 깨우쳐야 할 것이 있어야 집중하고 그러면서 즐거움을 알게 되는데, 이미 학원에서 다 배웠으니 학교에 와도 새로움이 없다. 학교에 가도 기대가 없고, 선생님도 더 이상 새로운 것을 깨우쳐 주는 사람이 아니다. 이미 학원 선생님이 했던 것을 지루하게 되풀이해 주는 앵무새이다. 새로운 세계를 열어 주고, 새로운 사실에 눈뜨게 해 주는 선생님의 역할이 사라진 것이다. 그러다 보니 신뢰감이 쌓일 리 없고, 존경심도 싹트지 않는다.

요즘 아이들은 학원을 여러 군데 다니기도 하지만, 학원을 자주 바꾸기도 한다. 싫거나 맘에 안 들면 쉽게 학원을 끊어 버린다. 그런데 학원을 끊는다는 것은 '선생을 맘대로 갈아 치울 수 있다'는 의미이기도 하다. 그러니까 요즘 아이들에게는 선생님도 맘에 안 들면 갈아 치울 수 있는 사람이라는 인식이 깔려 있다. 물론 학교 선생님은 과외 선생님처럼 아이들 맘대로 갈아 치울 수 없다. 하지만 과외 선생님을 대하면서 갖게 된 '선생님'에 대한 인식이 선생님을 대할 때에도 영향을 미치게 된다. 학원 선생님이나 과외 선생님처럼 갈아 치울 수 없다는 데서 더 큰 불만을 가지게 되는 것도 그 때문이다.

요즘 아이들에게는 선생님도 늘 비교 대상이다. 학원 선생님이나 과외 선생님보다 잘 가르치느냐, 못 가르치느냐는 잣대가 적용된다. 그런데 사람은 어떤 내용이든지 처음 대할 때 새롭고, 처음 가르쳐 주는 사람이 잘 가르치는 것 같고 대단해 보인다. 요즘 아이들은 학과 내용을 학원 선생님이나 과외 선생님을 통해 처음 대하기 때문에 학교 선생님은 시시해 보인다. 그리고 학원이나 과외 선생님들은 테크닉 면에서 '꾼'들이 많다. 그러다 보니 아이들은 학교 선생님은 못 가르친다는 편견을 갖게 되고 실력이 없다고 생각도 한다.

그래서인지 요즘에는 학교에서 새로운 지식을 배운다는 인식이 많이 사라진 것 같다. 대부분의 학생과 학부모가 공부는 학원에서 하는 것으로 알고 있고, 학원에 더 의존한다. 학교는 졸업장을 따기 위해 출결 일수를 채우고, 내신 성적을 받기 위해서 어쩔 수 없이 머물러야 하는 코스로 전락한 감이 없지 않다.

이런 분위기다 보니 교사들의 열의와 책임감도 많이 시들해진 것 같다. 학원에서 이미 배워서 다 알고 있고, 또 복습할 테니 대충해도 된다고 생각해선지 열성을 다하지 않는다. 이것은 학부모로서 느끼는 솔직한 심정이다. 교과서에 나와 있는 과정만 형식적으로 짚어 주고, 학원에 학교의 수업 진도를 알려 주는 역할에 머무르는 측면이 없지 않다.

교사들은 엎드려 자는 아이들을 깨우거나 피로감에 지친 아이들을 무턱대고 나무랄 수도 없다고 한다. 학원 안 다니는 아이가 거의 없고, 학원을 마친 뒤 집에 들어가면 밤 열한 시가 넘는 경우도 있다는 것을 알고 있기 때문이다.

학부모들은 무너진 공교육을 탓한다. 불안해서 어쩔 수 없다면서 사교육에 목을 매고, 아이들에게 하나라도 더 다니게 하려고 애를 쓴다.

어떻게 하면 붕괴된 교실을 복구할 수 있을까? 물론 공교육만으로 만족할 수 있을 정도로 학교가 좋아지고, 교사의 질이 향상되어야 한다. 거기 더해서 부모들의 역할도 학교와 교사 못지않게 중요하다. 교실이 붕괴된 데에는 부모의 몫도 크다. 부모들이 바뀜으로써 상당 부분 교실 붕괴를 치유할 수 있고, 막을 수 있다고 생각한다.

그렇다면 우리 부모들이 먼저 해야 할 일은 무엇일까?

첫째, 지금보다 아이들을 학원에 덜 보내고, 과외를 덜 받도록 해야 한다.

둘째, 과도하거나 무계획적으로 밀어붙이는 선행 학습은 자제해야 한다.

셋째, 교과 내용을 미리 다 알게 해 학교에 보내지 않아야 한다. 호기심도 모르는 가운데 싹트고, 집중력도 호기심이 있을 때 생긴다. 독서, 영어, 수학, 한문 정도는 꾸준히 해야 하고, 모든 공부의 기초이니까 꾸준히 닦아 놓을 필요가 있다. 하지만 다른 교과목은 사교육을 통한 선행 학습이 꼭 필요하다고 생각하지 않는다.

넷째, 학교 진도에 맞춘 직접적인 선행 학습보다는, 그것을 다룬 책을 읽혀야 한다. 학교에서 배울 학과 내용을 과외시킬 것이 아니라, 그에 관한 내용을 책으로 읽고 인터넷을 검색하는 등 간접적인 학습을 통해 아이들의 사고의 폭을 넓혀 주고, 역량을 키워 주는 게 필요하다. 직전에 선행 학습을 시켜서 점수를 잘 따게 해야겠다는 욕심을 버리고, 잠재력을 키워 주는 데 관심을 기울여야 한다.

다섯째, 과중한 공부에 대한 중압감으로 지쳐 있는 아이들에게 휴식을 선물해야 한다.

여섯째, 아이들에게 인내심을 길러 주어야 한다. 그래야 학교 공부와 교실에도 잘 적응할 수 있다.

초등학생 둘을 두고 있는 경희 씨는 아이들을 학원에 보내지 않고 있다. 그래도 두 아이는 공부도 잘하고, 여러 면에서 뛰어나다. 무엇보다 아침이면 학교 가는 것을 좋아한다고 한다. 경희 씨는 그 이유가 '학원에 다니지 않기 때문'인 것 같다고 말한다.

"학교 가면 선생님이 새로운 사실을 알려 주고, 친구들을 만날 수 있어서 그런 것 같아요. 집에서 아이들 공부를 봐 주고 있지만, 영어와 수학 외에 다른 과목은 따로 공부시키지 않고 있어요. 그 대신 폭넓게 책을 읽히고 있지요. 그랬더니 학교 수업에 집중하는 효과가 있더라고요. 알지만 교과서 내용을 그대로 알고 있는 것은 아니라서 집중해서 듣고, 책을 통해 간접적으로 아는 바가 있으니 적극적으로 발표를 하면서 창의적으로 수업에 임하게 되는 효과가 있더라고요."

우리 엄마들이 참고할 바가 많은 말이다.

6 공부도 치료다

아이들 중에는 태도가 좋아도 집중을 할 수 없고, 또 집중을 해도 학교 수업을 따라가지 못하는 아이들이 있다. 최소한의 기초학력을 갖추지 못해 학교 수업을 이해하지 못하는 경우다.

공부는 어느 단계에 있든 탑을 쌓아 가는 과정이라서 그런 것 같다. 아래에 밑돌이 있어야 위에 돌을 놓을 수 있고, 그 돌은 다시 새로운 돌의 받침대가 된다. 이렇게 연장선상에 있기 때문에 이전 학습은 늘 기초가 되어 준다. 이렇다 보니 한순간 마음잡고 열심히 하려 해도 잘 안 되는 것이 공부다.

교육인적자원부의 2003년 학업 성취도 평가 결과에 의하면 초·중·고교 학생 가운데 우수 학력 학생은 학년이 올라갈수록 적어지는 반면, 기초학력 미달 학생은 많아지는 것으로 나타났다. 특히 수학과 과학 과목의 학업 성취 수준이 낮아 중·고교생의 경우 기초학력 미달 학생이 열 명 중 한 명꼴이라고 한다.

기초가 덜 되어 있는 아이들은 부족한 기초를 보충해 보통 아이들을 따라가야 한다. 되도록 빨리 보충해서 보통 아이들과 보조를 맞춰 나가는 것이 그 아이들의 목표가 되어야 한다.

아이들에게 공부는 단순히 성적을 의미하지 않는다. 공부를 잘하고 못하느냐에 따라 너무 많은 것이 달라지기 때문이다. 우리나라처럼 학력을 중시하는 사회에서는 특히 그렇다. 공부를 잘하면 아이들의 생활이 대체로 순조롭다. 가정에서도 부모들이 위해 주고, 학교에 가서도 대접을 받는다. 선생님은 물론 친구들도 공부 잘하는 아이는 다르게 대한다. 그리고 공부 잘하는 아이들은 스스로도 행복하다. 사물의 이치를 깨우쳐 가는 과정에서 얻는 즐거움이 적지 않기 때문이다. 공부의 맛을 아는 아이들은 재미있어서 공부하고, 더 잘하기 위해 공부를 계속한다. 그러다 보면 좋은 성적이 나오고, 자신이 이뤄 낸 성과로 또 기쁨을 맛보게 된다.

하지만 공부 못하는 아이들은 가정에서나 학교에서나 대체로 환영받지 못한다. 대개 무시의 대상이고, 잔소리 대상이다. '느리다', '공부 못한다', '아무리 가르쳐도 잘 알아듣지 못한다', '멍청하다'는 말들이 계속해서 퍼부어진다. 그러다 보니 자신감이 없어지고, 자신에 대한 신뢰감이 낮아진다. '난 안 된다'는 무력감에 스스로를 부끄럽게 여기게 된다. 그러다 보면 열등감을 갖게 되고, 정서적으로 불안해진다.

이러니 공부 못하는 아이들이 공부로 인해 받는 스트레스도 더 클 수밖에 없다. 기초가 없어서 못 따라가는데, 부모는 '게을러서', '하려고 들지 않는다'고 타박하기 일쑤다. 그 아이들도 공부를 잘하고 싶어 한다. 그런데 잘 안 될 뿐이다. 몸도 막힌 곳이 있으면 순환이 안 돼 문제를 일으킨다. 아이들이 공부를 하면서 부딪치는 문제도 막힌 곳이 있으면 뚫어서 원활히 돌게 해야 한다. 몸이 아프면 병원을 찾듯, 학습에 문제가 있으면 치료 차원에서 접근해야 한다고 생각한다. 보다 큰 관심과 애정으로 상처받고 괴로워하는 아이들을 돌봐 주어야 한다.

5학년인 동현이는 엄마 말을 잘 듣는 아이다. 그래서 엄마가 하라는 공부를 잘하고 싶다. 공부를 잘해서 엄마를 기쁘게 해 주고 싶다. 집에서도 엄마가 공부하라는 시간에는 책상에 앉아 있다. 학교에 가서도 선생님의 지시대로 열심히 따라 한다. 학교가 끝나면 엄마가 등록해 준 학원에 가서 학원 선생님이 하라는 대로 공부를 한다. 그런데도 성적은 늘 하위권이다. 그래서인지 동현이는 점점 의기소침해졌다. 또래 아이들과 어울리려고도 하지 않고, 우울증까지 앓았다. 그래도 책을 놓지 않고 열심히 공부했다. 하지만 수학 경시 대회에서 반 평균에도 못 미치는 점수가 나오자 동현이는 폭발하고 말았다. 전날 코피가 날 정도로 열심히 공부했는데도 점수가 안 나와 화가 나는데, '어쩜 그렇게 맞을 수 있니?'라는 엄마의 말이 기름을 부은 거다.

"난 해도 안 돼요. 해도 안 되는데 어떡하라고요."

동현이 엄마는 그제야 문제를 다시 보기 시작했다. 선생님과 상담을 하면서 기초가 부족하다는 것을 알았다. 선행 학습만을 강요하던, 그래서 남보다 앞서 가기를 바랐던 자신의 생각을 수정해야 했다.

이렇게 기초 실력의 부족이 병을 앓게 하는 원인이 될 때가 많다. 아이들의 감성지수(EQ)와 감정 조절을 위해서도 기초학력은 챙겨 주어야 한다. 그런 측면에서 볼 때 너도나도 학원 보내서 선행 학습을 하게 하는 것은 무모하다고 생각한다. 아이마다 사정이 다르니 맞춤 교육이 되어야 한다.

사실 사교육의 필요성도 여기에 있지 않나 생각한다. 아이가 기초 실력이 부족할 때는 사교육이라도 받아 부족한 부분을 보충해서 보통 아이들이 서 있는 궤도에 올라서도록 해야 한다. 그렇게 함으로써 정서적인 문제를 줄일 수 있고, 예방할 수 있다. 그런 다음에야 앞으로 나아갈 수 있는 힘도 얻을 수 있고, 발전도 기약할 수 있다.

그런 점에서 볼 때, 우리 부모들이 욕심을 버리고 아이들의 상태를 직시할 필요가 있다고 생각한다. 기대에 못 미치더라도 아이가 처해 있는 현실을 애정을 가지고 봐주어야 한다. 이해도 못 하면서 부모가 가라고 하니까 학원에 가 앉아 있는 아이들의 고충을 생각해야 한다. 밑 빠진 독에 물 붓기가 되지 않기 위해서라도 너무 앞만 보지 말아야 한다. 아이의 상태를 진단하는 것이 먼저다. 진단을 정확히 해야 치료 방법을 찾을 수 있고, 병을 낫게 해 행복을 돌려줄 수 있다.

7 놀 줄 알아야 공부도 잘한다

열심히 일해야 한다. 하지만 쉬면서 정신을 풍요롭게 하거나 놀 시간이 없는 삶은 너무 단조롭고 힘겹다. 일과 놀이가 조화되어야 정신도, 몸도 건강해진다. 일과 놀이가 균형을 이뤄야 활기차게 일할 수 있다. 열정을 쏟을 수 있고, 창조적으로 일할 수 있다.

그런데 요즘 아이들은 어른들보다 할 일이 많고, 일에 치여 산다.

엄마가 짜 주는 시간표에 따라 이 학원 저 학원으로 옮겨 다니기 바쁘다. 엄마들은 아이들 스케줄을 짜 주고 관리하는 매니저고, 아이들은 그에 따라서 움직이는 연예인이다. 아이들은 바쁜 스케줄을 소화하고, 집에 돌아와서도 쉴 수 없다. 이런저런 숙제와 학습지가 기다리고 있기 때문이다. 똑똑한 아이로 키우고 싶은 마음에 엄마들은 아이를 공장의 기계라도 되는 듯 하루 종일 풀가동시킨다.

영어, 수학, 피아노, 수영 등 과외학습과 과외활동은 아이들에게 필요하다. 하지만 스스로 원하는 것이 아니고 부모의 희망에 따라 하다 보면 자발성을 잃을 수 있다. 너무 많이 하거나 한꺼번에 여러 가지를 해도 기대하는 효과를 거둘 수 없다.

늘 부모가 시키는 대로만 하는 아이는 놀 시간이 생겨도 제대로 놀지 못한다. 심심하다고 짜증을 부리면서 놀 거리도 부모가 찾아 주기를 바란다. 그러다 결국 하는 것이 텔레비전을 보거나 컴퓨터 게임을 하는 게 고작이다.

시간이 나면 놀 줄 알고, 공부하는 짬짬이 시간을 내서 노는 아이가 건강한 아이다. 스스로 놀이를 찾아서 놀고, 유머나 위트로 순간순간을 즐기는 것도 능력이다. 지나가는 사람들의 모습을 관찰하고, 길가의 야생화를 보며 이야기를 만들어 내는 아이가 행복하다. 스스로 짬짬이 챙겨서 놀 줄 아는 아이가 현명하다. 아이들은 노는 가운데 세상을 배우기 때문이다.

아이들한테는 노는 것이 생활이고, 힘이고, 또한 권리다. 어른들 생각처럼 쓸데없이 놀기만 하는 것이 아니다. 그것은 어른들의 편견이고, 욕심일 뿐이다. 아이들이 노는 것에는 많은 힘이 저장되어 있다. 그리고 무엇보다 아이들은 노는 것을 좋아한다. 좋아하는 것을 하면서 힘을 얻을 수 있다면 더 이상 바랄 게 없지 않은가! 노는 것과 노는 아이에 대해서 좀 더 관대해질 필요가 있다. 그런데 쉽지가 않다. 우리들 부모 세대만 해도 근면과 성실이 살길이라고 교육 받았고, 그것으로 경제성장을 이루기도 했다. 그러다 보니 열심히 일하는 것이 미덕이라는 생각이 뇌리에 박혀 있기 때문이다.

하지만 시대는 바뀌었다. 단순한 노동력은 사람이 아니어도 기계가 얼마든지 잘 해내고 있다. 사람의 능력은 상상력과 창조력을 발휘해 새로운 것을 발명하는 데 써야 한다. 그것이 더 효율적이고, 효과적이다. 그런데 상상력과 창조력은 죽치고 앉아 단어를 외우고, 수학을 푼다고 생기지 않는다. 앉아서 끝 간 데 없이 뻗어 가는 생각을 좇거나, 혼자만의 시간을 즐기다 불현듯 떠오른다.

게다가 세상은 변해 이제 노는 것이 사업이 되고, 산업이 되었다. 게임 산업을 봐라. 잘 놀고, 남을 잘 놀게 할 수 있으면 돈도 벌고 성공할 수 있다. 그러니 부디 아이들이 노는 시간을 허락해 주고, 존중해 주어야 한다. 21세기에는 그것이 공부고, 투자다. 그러니까 아이에게는 노는 것이 공부고, 엄마인 내게는 아이를 놀리는 게 공부다. 늘 이런 생각을 하면서 입에서 막 튀어나오려고 하는, '놀 시간 있으면 공부 좀 하지?'라는 말을 억누르고 있다.

어릴 때 내 불만 1호는 맘껏 놀지 못하는 거였다. 요즘 아이들에 비하면 너무 놀았지만, 그런데도 양이 차지 않았다. 늘 더 놀고 싶었다. 난 노는 것이 그렇게 좋고 행복한데도 부모님은 그런 눈치가 아니었다.

난 지금 부모가 되어서 행복하다. 내 마음대로 아이들을 놀릴 수 있어서다. 노는 아이들을 보면 나까지도 행복해진다. 공부도 중요하지만, 노는 것도 그에 못지않게 중요하다. 어차피 공부도 행복해지자고 하는 것인데, 공부만 하다 불행해지면 억울하지 않은가! 순간순간을 즐기고 행복해야 한다는 생각에 아이들이 놀고 웃을 수 있는 기회를 되도록 많이 갖도록 하고 있다. 우스운 이야기를 해 주면서 아이와 함께 깔깔거리고, 앉아서 공부한 뒤에는 킥복싱이나 레슬링, 막무가내 몸싸움 등으로 정적인 분위기를 털어 내곤 한다. 그리고 생각에 잠겨 있거나 혼자 놀 때는 방해하지 않으려고, 상관하고 싶은 내 마음에 제동을 건다.

그래서인지 큰아이는 대학 시험을 몇 달 앞두고도 자기가 좋아하는 뮤지컬이 들어오면 가서 보고, 영화관에도 갔다. 시험과 상관없는 교양서를 읽는 데 금쪽같은 시간을 썼다. 그런 밤이면 노느라 못한 공부를 보충하느라 밤을 꼬박 샜다. 밤을 새는 것이 몸에 좋진 않지만 놀고 싶었기 때문에 놀았고, 그것을 보충하려면 어쩔 수가 없었다.

초등학교 6학년인 둘째도 다른 엄마들이 놀랄 정도로 열심히 논다. 거의 놀기 위해서 태어난 아이처럼 정열적으로, 정말 대책 없이 논다. 그렇게 노는 것을 봤는지 가끔 아이 친구의 엄마들은 말한다.

"공부 잘해서 얌전한 아이인 줄 알았는데, 그게 아니더라고요."

"맞아요. 전에 몇몇이 어울려 노는 걸 봤는데, 전혀 공부 잘하는 애 같지 않았어요. 얼마나 신나게 노는지, 정말 막무가내로 놀더라고요. 소리소리 지르고, 깔깔거리고, 얼마나 뛰어다니는지. 그런데도 공부를 잘하는 게 이해가 안 돼요."

"그러게요. 우린 늘 공부 잘하는 애는 얌전하고, 얌전해야 공부 잘할 거라 생각하는데, 그건 아닌가 봐요."

"아이가 또래에 비해 아직 철이 덜 들어서 그런가 봐요."

이렇게 말하지만, 이것은 접대용 멘트다. 정말 하고 싶은 말은 따로 있다.

'전 우리 딸들이 잘 노는 사람으로 자라났으면 좋겠어요. 그러면서도 과제가 있으면 열심히 하는, 그런 사람으로요. 잘 놀면서도 시험공부나 과제를 하느라 가끔씩 밤을 새는 딸을 보면 멋있다는 생각이 들어요. 전 그러지 못했거든요.'

_아이에게 그만 놀라고 말하고 싶을 때 기억해야 할 다섯 가지

1. 아이들에게 노는 것은 휴식이다.
2. 아이들이 노는 것은 다음 일을 잘하기 위한 에너지 비축이다.

3. 노는 것은 세상일과 사물에 대한 이미지를 떠올리고, 나름대로 해석해 자기 생각을 가질 수 있는 창조의 시간이고, 생산의 시간이다.

4. 아이들은 노는 것을 설계하고 노는 가운데 두뇌가 발달한다.

5. 논 다음에는 공부를 잘할 수 있고, 즐길 수 있고, 더 오래 할 수 있다.

8 모둠 활동과 숙제, 어떻게 할 것인가?

요즘에는 학교에서 모둠끼리 하는 활동이나 숙제가 많다. 그런데 자기 의견만 내세우거나 못하는 아이들이 끼었을 때 갈등이 생기고, 그로 인해 스트레스를 겪는 경우가 적지 않다. 그중에는 서로 다른 의견을 조정하고 조율하여 멋지게 역할을 수행하는 아이도 있다. 활동 뒤에는 너 때문에 다른 모둠에 졌다느니, 점수를 못 얻었다느니 서로 타박을 하기도 한다.

모둠 활동은 잘하거나 못하거나 그 자체가 아이들에게는 의미가 있다. 잘하는 아이는 그렇지 않은 아이들이 있다는 걸 아는 것부터가 공부다. 그럼에도 불구하고 활동을 훌륭히 수행해 나가기 위해서는 어떻게 해야 하는지, 아이는 내내 고민하고 방법을 찾을 것이다. 아직 모둠 활동에 잘 적응하지 못하는 아이는, 잘 해내는 친구를 보면서 서로 의견이 다를 때는 어떻게 조정하고 조율해 나가야 하는지를 직접 몸으로 배우는 시간이 된다.

모둠이 해결할 숙제를 내주는 경우, 아이들이 집으로 오게 된다. 집집마다 아이가 모둠 숙제를 하겠다고 친구들을 데리고 온 적이 한두 번은 있을 것이다. 엄마들도 모둠 활동이 아이들한테 협동심을 길러 주는 것쯤은 다 안다. 그런데 모둠 숙제를 하겠다고 몰려온 아이들이 하는 행동들 보고 실망한다.

아이들은 오자마자 두 패로 나누어진다. 남자 아이들은 컴퓨터로 몰려가고, 여자 아이들은 집 구경을 한 다음 자기들끼리 모여 앉아 수다를 떤다. 친구 집에 온 목적은 잊은 지 오래이다. 한두 시간 그렇게 보내다 보면 전화벨이 울리기 시작한다. 학원 갈 시간 되었으니 어서 오라는, 집에서 아이들을 호출하는 전화다.

아이들은 그제야 모였던 이유를 생각해 내고 서둘러 정한다.

"그럼 지영이 너는 그림 준비해. 이현이 너는 차례 쓰고, 경식이 너는 인터넷에서 해결책 찾아 써. 그리고 난 결론 쓸게."

"서로 맞춰 봐야지 않아?"

"시간이 없잖아. 그러니까 대충 써. 하지만 각자 맡은 건 꼭 해 와야 해. 안 그러면 우리 팀 꼴찌 하니까."

모둠 숙제 하러 와서 각자 일거리를 나눠 가는 것이 고작이다. 그러니 일이 잘될 리 없다. 다음날 학교 갔다 온 아이는 ○○가 자기 맡은 것을 안 해 왔고, ○○는 엉뚱하게 해 왔다면서 불퉁거릴 게

뻔하다.

　매번 이런 식이다 보니 엄마들은 아이들이 모둠 숙제를 하러 가고, 하러 오는 것을 그리 반기지 않는다. 저학년 때에는 적극적으로 도와주던 엄마도 학년이 올라갈수록 탐탁지 않게 여긴다. 특히 집을 빌려 주어야 하는 엄마는 귀찮아한다. 대충 어떻게 할지 벌써 그림이 그려지고, 불편을 참아야 할 만큼 의미가 있다고 생각하지 않기 때문이다.

　아이 둘을 키우고 있는 성은이 엄마는 말한다.

　"몇 번 겪다 보니 중학교 3학년인 우리 큰애는 모둠 숙제 내주면 저 혼자서 다 해요. 어차피 모여도 못 할 걸 알고, 시간만 빼앗기니까 저 혼자서 다 해 버려요. 그러곤 팀원들 이름을 넣어 줘요. 걔가 다 하니까 다른 애들이야 편해서 좋고, 점수 잘 받아서 좋죠, 뭐. 물론 혼자 하려면 힘들고 불공평하다는 생각도 들지만, 몰려다니면서 시간 뺏기고 시달리는 것보다는 그게 훨씬 낫대요. 모이면 어떻게 할지 뻔하니까."

　어느 때는 모여서 모둠 숙제를 할 집을 못 구하기도 한다.

　5학년 현지 엄마가 말한다.

　"얼마 전 토요일이었어요. 아이가 비를 쫄딱 맞고 들어온 거예요. 친구 집에 모둠 숙제 하러 간다고 해서 우산 갖다 줄 생각도 안 하고 그냥 집에 있는데, 아이가 비를 쫄딱 맞고 들어온 거예요. 그래서 왜 그러고 왔냐고 물었죠. '엄마도 안 된다고 하고, 다른 엄마들도 다

싫다고 해서 학교에서 하기로 하고 교실에 남았어. 그런데 선생님이 토요일이라 교실에 남아 있으면 안 된다고 해서 나왔어. 학교 뒤뜰 나무 밑에서 하는데, 비가 오기 시작하는 거야. 그래서 자료 준비 한 것 다 젖어 버렸잖아. 이제 우리 팀은 꼴찌 할 게 분명해.' 이러는 것 있죠. 아이 말을 들으며 얼마나 후회하고, 반성했는지 몰라요. 나부터도 무슨 특별한 이유가 있어서 집으로 오지 말라고 한 게 아니거든요. 솔직히 말하면 여러 아이들이 몰려와 부산을 떨 일을 감당하기 싫어서 안 된다고 했던 거예요. 다들 편하자고 그러니 애들이 그 꼴이 된 거죠."

이제는 어느 분야나 여러 사람이 협동해 일을 한다. 휴대전화 하나만 해도 여러 분야 사람들이 네트워크를 구성해 팀워크를 해야 만들어 낼 수 있다. 시대는 변해 에디슨 같은, 한 사람의 천재보다는 여러 사람과 함께 일하면서 서로의 능력과 기술을 이끌어 내는 협업 정신이 중요하게 되었다. 협업을 할 줄 모르는 사람은 살아남기 힘든 세상이 되어 버렸다.

이를 생각해서라도 아이들의 모둠 활동에 인내심을 가지고 지켜봐 주고, 한 번이라도 더 기회를 주도록 배려해야 한다. 이담에 중요한 덕목이 될 자질을 기를 수 있도록 기꺼이 인생 연습장을 제공해야 한다.

9 발표 잘하는 아이로 키우려면

"육 남매의 막내로 자랐어요. 어릴 때 언니 오빠들은 내가 말을 할라치면 눈총을 주어 말을 막았어요. 그래도 말하고 싶어 입을 열면 말했어요. '니가 뭘 안다고? 방해하지 말고 가만이나 있어.' 그리고 제가 눈에 띄기나 하면 말끝마다 못생겼다거나 돼지 같다고 놀렸어요. 어린 마음에 너무 억울해 울면 또 말했어요. '울기는. 네 의견을 똑바로 말해 봐, 말을.' 그래서 울먹거리며 가까스로 말을 하면 이번에는 이렇게 말했어요. '그것도 말이라고 하고 있냐. 참 나. 말을 하려면 제대로 해야지, 제대로.' 업신여기는 눈빛으로 쏘아보다 얼굴을 돌렸어요. 지금 생각하면 엄마 아빠도 놀라워요. 언니 오빠들이 그러는데도 말리거나 혼내지 않았거든요. 그래서일까요. 전 어린 시절 내내 사람들 앞에서 얼굴을 들지 못할 정도로 수줍음이 많았어요. 또래들 사이에서는 큰 키와 공부 성적으로 밀리지 않았지만, 어른 앞에 서면 병적으로 부끄러움을 탔어요. 학교에서 선생님이 책을 읽으라고 하면 가슴이 뛰고 다리가 떨려 제대로 목소리가 나오지 않았어요. 번호로 시킬 때나 앞자리부터 시작해서 점점 내 순서가 다가오면, 나도 모르게 숨소리가 커지다 눈앞이 흐려지는 거예요. 그러다 결국 내 차례가 되면 들고 있는 책의 내용이 하나도 보이지 않았어요. '앉아라. 공부도 잘하는 애가 왜 그렇게 책을 못 읽냐?' 선생님은 이해할 수 없다는 듯 말했어요. 가족들 때문에 어린 시절을 그렇게 보낸 게 정말 아쉬워요. 그렇다고 지금 와서 어린 시절을 다시 살 수도 없고."

어린 시절에 대한 아쉬움으로 성희 씨(41)는 벌써 눈물이 맺혀 있다.

시대는 변해 엄마들은 아이가 발표하는 것에 관심이 많다. 학교 갔다 돌아오면 '오늘 발표했어? 몇 번 했어?' 물을 정도로 거의 안달이 나 있다. 일 년에 한 번 있는 아이들 공개수업에 가면서도 관심은 오직 하나 '내 아이가 발표를 잘하나 못하나'이다.

지금은 중학생인 경아는 말한다.

"초등학교 때 전 공개수업이 진짜 싫었어요. 엄마는 공개수업에 와서 내가 발표하는 것만 살폈는지, 집에 오면 혼냈어요. '발표도 똑바로 못하고 그게 뭐냐? ○○는 잘하던데.' 그래도 저학년 때에는 공개수업 때마다 발표를 했어요. 엄마한테 칭찬을 받아 볼까 해서요. 그리고 또 안 하면 집에 와서 엄마한테 혼나니까요. 4학년 때까지도 그랬던 것 같아요. 하지만 5, 6학년 때부터는 공개수업에 엄마가 와도 발표하지 않았어요. 엄마들 흐뭇해하라고 선생님이 미리 연습시키는 것도 싫고, 연습한 걸 즉석에서 발표하는 것처럼 연기하는 아이들 모습도 웃겨서요. 당연히 집에 오면 혼났죠. 다른 애들 다 하는데 넌 왜 발표도 못하냐면서."

그렇다면 발표 잘하는 아이로 키우려면 어떻게 해야 할까? 위에서 든 사례들과 반대로 하면 된다.

언제, 어디서나 자기 의견을 조리 있게 말할 수 있는 아이로 키우려면 어려서부터 아이의 말을 잘 들어 주어야 한다. 아이의 말문을 막지 않고, 말할 시간을 충분히 주어야 한다. 그리고 어떤 이유로든 아이를 기죽이거나, 주눅 들게 하지 말아야 한다. 어린 시절은 제멋대로 해 보면서 배워 가는 시기라는 것을 가슴 한가운데 두고, 포용력으로 받아 주어야 한다. 남에게 피해를 주거나 너무 엇나가는 것만 막아 준다는 각오로, 아이에게 넓은 땅을 허용해 주어야 한다. 그리고 작은 일이라도 해냈을 때는 칭찬을 해 주어 자신감을 심어 주어야 한다. 그래야 아이들의 입에서 말이 나온다.

어린아이들에게는 남 앞에서 말하는 것도 모험이다. 그런데 모험에 나설 때는 누구나 불안하다. 아이가 하는 모험이 성공할 수 있도록 내 아이가 아닌, 남의 아이가 말을 걸어와도 친절하게 대답해 주어야 한다. 내 아이의 발표력에는 주변 사람들의 도움이 필요하고, 남의 아이 발표력에는 나의 친절과 아량이 필요하다. 이렇게 아이들 발표력도 품앗이, 공동 육아적인 측면이 있고, 그것이 효과가 좋다.

거기다 어릴 때부터 말 일기를 써 주거나 말 심부름을 시키면서 말의 씨를 뿌리고, 말길을 열어 주면 더욱 좋다.

그렇게만 하면 아이가 발표를 하긴 하는지 그리고 잘하는지 걱정할 필요 없다. 오히려 아이를 눌러 진정시켜야 하는 지경에 이른다.

큰아이나 작은아이나 초등학교 시절 내내 학교 선생님을 만나서 내가 하는 말은 딱 한 가지이다.

"우리 ○○, 발표 너무 많이 하는 건 아닌가요? 혹시 다른 친구들이 발표할 기회를 빼앗거나, 발표를 너무 많이 한다 싶으면 선생님께서 끊어 주세요. 아이가 학교 갔다 오면 제가 늘 말하거든요. 알아도 대단한 의견이 아닐 것 같으면 손들지 말라고. 그러면 '할 말이 머릿속에 있는데 왜 가만히 있어요? 그러면 선생님이 내가 모르는 것으로 알 거 아니에요.' 하면서 따지고 들어요. 아이가 일 년 일찍 들어가선지 정신연령이 어린가 봐요. 나이가 차서 들어온 아이들은 할 말이 있어도 창피하다는 생각에 가만히 있는 경우도 있잖아요, 왜에. 그러니까 아이가 손을 들어도 선생님께서 다른 아이들에게 방해가 안 되도록 조절해 주세요. 너무 나대는 건 아닌가, 늘 걱정이에요."

그러면 선생님은 펄쩍 뛴다.

"그렇지 않아요. 우리 한국 아이들은 발표를 잘 안 하잖아요. 그러다 보니 발표를 시켜도 하는 아이가 없어 썰렁해지곤 하는데, 그때마다 ○○가 발표를 해서 수업이 이어지게 해요. 오히려 반에 활력을 불어넣고 있으니, 그런 걱정은 하지 마세요."

물론 인사성 발언일 수도 있다. 하지만 어쨌든 발표를 못하거나 안 해서 스트레스를 받고 있지는 않다는 거다. 발표를 너무 하지 말도록 진정시키는 것이 내 과제다.

반갑게도 학년이 올라가면서 진정되는 기미가 보인다.

"요즘은 선생님이 물었는데 아무도 발표를 안 할 때만 손을 들어요. 아무도 말 안 하면 선생님이 화를 내거든요."

참고로 아이의 발표력을 알아볼 수 있는 진단표와 그 결과에 따른 훈련법이 나와 있어 소개해 본다.

내 발표 실력은 어느 정도?

발표력 자가 진단표 및 훈련법 내용

항상 그렇다(3점), 자주 그렇다(2점), 가끔 그렇다(1점), 전혀 그렇지 않다(0점)

1. 토론 수업 때 내 의견이 채택되는 경우가 많다.

2. 남들이 발표할 때 잘하는지 못하는지 신경 쓰인다.

3. 자신의 생각을 적극적으로 표현하는 편이다.

4. 발표할 때는 철저하게 준비하는 편이다.

5. 내 발표를 들어 주는 사람이 많을수록 좋다.

6. 발표를 잘하기 위해 나름대로 방법을 궁리한다.

7. 발표 때 목소리가 크고, 떨지 않는다.

8. 발표 시간에 항상 손을 드는 편이다.

9. 말투는 물론 시선과 감정 처리, 동작에도 신경을 쓴다.

10. 수업 시간에 모르는 게 있으면 선생님께 바로 물어보는 편이다.

11. 발표 때 별로 긴장하지 않는다.

12. 발표 시간이 정해져 있는 경우에는 시간에 맞게 발표한다.

13. 발표 중 똑같은 내용을 반복하지 않고, 내가 주장하는 바를 명확하게 전달하는 편이다.

✚ 진단 결과

26점 이상 : 발표력이 뛰어나므로 목소리 톤, 표현 방법, 말의 속도, 자세 등 다양한 연습을 통해 최상의 발표 능력을 계발하도록 노력하는 것이 좋다.

13~25점 : 자기 생각을 잘 표현하지 못하는 편이다. 순간적인 어휘 구사력이나 문장 표현력이 부족한 경우가 많으므로 이야기할 내용을 직접 써 본다. 또한 다양한 주제로 삼 분 스피치 시간을 가져 본다. 표현력도 좋아질 뿐만 아니라, 발표 시간을 적절히 안배하는 능력도 키워 준다.

12점 이하 : 사회성의 부족은 발표력 부재로 직결된다. 무턱대고 발표 기술을 익히기보다는 사회성을 기르는 것이 필요하다. 관심 있는 분야를 중심으로 다양한 사회적 관계를 경험할 수 있는 환경을 제공해야 한다. 또한 발표 공포증을 극복하려면 자기 의견을 분명히 전달하는 훈련이 필요하다. 전신 거울을 보면서 한 가지 주제에 대해 미리 준비해 둔 내용을 천천히 이야기하거나 캠코더로 녹화해 보는 것도 좋은 방법이다.

—자료: 웅진교육문화연구소

10 방학은 자습 능력을 키울 수 있는 절호의 기회다

방학이 다가오면 일대 결전을 앞둔 것처럼 분위기가 심상치 않다. 엄마들은 정보력을 총동원하여 아이들이 방학 동안에 다닐 학원과 과외 선생님을 물색한다. 요즘은 그것이 바로 재력의 표시고, 엄마의 능력이라고까지 말한다.

학기 중에도 과외를 받지만, 방학이 되면 더 많은 과목을 수강하게 된다. '방학 동안에 하나라도 더 받아 둬야지' 하는 생각으로 엄마들은 아이들을 학원으로 내몬다. 그래서 방학이 되어도 아이들은 쉴 수 없다. 이 학원 저 학원 쫓아다니느라 오히려 더 고달파진다.

5학년 미라는 말한다.

'방학이 아예 없었으면 좋겠어요. 방학 때마다 엄마가 이것저것 다 등록해 놓고 기다리거든요. 그 학원들 다니다 보면 학교 다닐 때보다 더 바쁘고, 더 힘들어요. 물론 방학이 아닐 때도 서너 개는 다녔지만, 방학인 요즘은 여섯 개나 다녀요. 영어, 수학, 글짓기, 수영, 피아노, 댄스 스포츠까지 다녀야 하니까 정말 너무 피곤해요. 방학인데도 만날만날 밤 늦게까지 숙제를 해야 해요. 그래도 학원 숙제를 다 못 할 때가 많아요.'

아무리 좋은 학원, 좋은 선생님한테 배워도 복습 시간이 없는 학원 수강은 의미가 없다. 아무리 잘 가르쳐도 집에 와서 자기 공부 시간을 갖지 않으면 자기 것이 되지 않으니까.

수학은 특히 그렇다. 집에 와서 직접 풀지 않으면 아무 효과가 없다. 아이는 문제 잘 푸는 강사를 구경한 것에 불과하다. 아이는 여기저기 잘 가르친다는 사람들을 구경하고 다니느라 그렇게 바쁜 거고, 스트레스에 시달리는 거다. 그러니까 사교육은 아이가 소화 가능한 수준, 복습하면서 따라갈 수준으로 양과 수를 조절해야 한다. 물론 방학은 뒤처지는 과목을 보충하고, 성적을 올려 뒤집기를 시도할 수 있는 기회이기도 하다. 학기 중에는 학교 스케줄을 따라갈 수밖에 없고, 그러다 보면 자기 스케줄에 맞춰 공부하는 것이 현실적으로 어렵기 때문이다.

하지만 방학이 곧 학원 다니는 기간으로 직결되는 것은 문제가 있다고 생각한다. 학원 수강과 과외로 모든 문제를 해결하다 보면 아이들이 자발성을 잃을 수 있다. 스스로 공부하는 능력을 잃게 되어 대학에 들어가서도 남에게 의존할 수 있다.

실제로 요즘 대학생들은 대학에 가서도 혼자 공부하지 못하는 학생이 많다고 한다. 그래서 대학 가서도 과외를 받고 학원 다닐 생각부터 한다. 리포트나 논문도 스스로 해결하지 못하고 남에게 기대기도 한다고 한다. 스스로 하는 능력이 부족해서도 그렇지만, 옆에 과외 선생님이 없으면 심리적으로 불안해서란다. 어릴 때부터 늘 학원에, 과외 선생님을 끼고 살다 보니 나타난 증상이다. 그러다 보니 대학가가 학원가가 되고 말았다. 대학 주변에 온갖 학원들이 들어서 있고, 학생들은 거의 모든 것을 학원에서 해결하고 있다. '국가와 인류 사회의 발전에 필요한 학리와 응용 방법을 연구하여 지도적 인격을 함양함'이라고 되어 있는 '대학'의 사전적인 의미가 퇴색한 지 오래고, 무색할 정도다.

　방학은 학원 다니라고 쉬는 기간이 아니다. 스스로 주인이 되어 생활 계획과 학습 계획을 세워, 실천하면서 좋은 습관을 몸에 배게 할 수 있는 기회다. 아직 미개척지가 많은 아이들이 숨은 재능과 흥미를 찾아 나서는 모험의 시기다. 학기 중에 놓친 부분을 보충하고, 시간이 없어서 못 해 본 것을 여유롭게 배울 수 있는 시기다. 학기 중에 이해가 잘 안 가던 수학 문제를 다시 풀며, 자기 자신에게 도전해 볼 수 있는 시간이다. 좀 더디더라도 천천히 공부의 맥을 짚어 가면서 공부의 맛을 알게 해야 한다. 스스로 공부할 수 있는 능력을 키우는 시간과 기회로 활용해야 한다.

　그런데도 엄마들은 방학 동안에 학원 수강이나 과외에 매달린다. 학원에 가 조금이라도 빨리 성적을 끌어올리길 바란다. 아이들이 쌈닭이라도 되는 듯, 다른 아이들과의 경쟁에서 싸워 이기기만을 바란다.

　이렇게 끌려 다니다 보면 스스로 할 수 있는 능력을 키우지 못한다. 공부의 맛을 알기도 전에 공부에 지칠 수 있다. 새로운 것을 배워도 새로워하지 않고, 새로운 것 앞에서도 호기심을 느끼지 않게 된다. '저걸 또 어떻게 외워 시험을 치나' 하는 생각부터 하게 된다.

나이에 비해 빨리 늦는 조로 현상이 오게 된다.

좀 길게 보고, 아이들에게 스스로 할 수 있는 능력을 키워 주어야한다. 공부는 단기간에 끝나는 게임이 아니다. 그리고 인생에는 스스로 감당하고 책임져 해내야 할 일들이 너무 많다. 그런 일들을 해나가려면 스스로 할 수 있는 힘이 없으면 곤란하다. 앞으로 인생을 살아가면서 문제에 부딪칠 때마다 학원을 찾아다닐 순 없는 노릇 아닌가!

그러니까 방학을 이용해 학원을 하나 더 등록시키는 것보다, 오히려 하나라도 줄여 아이들에게 자습할 시간을 확보해 주는 것이 필요하다. 더디지만 아이가 직접 해 보면서 깨달을 수 있도록 기회를 주어야 한다. 스스로 노력한 끝에 막힌 부분이 펑 뚫렸을 때의 기쁨을 맛보도록 시간을 주어야 한다. 그 기쁨으로 아이는 평생 공부할 에너지를 얻을지도 모른다.

11 생 활 계 획 표 는 어 떻 게 짤 까 ?

아이들은 초등학교에 다니는 동안만 해도 생활 계획표를 여러 번 짠다. 특히 방학이 다가오면 연례행사처럼 방학 생활 계획표를 만든다.

생활 계획표를 짜는 동안은 누구나 모범생이 된다. 계획표를 보면 영어 두 시간, 수학 한 시간 등으로 과제가 빽빽하게 들어차 있다. 늘 그렇게 계획표를 짜지만 계획표대로 생활하는 아이는 별로 없다. 그래서 방학이 지나고 나서 생활 계획표를 보면 맘이 편치 않다. 늘 반성하고 후회하게 만드는 것이 생활 계획표다.

이런 경험을 한두 번 하다 보면 생활 계획표를 짤 때도 진지하지 않다. 안 지켜질 것이 빤하기 때문이다. 그런데도 생활 계획표를 짜는 것은 선생님이 하라고 하니까 짜는 거고, 안 하면 혼나니까 짜는 거다. 그리고 생활 계획표대로 생활하지 않아도 내성이 길러져 양심의 가책을 느끼지 않는다. 한두 번 그런 것도 아니고, 또 다른 아이들도 대부분 그런다는 것을 알기 때문이다.

생활 계획표는 말 그대로 시간을 설계하고, 그에 따라 생활하겠다는 실천 방안이고, 약속이고, 다짐이다. 그런데도 왜 이렇게 무용지물이 되었을까? 정말 실제적으로 도움이 되는 생활 계획표를 짤 순 없을까?

가능하다. 생활 계획표를 시간 중심으로 짜지 말고, 과제 중심으로 짜면 된다. 수학 한 시간 공부한다가 아니라 '수학 교과서 분수 단원 4쪽 풀기', '익힘책 단원 문제 3장' 식으로 짜면 된다.

이렇게 과제 중심으로 계획표를 짜면 시간의 노예가 되지 않는다. 아이들이 자기 주도적으로 시간을 쓴다. 빨리 끝내고 놀기 위해서라도 집중해서 열심히 한다. 그러다 보면 공부에 능률이 오르고, 더 많은 시간을 자신이 좋아하는 것을 하면서 보낼 수 있게 된

다. 시간을 컨트롤할 수 있는 능력이 생긴다는 거다. 그게 바로 시
(時) 테크 아닌가.

엄마는 아이가 계획했던 과제를 했기 때문에 마음이 너그러워진
다. 아이에게 충분히 놀 시간을 줄 수 있는 마음의 여유가 생긴다.
아이들 입장에서도 할 일을 다 하고 난 다음 찾은 시간이기 때문에
당당하고, 편하게 자기가 원하는 대로 시간을 쓸 수 있게 된다. 아
이들은 이런 경험을 통해 스스로 판단하여 결정하고 처리할 수 있
는 재량권이 생긴다. 훨씬 더 적극적인 태도로 밝고 쾌활하게 생활
하는 것을 볼 수 있다.

둘째의 초등학교 4학년 겨울방학 생활 계획표를 들여다본다.

_〈방학 생활 하루 일과표〉

• 아침을 먹은 다음 30분 정도 TV로 영어 방송을 본다.

• TV를 끄고 적막한 공간에서 마음대로 논다(독서, 그림, 뒹굴기)

• activity book과 work book으로 영어 말하기와 쓰기의 기초를
  닦는다.

• 수학을 한다.

• 입 운동으로 전에 읽었던 영어 동화책을 소리 내어 읽는다.

• 점심을 먹는다.

• 좀 놀다 낮잠을 잔다.

- 새 영어 동화책을 '3단계 읽기 학습법(통독—내용 점검—소리 내어 읽기)'으로 읽는다.
- 영어와는 성격이 다른 한자 공부로 머리를 새롭게 한다.
- 엄마랑 뒷산으로 오후 산책을 나간다.
- 오후에도 입을 한 번 풀어야 한다는 생각으로 그동안 노트한 것을 읽는다.
- 피아노 치고 컴퓨터를 하면서 늦은 오후 시간을 즐긴다.

— 참고로 악기를 제외하고는 모든 공부를 가정학습으로 해결하고 있는 경우다. 영어 연수나 캠프에 가진 않지만, 방학을 영어 공부하는 시간으로 삼은 케이스여서 영어 공부 시간이 많다. 이처럼 아이들마다 각기 다른 개성, 처한 상황, 진도에 맞게 생활 계획표를 짜면 된다.

12 집에서 하는 두뇌 훈련 프로그램

요즘에는 '수월성 교육'이니 '영재교육'이니 해서 교육 관청에서도 영재교육에 많은 힘을 쏟고 있다. 학부모 입장에서는 이런 움직임이 사교육비 부담으로 다가올 수 있다. 또 사교육 기관들은 이를 기회로 여겨 마케팅에 더 힘을 쏟고 있다. 하지만 영재교육이라고 해서 무조건 비싼 사교육에 매달릴 필요는 없다. 수학만 해도 집에서도 영재교육이 가능하다.

여러 방법이 있겠지만, 그동안 내가 시도했던 방법을 소개해 본다.

수학 교과서를 1학년에서 6학년용까지 마련한다. 그래서 학교 진도와 관계없이 1학년부터 6학년까지 수학과 수학 익힘책을 가르친다. 일견 아이들이 힘들어할 것 같아도 그렇지 않다. 단계 별로 차근차근 구성되어 있기 때문에 앞의 것을 이해했으면 뒤의 것을 받아들이는 데 문제가 없다. 개념, 원리 이해와 함께 그 연결성에 주목하면서 교과서의 체계와 계통을 이해시키는 것이 중요하다.

또 교과서는 군더더기가 없기 때문에 공부하면 그 구조가 훤히 잡힌다. 수학 과목에서는 줄기를 잡는 것이 특히 중요한데, 이를 교과서가 해결해 주는 셈이다. 수학적인 길을 내고 수학적인 체계와 계통을 이해시키는 데는 교과서만한 것이 없고, 교과서가 최적의 교재가 아닌가 생각한다.

그렇게 1학년에서 6학년까지 훑은 다음에는 다시 아이가 속한 학년부터(공부하는 동안 세월이 흘러 아이의 학년이 올라가 있을 것 아닌가) 6학년까지 교과서를 새로 사다 다시 밟아 준다. 줄기를 되짚어 보면서 다지는 시간이다. 처음 공부할 때는 따라가는 데 급급했던 부분도, 두 번째 공부할 때는 확실히 이해하게 된다.

이렇게 두 번 초등 교과서를 밟아 주면 중학교 수학도 얼마든지 소화가 가능하다. 초등학교 수학처럼 중학교 수학도 머릿속에 '수학의

길, 수학적인 길'을 내는 것이 중요하다고 생각해서 교과서를 사다 놓고 해 주었다. 1학년부터 3학년까지 길을 내고, 다시 1학년으로 내려와서 길을 닦자 아이의 머릿속에 난 길이 확장 공사를 시작해 고속도로로 넓혀지는 것을 느낄 수 있었다. 이렇게 난 제 학년 내용을 심화하고 복습하는 것보다 먼저 교과서로 길을 내는 방법을 택했고, 효과도 나쁘지 않았다고 자평하고 있다.

그런데 선행 학습에 대한 편견이 있을 수 있다. 무조건 선행 학습을 반대하는 의견도 있다. 하지만 그것이 아이들의 지적 욕구와 성취욕을 가로막는 것은 아닌지도 생각해야 한다. 아이 중에는 제 학년의 것을 이해하기 힘들어하는 아이가 있는 반면에, 이삼 년 앞의 내용도 충분히 소화 가능하고, 그것을 공부하면서 성취감을 느끼고 행복해하는 아이도 있다. 좀 더딘 아이들에게도 편견이 없어야 하지만, 상대적으로 빠른 아이들에게도 편견은 없어야 한다.

수학적인 길을 내는 데에는 교과서만한 것이 없고 교과서가 최적이지만, 교과서가 다는 아니다. 교과서는 최적이면서 최소량이다. 수학은 특히 그렇다. 거기다 교과서로만 하는 공부는 단조로울 수 있다. 그런데 그 단조로움은 '창의·사고력 수학', '경시·올림피아드 수학' 류의 책을 곁들여 주면 해결된다. 그런 종류의 책들은 기계적인 문제 풀기에 급급하지 않고, 머리를 쓰게 한다. 수학이 생각하는 학문이라는 것을 느끼게 해 준다. 생각하는 방법을 알게 해 주고, 생각하는 훈련을 통해 두뇌에 탄력성을 불어넣는다.

수학을 잘하는 방법도 여러 가지겠지만, 내가 시도한 방법은 간단하다. 교과서로 체계와 계통을 잡아 주면서, 아이의 두뇌를 자극할 수 있는 창의력과 사고력을 자극하는 교재들을 병렬 배치해 풀어 나가는 과정이었다. 난 이런 방식으로 아이의 머리에 새 공기를 불어넣고, 때로는 풍파를 일으켰다.

그렇다면 이들 교재를 어떻게 공부해 나갈까?

먼저, 아이의 수준에 맞는 것을 골라 점차적으로 올라가야 한다. 첫발부터 실패하면 이런 종류의 책을 싫어하고 멀리한다.

그리고 이런 종류의 책을 공부할 때는 양이 많지 않게 조절해야 한다. 그래야 아이가 집중해서 충분히 생각할 수 있다. 하루에 할 양이 많으면 대충 빨리 풀고 넘어가려는 경향을 보이기 때문이다. 말 그대로 창의적으로 다르게 생각하기 훈련이고, 다른 길 찾기이기 때문에 양이 많으면 원하는 효과를 거두기 힘들다. 부모 입장에서 보면 밥을 먹일 때처럼 많이 먹이고 싶은 욕구가 생긴다. 이를 인정하지만, 두뇌 개발 교재를 공부할 때는 철저히 양을 조절해 오히려 감칠맛을 느끼도록 해야 한다. 한두 문제, 혹은 서너 문제를 풀었어도 잘했다고, 충분하다고 칭찬해 주어야 한다. 그리고 또 실제로 해 보면 쉽지 않다. 그리고 매일 풀어 나가면 그 양이 적지도 않다. 그러니까 많이 하는 것보다 매일 하는 것이 중요하다. 다행히 아이가 흥미를 느껴 못 풀어서 '환장하면' 그때 양을 늘려 주어도 늦지 않다.

이런 종류의 책이 좋은 것은 생각을 유도하고, 토론을 유발하게 한다는 점이다. 맞든, 틀리든 아이는 사고 과정을 정리하여 표현해야 한다. 사고력, 창의력의 영토만 넓어지는 것이 아니라 의사소통의 힘까지 키워 준다.

단계가 올라가면 세계 천재들의 그룹인 멘사가 만들어 낸 기발하고 즐거운 게임에도 도전해 볼 수 있다. 그러나 결코 만만치 않다. 머리에 지진이 나고, 쓰나미를 일으키는 문제가 한둘이 아니다. 그러고도 해결을 못해 좌절할 때가 많다.

그래도 나쁘지 않다. 이 과정에서 아이와 많은 대화를 할 수 있으니까. 부모와 자식으로 살지만, 언제 이렇게 한 문제를 두고 같이 머리 터지게 고민한 적이 있었던가. 그 실패를 기꺼이 즐겨라. 아이는 풀지 못하는 부모를 보면서 생각할 것이다. 엄마 아빠도 못 푸는 문제가 있구나. 인간에 대한 이해의 폭이 넓어지고, 실패를 연습시키는 기회가 된다. 실패가 잦은 세상, 실패도 이렇게 어릴 때부터 연습하면 내성이 생기고, 면역성도 길러지리라.

안 풀리는 문제로 고민한 뒤에는 설거지를 하다 혹은 시금치를 다듬다 아이한테 뜬금없이 던지시라.

"아까 그 문제 말이야. 도형을 확 뒤집어 보면 어떨까? 그러면 뭔가 실마리가 풀리지 않을까?"

결과적으로 문제 풀이에 도움이 되지 못하는 제안일지라도 이렇게 툭 던짐으로써 얻는 효과는 크다. 엄마가 설거지하고 시금치를 다듬으면서도 내내 그 문제를 고민했다는 것을 알릴 수 있지 않은가! 집중해서 끝까지 매달려야 한다는 충고를 백 번 하는 것보다 더 나은 제스처다.

솔직히 말하면 제스처만은 아니다. 문제가 안 풀린 날에는 걸레를 빨 때에도 그 문제가 아른거린다. 신호등에 섰다가도 그 문제를 생각하느라 뒤차의 경적을 듣고서야 출발한 적이 한두 번이 아니다. 그럴 때면 쓴웃음이 나온다.

'이 나이에 안 되는 머리로 수학 문제 생각하다 교통신호까지 놓치고, 참 나.'

하지만 그 순간에도 난 희망으로 날 위로한다.

'어쨌든 머리를 쓰면 치매 예방에 좋대잖아.'

13 공부하는 즐거움을 알아야 인생이 행복하다

아이들의 생활을 보면 배우는 일로 하루 일과가 채워져 있다. 학교생활을 제외하고도 학습지에, 영어에, 수학에, 피아노에, 태권도에, 수영, 컴퓨터…… 배울 것이 너무 많다.

배우는 것에 지친 아이들은 가끔 묻는다.

"왜 사람은 공부를 해야 해요? 어째서 쉬지 않고 공부를 계속해야 해요?"

어떤 아이들은 푸념하기도 한다.

"이렇게 공부할 게 많은 줄 알았으면 전 안 태어났어요. 이 세상에 공부만 없으면 사는 게 재미있을 텐데."

이건 어른 입장에서도 마찬가지다. 컴퓨터니, 휴대전화니, MP3니 하면서 하루가 다르게 새로운 물건이 나오고, 새로운 기능들이 추가되어 나오니 정신이 없다. 적응하고 소화하기가 힘들 때는 폭발적으로 변하는 과학 기술이 원망스럽기도 하다.

"제발 그만저만 변했으면 좋겠어. 따라가려니 머리가 핑핑 돈다니까. 늘 숙제를 안고 사는 기분이야."

50대 중반인, 늦둥이 수진이 엄마는 휴대전화를 가지고 있다. 하지만 휴대전화는 전화를 걸고 받는 데만 쓴다. 그러니까 휴대전화에 내장되어 있는 기능은 수진이 엄마한테 별 쓸모가 없다. 휴대전화를 가지고 다니지만, 문자를 보내고 받지도 못한다. 음성 메시지가 와도 들을 수 없다. 골치 아파서 못 배운다며 그냥 포기하고 있다.

수진이가 어느 날 있었던 일을 전한다.

"거실에 있는데 엄마 휴대전화에서 문자가 왔다는 신호가 들리더라고요. 그래서 엄마한테 문자 왔다면서 가져다 줬어요. 그랬더니 엄마가 휴대전화를 귀에 대고 '여보세요, 여보세요?' 하는 거예요. 너무 웃기지 않아요. 엄마가 바보처럼 보였어요. 더 나이 들어 보이기도 하고."

사람은 세상 속에서 살고, 자신이 사는 세상을 이해해야 한다. 세상의 흐름을 놓치지 않고 소외되지 않으려면, 평생 동안 공부를 해야 한다. 단지 학교에서 배운 지식과 기술만으로는 생존하기조차 힘들므로 늘 공부하는 평생 학습자가 되어야 한다. 새로운 것에 관심을 갖고 배울 준비가 되어 있어야 한다.

40대인 인숙 씨는 말한다.

"혼자 사는 엄마를 생각하면 안쓰러워요. 자주 못 가니까 그립기도 하고, 이 나이가 됐지만 가끔은 엄마한테 어리광을 부리고 싶어요. 그래서 전화를 하지만 실망할 때가 많아요. 엄마는 단어 하나 틀리지 않고 늘 똑같은 말만 하거든요. 새로운 이야기가 없어요. 말하는 순서까지 똑같아요. 몇십 년째 같은 말만 들어야 하니 솔직히 답답해요. 어느 땐 '단어라도 좀 바꿀 일이지' 하는 생각까지 든다니까요. 친구분도 별로 사귀지 않고, 늘 집에만 있어서 그런가 봐요. 당신 안에 갇힌 거죠."

사람은 물건뿐만 아니라 다른 사람과 세상사에도 늘 마음을 열어 두어야 한다. 다른 사람이 무엇에 관심이 있고, 어떻게 살고 있는지 주위를 기울여야 한다. 그래야 다른 사람과의 거리가 멀어지지 않고, 벽이 생기지 않는다. 늘 새로운 것을 공부하는 자세로 살아야 삶도 활기차고, 생기가 넘친다.

그러려면 어릴 때부터 공부하는 자세, 공부하는 습관이 되어 있어야 한다. 세상은 끊임없이 변하고 있고, 그 변화에 자신을 맞춰 나가려면 끊임없이 공부해야 한다. 공부하는 즐거움을 알아야 인생이 행복하다. 늘 새로운 것에 흥미가 생기고, 의욕이 일기 때문이다.

나이 든 노인들이 노인정이나 탑골공원 등에서 무료하게 소일하는 것을 보면 마음이 편치 않다.

'저 할아버지 할머니들도 공부하는 습관이 되어 있으면 노년을 좀 더 행복하게 보낼 수 있을 텐데. 이를테면 책 읽는 즐거움 같은 걸 알면 저 나이가 되어서도 심심하지 않을 테니까 말이야.'

하지만 그분들은 전쟁과 극심한 가난 등으로 공부하는 즐거움을 익힐 여유가 없었을 것이다. 시대의 짐을 노년에까지 안고 사는 것 같아 안타깝고 죄송스런 마음이 든다.

공부하는 습관만 되어 있어도 평생 행복할 수 있다. 늘 새로운 것을 접하면서 자신을 새롭게 가꿔 나가는 기쁨 또한 크기 때문이다. 어차피 평생을 공부하면서 살아야 하는 세상이니 그 즐거움을 일찍 알수록 행복의 시간도 길어지고, 깊어진다. 그런 차원에서도 아이들에게 공부하는 습관을 길러 주는 것이 좋다.

공부하는 습관을 길러 주려면 어떻게 해야 할까?

그것은 간단하다. 부모가 늘 공부하는 모습을 보이면 된다. 공부를 통해 자신을 발전시키며 행복해하는 모습을 아이들이 보게 해야 한다.

그리고 아이가 작은 일에서도 성취감을 맛볼 수 있도록 해 주어야 한다. 그런데 성취감을 맛보게 하려면 아이가 이룰 수 있는 범위 내에서 목표를 찾아야 한다.

아이들이 걸음마 배울 때를 생각해 보자. 한두 걸음 떨어져 손을 벌리고 있으면, 아이는 위태로워 보이지만 뒤뚱거리며 다가온다. 하지만 욕심을 부려 열 걸음 정도 떨어져서 오라고 하면 아이들은 이내 울고 만다. 아이가 조금만 노력하면 도달할 수 있는 목표를 제시해 공부하도록 이끌어야 한다. 70점을 맞은 아이는 80점을 맞았을 때의 기쁨을 알게 해야 한다. 못 풀던 문제를 끙끙대다 풀었을 때의 성취감을 경험하게 해야 한다. 이런 경험이 하나 둘 쌓이다 보면 공부의 맛을 알게 된다.

공부의 맛을 안 아이는 궤도에 올라선 기차처럼 제 갈 길을 간다. 부모가 챙겨 주지 않아도 알아서 자가 충전이 되는 배터리처럼 제 힘으로 전진한다. 부모가 할 일이란, 방해하지 않고 공부 분위기를 조성해 주는 정도면 충분하다.

하지만 그렇게 되기까지는 앞에서 말한 것처럼 부모의 노력이 있어야 한다. 그래야만 공부하면서 행복을 느낄 수 있는 아이가 될 수 있다.

제5장

스스로 하는
아이가
행복하다

1 숙제할 시간을 충분히 주어라

학교에 다니는 동안은 누구나 숙제를 안고 산다. 1학년은 1학년대로의 숙제가 있고, 6학년은 6학년대로의 숙제가 있다. 숙제는 아이들이 처한 시기에 그만한 정도는 해야 하는 과제이고, 그만한 정도는 해결할 능력이 있어야 한다는 요구다. 그리고 숙제는 이미 공부한 것과 앞으로 공부할 것을 연결 짓는 징검다리다. 숙제를 통해서 복습이 되고, 예습이 된다. 그러니까 학습을 무리 없이 할 수 있도록 이끄는 윤활유인 셈이다.

아이들은 숙제를 해 나가면서 자신감을 갖게 된다. 문제 해결력이 생기고, 더 잘할 수 없을까 궁리하다 보면 창의력이 생긴다. 숙제를 하면서 인내심도 길러지고, 자기 관리 능력도 생긴다. 책임감도 숙제를 하면서 길러진다. 이렇게 숙제는 아이들에게 중요한 의미를 가진다.

그런데 부모 입장에서 아이들이 숙제하는 것을 보면 성에 안 찰 때가 많다. 느리고, 더디고, 어설퍼 보인다. 선생님 맘에 들게 잘해 가야 할 텐데 하는 부담도 생긴다. 어서어서 해치우고, 영어나 수학 등 다른 공부를 했으면 하는 생각에 마음이 급해지기도 한다.

이를 이기지 못하고 달려들어 숙제를 대신 해 주는 부모도 있다. 폼 나게 숙제를 해 준다. 이만하면 선생님도 잘했다고 하겠지, 수행 평가도 잘 맞겠지 생각하면서 아이를 학교에 보낸다. 특히 방학 숙제는 대신 해 주는 경우가 많다. 그래서 아이들의 개학이 다가오면 부모들이 분주해진다. 엄마들은 여기저기 현장학습을 다니느라 바쁘고, 회사에 출근한 김 부장, 이 과장도 인터넷을 뒤져 정보를 수집하고 복사하면서 업무 시간을 쓰기도 한다. 온 집안사람들이 아이의 숙제를 위해서 다 동원되고, 총력전을 펴는 셈이다. 거기다 아이들 숙제에 학원이 동원되기도 하는데, 미술 숙제는 특히 그런 경우가 많다.

가끔은 아이들이 혼자 하기에 어려운 숙제도 있다. 그리고 어려운 숙제가 아닌데도 아이에 따라서는 어려워할 수 있다. 그렇다고 부모가 나서서 대신 해 주면 안 된다. 숙제는 아이의 과제이고, 아이가 꾸려 가야 할 살림이다. 지켜봐 주고 곁에서 도움을 줄 수는 있지만, 어디까지나 숙제의 주인은 아이여야 한다. 아이도, 부모도 숙제는 잘해 가야 한다는 부담에서 벗어나야 한다. 잘하든 못하든 스스로 하는 능력부터 길러야 한다. 잘하는 것은 나중 일이다. 서툴고 어설프게나마 스스로 해 나가다 보면 조금씩 나아지고 잘할 수 있게 된다.

숙제를 대신 해 주는 것은 생각보다 폐해가 크다고 생각한다. 학습의 기회를 빼앗는 행위고, 아이의 능력을 무시하는 행위다. 맡겨진 일을 피하거나 무시해도 좋다는 생각을 심어 줄 수도 있다. 부모가 남을 속이라고 가르치는 결과가 된다. 그렇게 자란 아이는 이담에 목적을 위해서는 부정을 서슴지 않는 사람이 될 수도 있다. 또 자신의 일을 남이 해 주어도 괜찮다고 가르치는 격이 되어 아이에게 의타심을 심어 준다. 아이의 자립을 방해하는 요소가 된다는 거다. 그런 아이들은 성인이 되어서도 부모에게 의존할 수 있다. 부모를 자기의 뒤치다꺼리를 해 주고, 어려운 일을 해결해 주는 대기조로 생각할 수 있다. 결혼해서 가정을 꾸린 뒤에도 생활비를 타서 쓰는 어른으로 자랄 수 있다. 실제로 요즘에는 그런 캥거루족이 적지 않다고 한다. 다 부모가 만든 것이다. 어려서 숙제 지도만 잘해도 예방할 수 있는 문제라고 생각한다.

그렇다면 숙제 지도를 어떻게 해야 할까?

가장 중요한 것은 마음 놓고 숙제할 수 있는 시간을 주는 거다. 그런데 요즘 아이들은 집에 오기 무섭게 학원에 가야 하거나, 학습지 숙제를 한 다음 학습지 선생님을 맞아야 한다. 어떤 아이들은 집에 오기도 전에 학교 앞에서 대기하던 학원 차에 실려진다. 이 학원 저 학원을 헤매다 지쳐서 돌아온다. 그러다 보니 제대로 숙제할 시간이 없다. 잠자기 전에 꾸벅꾸벅 졸면서 하는 숙제가 즐거운 일이 될 수 없다. 지긋지긋한 과제가 된다. 숙제를 싫어하게 만들지 않으려면 아이들에게 숙제할 시간을 충분히 주어야 한다.

그런데 숙제는 가정학습이니까 학교 공부와는 다른 분위기에서 할 필요가 있다. 집에 와서 곧바로 하는 것보다는 좀 쉬었다 해야 효과적이다. 그리고 학원을 가도 되도록 숙제를 한 다음에 가는 것이 좋다고 생각한다. 학원이나 학습지는 과외수업이지 않은가! 과외 공부는 말 그대로 학교 공부를 한 다음 과외로 하는 공부여야 한다.

이렇게 말하면 '그럴 시간이 어디 있냐? 영어 학원도 가야 하고, 수학 학원도 가야 하고, 태권도 학원도 가야 하는데. 학원들이 문 닫기 전에 빨리빨리 갔다 와야 하지 않냐'고 반문할 것이다.

난 여기에 '학원을 몇이나 보내야 할까'에 대한 답이 있다고 생각한다. 숙제를 하고 난 다음에도 수강이 가능한 정도로 학원 수를 줄이는 거다. 그것이 학원 수의 적정선이 아닌가 생각한다. 그리고 요즘에는 학교 숙제가 그리 많지도 않다. 학교 선생님들도 아이들이 학원 다니느라 바쁘다는 것을 알고 있기 때문에 많이 내주지 않기 때문이다.

또 과외 공부를 잘하기 위해서도 숙제는 먼저 해야 한다. 숙제를 해야 마음이 홀가분해진다. 숙제에 대한 부담이 없어야 다른 것을 받아들일 준비가 되고, 또 흔쾌히 받아들일 수 있다.

'학원 끝나고 집에 가서 학교 숙제도 해야 하고, 일기도 써야 해. 그런데 학원 숙제는 또 언제 하나? 학습지도 밀렸잖아.'

이런 생각으로 짓눌려 있는 아이는 어떤 일을 해도 즐거울 리 없다. 어쩔 수 없이 하는 것이 되고, 그러다 보면 능률도 오르지 않는다.

올해 5학년인 수희 엄마는 말한다.

"매일 밤마다 아이와 숙제 때문에 실랑이를 벌였죠. 왜 빨리 못 하냐, 지금까지 왜 안 했냐, 어서 하라면서요. 그래도 밤 열두 시까지 숙제를 잡고 있는 날이 많았고, 숙제를 하다 잠드는 날이 많았어요.

그러다 보니 아침마다 난리가 났죠. 세수하고 밥 먹고 학교 가기도 바쁜데, 지난밤에 마치지 못한 숙제까지 해야 했으니까요. 겨우겨우 숙제를 마쳐 학교에 보내도 그게 끝이 아니었어요. 준비물을 안 가져왔다느니, 숙제를 책상에 놓고 왔다느니 하면서 전화가 왔거든요. 사실 아이도 놀면서 안 하는 건 아니었어요. 너무 바빠서 제대로 못 하는 거였어요. 그런데도 늘 아이만 나무랐던 거예요. 그래서 생각한 것이 학원을 줄이는 거였어요. 학교 공부에 도움이 되라고 보낸 전 과목 학원을 끊고, 영어와 수학만 다니게 했어요. 그래서 숙제할 시간이 충분했고, 여유롭게 할 수 있었죠. 그러자 학교 성적도 올라갔어요. 그러니까 나중엔 굳이 전 과목 학원에 다닐 일이 없어지더라고요. 생활에 규칙도 생기고, 질서도 잡히고, 공부도 스스로 하는 힘이 생긴 거예요. 밤마다 싸울 일이 없어져서 요즘 얼마나 행복한지 몰라요."

'숙제를 지금까지 왜 안 했냐'고 아이를 다그치기 전에 숙제할 시간을 충분히 주었는지부터 체크할 일이다.

2 아이의 **친구 관계**에 끼어들지 마라

아이를 적게 낳아서일까? 요즘은 아이들의 친구 관계에서도 어른들의 의욕이 넘친다. 너무 많은 에너지를 쏟고, 너무 적극적으로 개입하려 든다. 과한 생일 파티를 열거나 선물을 뿌려 돈으로 친구를 사 주려고 하는 부모가 있는가 하면, 아이들 간에 다툼이 있을 때 학교에 쫓아와 소란을 피우는 부모도 있다. 하지만 돈을 뿌린다고 아이에게 친구가 생기지 않는다. 3학년만 되어도 금품 살포를 인식할 줄 안다.

"우리 반 정현지, 걔 되게 못됐어요. 걔 신학기 초에는 되게 친절한 줄 알았어요. 자기 엄마가 돈 많이 줬다면서 떡볶이도 사 주고, 괜히 우리들한테 문방구에 가서 선물을 고르라고 했어요. 그때는 걔가 그냥 착한 앤 줄 알았어요. 근데 그게 선거 때문에 그런 거였어요. 걔 그렇게 해서 부회장 됐는데요, 선거 끝나니까 성격이 나오더라고요. 애들 욕하고, 흉보고 다니고, 만날 자기 집 잘산다는 자랑이나 해 대고, 걔 아주 재수 없어요."

아이들은 어른들이 자기들의 문제에 개입하는 것을 싫어한다. 다투었을 때 쫓아온 부모의 아이하고는 다시 놀려고 하지 않는다.

그것은 까마득히 먼 내 어린 시절을 돌이켜 봐도 그렇다. 그때 아이들도 '우리 엄마 아빠한테 이를 거야' 하는 말을 무척 싫어했다. 그런 말을 들으면 친구의 부모가 쫓아올까 봐 밤새 두려워 떨었다. 그런데 말만 그렇게 하고 그냥 넘어가면 문제가 해결되었다. 애들 싸움은 삼 일을 못 간다고, 며칠 지나지 않아 다시 어울려 놀곤 했으니까. 하지만 상대 엄마가 쫓아와 혼내거나 선생님한테 일러 혼나게 하면 그 애하고는 다시 놀려고 하지 않았다. 그런 애는 위험인

물이라고 판단을 내렸던 거다.

이처럼 잘 해결될 일도 부모들이 끼어들면 어긋날 때가 많다.

아이가 친구와 싸워 울고 들어오더라도 너무 속상해할 필요는 없다. 다른 아이는 또 내 아이 때문에 울면서 집에 갈 수도 있으니까 말이다. 다른 엄마가 많이 참았기 때문에 모르고 지나는 일이 한두 번이 아닐 것이다.

또 다신 얼굴도 보기 싫다고 절교해 놓고도 다음날이면 어깨동무를 하면서 헤헤거리는 것이 아이들이다. 그때마다 나섰다가는 바보 되기 십상이다. 그러니 조용히 지켜볼 일이다. 대신 친구를 탓하고 아이를 편드는 대신 아이의 마음을 다독여 주면 된다. '걘 그래서 그랬을 거야' 상대 아이 입장이 되어 생각하도록 유도해야 한다. '걔 입장에서는 네 행동이 기분 나빴을 수도 있을 거야' 하면서 아이의 닫힌 마음을 열고, 생각의 폭을 넓혀 주어야 한다. '다음에는 이렇게 해 보는 건 어떨까' 방법을 제시하고 의논하면서, 아이 자신이 친구와의 관계 개선을 위해 노력하도록 돕고 격려해 주어야 한다. 고민 상담자, 지지자가 되어야지 해결사가 되어선 안 된다는 얘기다.

엄마의 할 일은 아이가 친구들과 어울리도록 생활 속에서 기회를 주는 거다. 아이가 친구를 데려오면 귀찮게 여기지 말고, 환영해 주어야 한다. '공부해야 하는데 뭐 하러 왔지', '학원 가야 하는데' 하는 생각으로 냉정하게 대해 돌아가도록 하지 말아야 한다. 반갑게 맞아 주고 잘 대해 주면 아이들은 자신이 중요한 사람이라는 느낌을 갖게 된다. 어린 마음에도 '중요한 사람은 어떻게 행동해야 하는지'에 대한 그림이 마음속에 그려지게 마련이다. 그러다 보면 행동이 좋아지게 되어 다툴 일이 적어진다.

내가 초등학교 5학년 때다. 경님이라는 아이와 심하게 다툰 뒤 한 열흘이나 지났을까, 싸운 뒤라 아직 좀 서먹한 상태였는데 경님이가 와서 말했다.

"우리 엄마가 오늘 맛있는 거 해 준다고 했는데, 우리 집에 가서 놀래?"

반가웠지만 한편으론 걱정이 되었다.

'이렇게 날 유인해서 경님이 엄마가 혼내려는 건 아닐까?'

하지만 '맛있는 거 해 준다'는 미끼에 가슴 졸이며 경님이를 따라갔다. 그런데 경님이 엄마는 우리가 싸운 걸 전혀 모르는 것처럼 대해 주었다. 외동딸이 대판 싸우고 울고 들어갔으니 분명 알 텐데도 거기 대해서는 한마디도 하지 않았다. '어느 동네 사냐, 형제자매는 몇이고' 하는 질문만 했다. 경님이 엄마는 가슴 떨리는 순간을 그렇게 넘어가 주었다. 인절미 지짐이도 맛있게 해 주었다. 경님이 집을 나와 논둑길을 걸으며 얼마나 반성했는지 모른다. 지금 생각해도 경님이 엄마는 훌륭한 분이셨던 것 같다.

그런데 사람은 다투지 않고 살 수 없다. 각기 개성이 다르고 생각이 틀리기 때문에 다툴 수 있다. 아이들은 싸우면서 자란다는 말도 있듯이 다투지 않는 것만이 바람직한 건 아니다. 아이들은 친구와 부딪치고, 부대끼고 깨어지면서 사회생활을 경험한다. '그렇게 하면 다투게 되니까 그런 행동은 하지 말아야지'라든가, '이럴 땐 이렇게 하면 풀려' 하는 노하우가 생긴다. 부딪치고 깨어지면서 깨닫게 되고, 해결력이 생긴다. 이런 경험의 축적이 나중에 성인이 되었을 때 다 재산이 되는 거다.

러시아의 작가 도스토예프스키는 유년 시절 아버지가, 주위로부터 나쁜 영향을 받게 될까 봐 친구들과 어울리지 못하도록 했다고 한다. 그래서 어른이 되어서도 사람들과 원만하게 지낼 수 없었다고 한다. 그러니까 문제없이 무공해로 사는 것만이 좋은 것은 아니라는 의미다. 나이마다 겪을 수 있는 문제가 있는데, 그것을 경험할 기회를 빼앗지 말아야 한다. 그릇이 그만큼 커질 수 있다는 생각으로 길게 보고, 넓은 마음으로 대처해야 한다.

되도록 아이들 문제에 개입하지 않아야 하지만, 거기에도 데드라인은 있어야 한다. 그 기준은 왕따다. 아이가 왕따를 당하지는 않는지 유심히 관찰해야 한다.

아이가 왕따를 당한다 싶으면 차분히 원인부터 따져 보아야 한다. 그리고 아이가 사랑받고 있다고 느끼게 해 주어야 한다. '네가 그러니까 왕따를 당하지' 하는 식으로 상처에 소금을 뿌려선 안 된다.

하지만 안타까움에 너무 과잉보호로 흐르는 것은 문제다. 언젠가 신문 기사에서 왕따를 당하는 아이가 경호원을 대동하고 등교하는 모습을 본 적이 있다. 오죽하면 저랬을까, 부모 심정은 이해하지만 아이가 홀로 설 수 있는 방법을 찾는 것이 더 바람직하지 않을까 생각한다. 아이의 친구들을 적대시하고 세상에 담을 쌓기보다는, 아이가 친구들과 어울릴 수 있는 방법을 찾아야 한다. 그러면서 양면 작전으로 의기소침해 있을 아이에게는 칭찬과 격려를 해 자신감을 심어 주어야 한다. 많은 경우에 자신감 부족이 왕따의 원인이기도 하기 때문이다.

그리고 아이를 키우는 부모로서 우리가 놓치지 않아야 할 것은 자신의 아이도 왕따의 가해자가 될 수 있다는 거다. 그것을 예방하고 막기 위해서라도 아이의 교우 관계에 관심을 가져야 한다. 오늘의 가해자가 내일의 피해자가 될 수 있고, 어떤 부모라도 자신의 아이가 남을 괴롭히는 가해자가 되길 바라진 않을 테니까 말이다. 내 아이로 인해 다른 아이가 상처받고, 다른 부모가 잠 못 이루고 있다는 것은 생각만 해도 두렵고 끔찍한 일 아닌가!

3 식탁에서 손드는 아이

큰아이가 기숙사 생활을 하는 학교에 다녔기 때문에 토요일에만 집에 왔다. 그러다 보니 토요일이면 아이와 밀린 얘기를 하느라 바빴다. 학교생활, 건강 문제 등 할 말도 많고, 물을 것도 이만저만 많은 게 아니었다. 또 아이가 대학 진학을 앞두고 있다 보니 식탁에서까지 대학 진로 문제를 이야기하는 일이 잦았다. 그러다 보니 초등학교 4학년이던 둘째는 불만이 많았다.

"언니만 오면 만날 수능이 어떻고 내신이 어떻고, 의대가 어쩌고 공대가 어쩌고, 그런 얘기만 하니까 전 싫어요."

그럴 때마다 큰아이와 우리 부부는 한마디씩 했다.

"언니 지금 중요한 얘기하는 것 모르니? 넌 좀 조용히 있어."

"그래. 언니는 다른 땐 기숙사에 있으니까 함께 이야기할 시간이 없잖니."

"언니는 고등학생이라서 수능이니 대학이니 하는 게 중요한 문제야. 엄마 아빠랑 의논해서 결정할 게 많거든. 그리고 넌 만날 엄마 아빠랑 있으니까 얘기 충분히 하잖아."

그럴 때마다 둘째는 뾰로통해서 말했다.

"난 그런 데 별로 관심 없고, 딴 얘기 하고 싶은데."

"너 가만히 좀 있으라고 했잖아."

큰아이는 대화가 자꾸 끊기는 것에 짜증이 났는지 작은아이를 나무랐다. 그런데도 아이는 자꾸 끼어들어 자기 친구들 얘기를 하고, 제 주변 얘기를 했다. 어떻게든 한마디라도 더 하고 싶은지, 발언 기회를 잡으려고 눈을 반짝였다.

발언 기회를 잡기가 여의치 않으면 '나도 말해도 돼요?' 하고 물었다. 마지못해 '그래' 하고 허락해 주면 '에이, 할 말 있었는데 말을 못 하게 하니까 다 잊어버렸잖아요' 하거나 '내 친구 우지현은 요……' 하면서 엄마, 아빠, 언니가 하던 얘기와는 동떨어진, 생뚱맞은 얘기를 꺼냈다. 그쯤이면 큰아이 입에서 '너 지금 왜 그러는 거냐?' 는 호통이 떨어졌다.

그날도 토요일이었다. 여느 토요일처럼 우리 부부와 큰아이는 식탁에 앉자마자 학교생활, 진로 문제 등의 말을 주고받느라 정신이 없었다. 식탁 한 켠에 작은아이가 있다는 것을 잊은 채, 아니 좀 더 솔직히 말하면 있지만 없다고 생각하기로 맘먹고, 그 아이와는 상관없는 얘기로 열을 올렸다. 오늘은 제발 끼어들지 말고 잠자코 있었으면 하는 바람으로 일부러 작은아이 쪽으로는 시선도 주지 않은 채.

얼마나 지났을까. 그런데 작은아이 손이 번쩍 올라가는 것이 아닌가! 우리 세 사람은 하던 얘기를 계속했다. 그런데도 작은아이가 들고 있던 손을 내리지 않았다. 얘가 지금 겨드랑이가 가렵다는 거야 뭐야, 생각하면서 귀찮은 듯 물었다.

"왜 그래?"

"저도 할 말 있어서요."

할 말 있다고 식탁에서 손을 번쩍 들고 있는 아이 모습이 귀엽고 재미있어 한참이나 웃었다.

"여기가 학교니? 손을 들게, 하하하."

하지만 한참 웃고 나자 반성이 되었다. 얼마나 말을 하고 싶고, 엄마 아빠 언니가 얼마나 말할 기회를 주지 않았으면 손을 들었을까! 세 사람이 아이한테 저지른 행동이 후회되었다. 어리다고 동등한 발언권을 주지 않은 것이 부끄러웠다.

아이들은 하고 싶은 말이나 궁금증이 많다. 태어난 지 얼마 안 돼 세상을 하나하나 알아 가는 시기니 물을 것도 많고, 하고 싶은 말도 많을 것이다. 그런데도 우리 어른들은 말을 막을 때가 있다. 잠자코 있으라거나, 조용히 있으라는 말을 쉽게 쏟아 낸다.

어른들은 아이들이 말을 잘 듣기를 원한다. 하지만 생각해 보면 말을 잘 들어야 할 사람은 어른들이다. 아이들한테 말하게 하고, 아이들의 말을 잘 들어야 한다. 그리고 아이들 말을 잘 들어 주어야 아이들에게 듣는 힘도 생긴다. 남의 이야기를 귀담아들을 줄 알고 언제 끼어들어야 할지, 발언 기회를 잡을 줄도 알게 된다.

하고 싶은 말을 못 하게 막으면 말의 씨앗이 죽는다. 소극적이 된다. 자발적이고, 창조적인 생각을 누르는 결과가 되어 결국에는 '생각 없는 아이'가 된다. 어느 순간이든, 어느 상황이든 아이들에게는 말길(언로)이 열려 있어야 한다. 아이의 말에 귀 기울여 주고, 아이의 질문에 성실하게 대답해야 한다. 말의 씨앗을 자꾸 뿌려 주고, 말하고 싶은 욕구를 느끼도록 질문을 던져 말을 하도록 자극하고 격려해야 한다. 되도록 '말 많은 아이'로 만들어야 한다.

말은 곧 대화고, 토론이다. 아이들은 말하면서 혼자 힘으로 생각하고 논리를 전개하는 능력이 생긴다. 자신의 생각을 종합해서 말할 수 있는 지적 능력이 개발된다. 맘껏 말하면서 자란 아이는 유머와 위트도 풍부해 주변 사람들에게 행복을 선사한다.

그런데도 우리 부모들은 '가만히 있어라', '조용히 해라', '잠자코 좀 있어라' 하면서 말길을 막는다. 말의 씨앗이 자라나는 것조차 짓밟는 때가 많다. '꼬박꼬박 말대꾸하기는' 하면서 아이들이 말하는 것을 괘씸해하기까지 한다.

왜 그럴까? 게으르고 이기적이어서 그런 것이 아닐까 생각한다. 남의 의견을 듣고 서로 의견을 조율하고 하는 과정이 귀찮고, 자기 마음대로 할 수 없는 데서 짜증이 나는 것이다. 또 입을 막는 것은, 편하게 관리하고 지배하고 싶은 심리의 표출이기도 하다. 그래서 독재자가 되어 복종을 강요하게 되는지도 모른다. 하지만 아이들은 관리의 대상도, 독재의 대상도 아니다.

아이들을 키우다 보면 부모라는 책임감과 중압감으로 자기도 모르게 순간순간 독재자가 될 수 있다. 그러지 않으려면 '내가 지금 아이를 관리하려고 드는 건 아닌가', '아이한테 지금 독재정치를 하고 있는 건 아닌가' 수시로 점검해야 한다.

말하게 하면 저절로 풀리는 문제가 많다. 가족 간의 대화 부족으로 생겨나는 문제, 토론 능력의 부족도 말하게 하면 자연 해결된다. 거기다 좀 욕심을 보태 아이의 가슴에 말의 씨앗을 뿌려 주고, 북돋워 주고, 잘 자라도록 격려해 준다면 더 바랄 게 없겠다.

　말의 씨를 뿌리는 것은 어렵지 않다. '~하는 건 어떨까?' 하는 식의, 뒤가 열린 질문을 하는 것이 그 시작이다. 간단한 질문 하나로 생각이 열리고 말꼬가 터져, 대화가 되고 토론이 된다.

4　하루 30분은 아이를 교사로 모셔라

　아이들은 늘 뭔가를 배워야 하고, 배우는 입장에 있다. 물론 새로운 것을 배우는 데서 느끼는 기쁨도 크다. 하지만 그로 인한 스트레스도 만만치 않다. 또 늘 배우는 입장에만 있다 보면 소극적이 되고, 수동적이 될 수도 있다.

　아이의 이런 처지를 어루만져 주고, 능동적으로 만들 생각으로 내가 고안한 것이 있다. 역발상으로 늘 배우는 입장에 있고, 배워야 하는 아이를 교사로 모시는 거다.

　"엄마는 어릴 때 피아노를 배우지 못해 도레미파솔라시도밖에 칠줄 몰라. 엄마도 멋있게 피아노를 치고 싶은데 칠 줄 모르니, 원. 피아노가 집에 있으면 뭐 해? 한 번 앉아 보지도 못하고, 만날 청소만 하는데. 엄마한테 피아노 좀 가르쳐 줄래?"

　순간 아이는 피아노도 못 치는 가련한 엄마에 대한 동정심을 보였다. 하지만 이내 엄마보다 잘하는 것이 있다는 데서 아이는 기쁨을 느끼는지 눈이 반짝반짝 빛났다.

"오늘부터 하루 30분씩 엄마한테 피아노 레슨 해 줄게요."

아이는 벌써 피아노 선생님이 된 듯 목을 뻣뻣이 세우고 말했다.

아이들한테 배우다 보면 교수법이 형편없을 수도 있다. 그리고 며칠 가지 못해 흐지부지될 수도 있다. 하지만 기회를 주는 것이 필요하다. 아이들은 그 속에서 느끼는 바가 많기 때문이다.

아이들을 교사로 모시는 건 '역할극'의 효과도 있다. 아이들은 부모를 가르치면서 선생님의 입장이 되고, 부모의 입장이 된다. 가르치는 것이 쉽지 않는다는 걸 알게 된다. 알고 있는 것과 가르치는 것 사이에 놓인 갭에 대해서도 생각할 것이다. 자신의 표현력이 부족하다는 것을 느끼고, 좀 더 잘해 보려고 노력할 것이다. 늘 자신을 가르치는 입장에 있는 선생님과 부모의 애로 사항에 대해서도 알게 될 것이다. 그러면서 그분들에 대해서 감사하는 마음이 싹트고, 배우는 것을 소중히 여기는 마음이 생길 것이다. 잠시나마 가르치는 입장이 되면 모든 것을 잘하고, 너무 많은 걸 알고 있는 어른에게서 느끼는 무력감을 누그러뜨리고 완화시킬 수 있다. 자기 안에 잠재된 힘을 느낄 수 있는 중요한 기회가 된다.

이렇게 역할을 바꿔 보는 것은 부모 입장에서도 도움이 된다. 돈대 주면 무조건 잘해야 하고, 잘하는 게 당연한 것 아니냐고 부모들은 생각한다. 학원 보내 줬는데 왜 열심히 안 하나, 때로는 괘씸해하기도 한다. 하지만 스스로 배우는 입장이 되어 보면 배우는 것이 쉽지 않다는 걸 느끼게 된다. 늘 이것저것 배워야 하는 아이 입장이 되어 보는 것 자체만으로도 좋은 경험이 된다. 입장 바꿔 생각하기를 경험한 부모는 아이에게도 관대해진다.

그리고 실제로 아이를 통해 부모가 새로운 기능을 배우는 기회가 되기도 한다. 휴대전화나 컴퓨터의 새로운 기능 조작이라든가 피아노, 종이접기 등 아이들이 어른보다 적응력이 뛰어나고, 더 잘 아는 부분이 적지 않다.

"우리 ○○, 종이접기 잘한다!"

"제가 가르쳐 드릴까요?

굳이 가르쳐 달라고 하지 않아도 아이 편에서 먼저 나설 때가 있다. 늘 배우는 것이 일인 아이들에게는 반대로 가르치고 싶은 욕구가 있나 보다. 그럴 때는 하찮게 여기지 말고 가르쳐 달라고 해야 한다.

어느 땐 사실 말도 안 되는 것을 가르쳐 주겠다고 나설 때도 있다. 언뜻 떠오른 바를, 머릿속에서 아직 정리되지도 않은 것을 가르쳐 준다고 나서기도 한다.

우리 집 둘째는 수시로 '스트레칭'을 가르쳐 주겠다고 나섰다. 바쁘기도 하고, 귀찮기도 해 거절하곤 했다. '엄마, 지금 바빠', '아빠 신문 봐야 하니까 나중에 하자' 면서 그 순간을 피했다. 실은 '뭘 가르칠 수 있고, 뭘 배우겠냐' 하는 생각이 깔려 있었다. 그때마다 '난 스트레칭 잘 가르칠 수 있는데' 하면서 뾰로통한 채 돌아서는 아이 모습이 좀 안돼 보이긴 했다.

그런데 매번 그렇게 거절을 당하면서도 아이는 포기하지 않았다. 아이는 거실을 깨끗이 치워 놓고는 가족들에게 '스트레칭 강습 회원권'을 만들어 돌리곤 했다. 옷도 스포츠 댄스 용 옷으로 갈아입고, 머리 올리고, 화장까지 하고 기다릴 때는 가엾어서 안 할 수가 없었다. 그래서 한 번 따라 했다. 그런데 하찮게 여길 일이 아니었다. 제법 잘하고 잘 가르쳤다.

"무릎을 굽히지 말고, 이렇게 쫙 펴 주세요. 고개는 들고요. 그러면 여기 다리 아래 근육이 펴지면서 시원해지거든요. 쭉쭉, 벌써 시원함이 느껴지죠?"

전문 스트레칭 강사인 척하는 모습도 재미있었다. 물론 전문가 입장에서 보면 엉터리 강의였을 것이다. 하지만 한 2, 30분 따라 하자 안 한 것보다는 훨씬 나았다. 아랫배가 좀 들어간 것 같기도 했다.

지금도 큰아이는 제 동생의 스트레칭 강의에 참여하지 않는다. 내놓고 말하진 않지만 '너, 나한테 장난하냐'는 눈빛이다. 하지만 우리 부부는 아이가 호출하면 즉각 임하고, 어느 땐 먼저 제안하기도 한다.

"몸이 찌뿌드드한데, 스트레칭 강습 좀 해 줄래?"

그러면 아이는 지쳐 있다가도 생기가 돈다. 아주 열심히 가르쳐 준다. 어느 땐 아이의 성의에 보답하고자 일부러 묻는다.

"다리를 펼 때도 고개를 들어야 하나요?"

"다리를 벌릴 때 손을 어떻게 해야죠?"

그러면 아이는 더욱 신이 나 열강을 한다.

그런데 그게 스트레칭 한 가지로 끝나지 않았다. '옷 코디 실력이 좋다'고 해 주었더니 그 다음부터는 외출할 때마다 코디네이터라도 된 듯 옷을 골라 준다.

어쩌다 한 번 청소해 놓은 것을 보고 '우리 영이는 인테리어 감각도 있네' 했더니 요즘에는 집안 꾸미기에 열을 올리고 있다. 사실 분위기가 바뀌어 좋아질 때도 있지만, 어느 땐 집 안이 더 엉망이 되기도 한다. 하지만 '이게 바로 애 키우는 행복이지 뭐겠어. 좀 크면 하라고 그래도 하지 않을 거야'라고 생각하며 그 시간을 즐기려고 한다.

'아이들은 부모들을 가르치기 위해서 내려온 천사'라는 말을 들었을 때 예전에는 순수함, 순진함, 맑음, 동심 같은 것을 생각했다. 그런데 아이를 교사로 모시면서 바뀌었다. 아이들한테 받는 가르침을 거기에 한정시킬 필요는 없다고 생각하게 된 거다. 그 밖에도 배울 것이 많고, 배우면 좋은 게 많기 때문이다.

5 일기는 아이들의 고유 영토다

매일 집집마다 일기를 둘러싸고 실랑이가 벌어진다. 오늘은 뭘 쓸까, 이것도 일기라고 썼냐, 지금까지 안 쓰고 뭐 했냐, 지금 몇 시간째 붙들고 있는 거니, 좀 일찍 쓰면 안 되니? 등등.

중학교 1학년인 정현이는 말한다.

"중학교 들어가니까 일기 쓰라고 안 하니까 정말 살겠어요. 전 초등학교 때 일기 쓰는 게 제일 싫었거든요. 쓰기 싫어 죽겠는데 안 쓰면 학교 가서 혼나고, 저녁마다 엄마는 일기 쓰라고 볶아 대고. 학교 숙제, 학원 숙제 하다 보면 일기를 젤 나중에 쓸 때가 많았는데 늦게 쓴다고, 빨리 못 쓴다고 혼났어요. 다 못 쓰고 잠드는 날도 많았어요. 그런 밤이면 잠도 편히 잘 수 없었어요. 일기 걱정 때문에요. 그런데 중학교에 가니까 일기가 없어진 거예요. 정말 너무너무 행복해요. 물론 중학교 가니까 공부할 것도 많고, 과목마다 선생님이 따로 있다 보니 숙제 양도 초등학생 때보다 훨씬 많아요. 내용도 초등학생 때보다는 어려워졌고요. 하지만 일기 쓰는 것보다는 나아요. 별로 쓸 거리도 없는데, 매일매일 일기를 써야 할 때마다 느꼈던 괴로움을 생각하면 지금은 정말 해방이에요, 해방."

아이들이 느끼는 일기에 대한 부담이 얼마나 큰지 짐작이 간다.

그렇다고 초등학생 시기에 일기를 안 쓸 수도 없다. 초등학생 시기는 모국어의 네 가지 기능(말하기, 듣기, 읽기, 쓰기)을 중점적으로 익히는 과정이고, 네 기능을 병행해서 익혀야 언어능력이 균형을 이루며 종합적으로 발달한다. 물론 쓰는 능력은 다른 과목이나 과제를 통해서도 배양이 된다. 하지만 매일매일 쓰는 일기를 통해 익히는 방법이 가장 효과적이다. 그런데도 아이들은 여전히 일기 쓰는 것을 싫어하고, 부담을 느낀다.

그렇다면 어떻게 일기 지도를 할까? 어떻게 아이들의 부담을 줄여주고, 일기를 통해 자연스럽게 글쓰기 실력을 배양할 수 있을까?

매일매일 가정에서 벌어지는 실랑이를 살펴보면 바로 거기에 답이 있다.

큰아이가 초등학생일 때다. 밤 늦게까지 일기를 잡고 있는 것이 싫어 학교에서 돌아오자마자 일기부터 쓰라고 했다.

"벌써 일기를 쓰라고요? 좀 더 살아 봐야 일기를 쓰죠."

"학교에서 있었던 일을 쓰면 되잖아."

"아직 쓸 얘기 없어요. 좀 더 살아 보고 쓸게요. 좀 있다 얘기가 생길지 모르잖아요."

"몇 시간 더 산다고 특별한 얘기가 생기겠니? 지금 써 놓으면 홀가분하잖아. 정 쓸 게 없으면 엄마가 제목 정해 줄까?"

"엄마, 제발 참아 줘요. 일기는 살면서 느끼는 게 있어야 쓰는 거잖아요. 지금 살고 있으니까 조금 기다리면 나올 거예요."

난 이렇게 아이에게 조용히 한 방 얻어맞고 말았다.

우리 엄마들은 일기 쓰는 시간을 정해 주기까지 한다. '학습지 풀었으니까 일기 써라' 하는 식으로, 식당에서 음식 주문하듯 일기를 주문한다. 그리고 아이가 바로 써내지 않으면 왜 이렇게 늦냐고 혼낸다. 하지만 일기는 식당에서 언제든지 주문하면 나오는 음식이 아니다. 정신적인 작업이기 때문에 쓰고 싶은 때가 있고, 쓰고 싶은 때

써야 잘 써지고 괜찮은 작품이 나온다. 되도록이면 엄마들 마음대로 시간을 정해 주문하지 않아야 한다. 아이들이 쓸 마음의 준비가 되기를 기다려야 한다. 일기장을 잡았다 해도 글은 국수 빼는 기계에서처럼 흘러나오지 않는다. 머릿속에서 가닥이 잡혀야 하고, 실타래를 풀어야 하고, 장면을 떠올려야 하고, 그것을 표현할 수 있는 말을 찾아내는 복잡한 과정을 거쳐야 비로소 글이 되어 나온다. 매일매일 쓰는 일기지만 아이들은 작가들이 창작 과정에서 겪는 스트레스를 다 겪고 있는 셈이다. 그러니까 빨리 써내라고 재촉하지 않음은 물론, 시간을 넉넉히 주어야 한다.

그런데 요즘 아이들은 학원이나 학습지 등 과외 공부에 파묻혀 있어 일기에 할애할 수 있는 시간이 많지 않다. 또 부모들도 일기에 많은 시간을 투자하는 것을 원하지 않는다. 빨리빨리 해치우고, 영어나 수학 공부를 하길 바란다. 창작의 어려움에다 시간까지 촉박한 글쓰기를 강요당하고 있는 셈이다. 직업별로 보면 기자들의 생명이 가장 짧다고 한다. 늘 글을 써야 하는데다, 시간에 쫓기면서 써야 하기 때문에 스트레스를 많이 받아서 그렇다고 한다. 아직 다 성장하지도 않은 아이들에게 기자의 고충을 겪게 해서는 안 된다.

수민이는 평상시에는 글씨체도 예쁘고, 맞춤법도 잘 지킨다. 그런데 일기장만 잡으면 글씨체가 흐트러지고, 철자가 틀린다. 조사를 빼먹기도 하고, 접속사가 빠져 있기도 하다. 수민이 엄마는 수민이의 일기장을 볼 때마다 불만이다.

"4학년이나 된 애가 어쩜 지금까지 철자를 틀리니? '은, 는, 을, 를'도 제대로 구분하지 못잖아. 그리고 글씨체는 이게 뭐야. 도대체 읽을 수가 없네. 다른 때는 안 그러면서 왜 일기장만 잡으면 글씨가 날아가니. 뒤에서 누가 쫓아오기라도 하니?"

"엄마, 일기 쓸 때는 글씨가 삐뚤빼뚤하든 글자가 좀 틀리든 뭐라 하지 마세요. 그런 것 생각하다 보면 머릿속에서 생각이 달아날 때가 많거든요. 쓸 때는 생각을 붙잡는 게 더 중요해요. 안 그러면 놓쳐 버리니까요. 그러니까 일기 쓸 때는 글씨가 틀려도 뭐라 하지 마세요. 다른 과목에서는 안 그러잖아요."

"그래도 차분하게 쓰면 좀 좋아."

어른들은 일기 쓰는 것을 하찮게 생각하지만, 일기도 엄연히 창작이다. 창작하는 순간의 긴박함과 열기를 몰라주면 안 된다. 수민이 말대로 글씨체니, 빠진 글자, 맞춤법은 창작의 순간에는 그리 중요하지 않다. 그런 것은 나중에 챙겨도 된다. 창작을 할 때는 창작의 흐름을 타는 것이 중요하다. 글의 맥을 놓치지 않아야 한다. 그러니까 일기 쓸 때만은 맞춤법에 연연하지 말고, 창작의 열기에 푹 빠져들 수 있도록 아이를 놔주어야 한다.

초등학교 2학년인 현진이는 내용 때문에 엄마한테 가끔 지적을 받는다.

"엄마 아빠가 남들 흉보고, 부부 싸움 했던 것까지 일기에 시시콜콜 다 쓰면 어떡하니? 선생님이 엄마 아빨 어떻게 생각하겠어? 쓸

말 안 쓸 말을 좀 가릴 줄 알아야 할 것 아냐. 넌 어째 그런 눈치도 없니?"

그럴 때마다 현진이는 혼란스럽다. 학교 선생님은 늘 솔직하게 쓰는 것이 가장 중요하고, 좋은 글이라고 말하기 때문이다. 가정사가 드러나 좀 창피를 당할지라도 엄마가 내용을 상관하는 것은 바람직하지 않다. 그것은 검열이나 마찬가지다. 또 내용을 지적하는 것은 글의 싹을 짓밟고, 아이들의 의식을 방해해 글 길을 막는 행위다.

일기 쓸 때만은 시간이든, 맞춤법이든, 내용이든 아이들에게 맡겨두어야 한다. 일기만은 아이들의 고유 영토로 남겨 두어야 한다. 아이들이 맘껏 뛰놀 수 있는 창작 놀이터로 인정하고, 독립성을 보장해 주어야 한다. 그것만 실천해도 아이들이 일기에서 느끼는 부담을 상당 부분 덜 수 있다. 그리고 글도 훨씬 좋아질 것이다.

6 즐겁게 먹으면 '쫀드기'도 보약이 된다

아이스크림 하나 사 먹을 때마다 일일이 허락을 받아야 하는 아이도 있지만, 가게에 가서 아이스크림을 사 먹을 수 없는 아이도 있다.

"우리 엄마는 슈퍼에서 뭘 사 먹지 못하게 해요. 엄마가 집에 사 놓은 것만 먹으래요. 난 내가 직접 돈 내고 사 먹고 싶은데요."

아이들이 군것질을 위해 가게를 들락거리는 것을 좋아하지 않는 엄마들이 있다. 그래서 아이들이 먹는 과자를 집에 사다 두고 먹게 한다. 되도록 가게를 들락거리지 않도록 하려는 배려다. 하지만 아이들은 직접 돈 내고 사 먹는 것을 좋아한다.

군것질의 사전적인 의미는 '군음식을 먹는 일'이다. 군음식은 '그리 요긴하지 않은 것, 쓸데없는 것, 없어도 되는 것'이다. 그래서일까. 엄마들은 군것질에 대해서 인상이 그리 좋지 않다. 건강과 위생에 대한 염려 때문이기도 하다.

"저희 엄마는 캔디나 비스킷 같은 걸 못 먹게 해요. 캔디는 설탕 덩어리라서 몸에 안 좋고요, 비스킷 같은 과자는 기름에 튀겨서 안 좋대요. 엄마가 집에서 해 주는 것만 먹으래요. 그러면서 감자나 고구마 같은 걸 쪄 줘요. 그리고 과일 주스 그런 것만 자꾸 먹으라고 해요. 웰빙 엄마예요, 웰빙 엄마. 전 감자나 고구마, 과일 같은 웰빙 음식도 좋지만, 과자도 먹고 싶어요. 과자 먹고 싶어 죽겠다고 하면 어떻게 하는 줄 아세요? 무설탕 비스킷이나 건빵 같은 걸 사 와요. 근데 그런 건 진짜 맛없잖아요. 그래서 전 너무 먹고 싶을 땐 학교에서 오는 길에 사 와 방에 숨어서 먹어요. 그러다 저번에 걸려 엄청 혼났어요. 그래서 요즘은 몰래 밖에서 사 먹고 들어와요."

아이들 건강을 생각해 몸에 좋은 것을 먹이고 싶은 게 부모의 마음이다. 실제로 몸에 좋지 않은 군것질거리도 많다.

"학교 앞 문방구에서 파는 불량 식품들 있잖아요. 쫀드기나 라면땅, 별캔디, 뭐 그런 거요. 전 그런 것 먹으면 엄마한테 엄청 혼나요.

하지만 전 그런 불량품도 먹고 싶어요. 가격도 얼마나 싼지 몰라요. 대개가 100원이고, 비싼 게 300원이에요. 요즘 슈퍼에는 그렇게 싼 게 없잖아요. 1,000원만 있어도 친구들한테 한턱 쏠 수 있어서 좋아요. 그리고 포장지나, 회사 이름 같은 게 얼마나 웃긴지 몰라요. 되게 촌스러운데, 그래서 더 재미있어요. 엄마는 그런 것 먹으면 배 아프다고 펄쩍 뛰지만, 전 어쩌다 한 번씩 사 먹어요. 그런데 배 아프지 않더라고요. 엄마 아빠도 그런 것 먹으면서 자랐다면서, 왜 그렇게 못 먹게 하는지 몰라요. 그런 것 먹고 살았지만, 지금까지 건강하게 잘살고 있으면서."

늘 그래 왔듯이 아이들 주변에는 불량 음식이 있다. 식품 첨가물이나 제조사의 지명도, 포장 상태의 조악함을 보면 먹고 싶지 않은 것이 당연하다. 그런데도 아이들은 먹고 싶어 한다. 그보다 좋은 것이 집에 쌓여 있는데도, 아이들은 쫀드기 같은 걸 사 먹는다.

왜 그럴까? 불량 식품을 사 먹는 건 아이들에게 재미인 것 같다. 어쩌다 한 번씩이지만 가난이 배어 있는, 촌스럽고 조악한 것에 끌리는 것 같다. 그리고 어른들이 못 먹게 하니까 더 끌리는 것 아닌가 하는 생각도 든다.

기억을 더듬어 보면 지금 부모들이 그만한 나이였을 때에도 그런 것을 즐겨 먹었다. 물론 그때는 별다른 군것질거리가 없어서 먹었다. 하지만 그때 부모들도 '쓸데없이 몸에도 좋지 않은 걸 왜 사 먹냐'고 핀잔을 주고, 사 먹지 못하게 말렸다. 그런데도 굳이 사 먹고는 했다.

아이들은 예나 지금이나 어른들이 하지 말라는 걸 해 보고 싶은 욕구가 있는 것 같다. 호기심이기도 하고, 부모의 품을 벗어나 한 걸음 한 걸음 자아를 구축해 나가고 싶은 욕구의 표현인 것도 같다. 그 싹을 존중해 주는 의미에서 좀 너그럽게 봐줄 필요가 있는 것 같다.

몸에 안 좋은 것을 먹는데, 안 좋은 게 내 자식 몸으로 들어가는데 엄마가 어떻게 가만있냐고 반문할지 모른다. 하지만 너무 불안해할 것 없다. 아이들은 계속 사 먹으라고 해도 사 먹지 않는다. 입맛이 고급화되어 계속 먹을 수도 없다. 어쩌다 한 번 끌릴 뿐이니, 과민하게 반응할 필요 없다는 거다. 오히려 무조건 금지하는 것이 집착을 낳을 수 있으니까.

또 '쫀드기' 한두 번 먹었다고 큰일이 나는 것도 아니다. 어른들이 담배나 술 먹는 것에 대면 그 폐해가 미미하다. 그러니 즐겁게 먹으면 '쫀드기'도 보약이 될 수 있다는 생각으로 눈 딱 감고 봐주는 것이 어떨까.

초등학교 6학년인 나리는 늘 부담감에 시달린다.

"엄마는 꼭 필요한 돈만 줘요. 책값, 준비물 같은 걸 살 돈만요. 그래서 만날 다른 애들한테 얻어먹게 돼요. 애들이랑 떡볶이, 순대, 그런 걸 가끔 사 먹거든요. 그런데 난 한 번도 사 줄 수가 없어요. 돈이 없으니까요. 돈 있으면 괜히 몸에 안 좋은 걸 깨작거리고 다닌다면서 안 주거든요. 아이들이 사 주는 걸 먹을 때는 맛있어서 좋지만,

헤어질 때는 맘이 편치 않아요. 나도 언젠가 사 주어야 할 텐데, 그런 생각 때문에요. 애들이 날 만날 얻어먹는 아이로 생각하는 건 아닌가, 그런 걱정도 들어요."

어른들이 친구들과 차를 마시고 술을 마시며 친구를 사귀듯, 아이들에게 군것질은 일종의 사교 수단이고, 방법인 것 같다. 아이들은 초콜릿을 빨며 친구를 사귀고, '쫀드기'를 물어뜯으며 우정을 쌓아간다. 먹는 즐거움과, 함께하는 기쁨을 나누는 것이다.

이렇듯 아이들에게 군것질은 단순히 먹는 행위가 아니다. 생활인 동시에 욕구의 표현이기도 하다. 그러니까 어른들 시각으로 말리고 보호해야 한다는 생각에서 무조건 금지만 해선 곤란하다. 아이들의 행복권을 침해할 수 있기 때문이다.

7 아이들도 혼자 있는 시간이 필요하다

아이들이 또래와 잘 어울리느냐, 어울리지 않느냐는 부모들의 주요 관심사다. 학교 선생님을 만나서도 빼놓지 않고 하는 질문은 "우리 아이가 아이들하고 잘 어울리나요?"다. 유치원에서나 학교에서나 아이가 혼자 있는 모습이 보이면 엄마들은 불안하다.

'왜 저러고 있는 거지? 혹시 왕따는 아닐까? 사회성이 떨어지는지도 몰라. 그러면 이담에 커서 사회생활이 힘들 텐데. 부적응자가 될

수도 있고, 남보다 먼저 해고를 당할지도 몰라. …… 단순히 사회성
이 떨어지는 정도에 그치지 않고, TV에서 본 아이처럼 자폐증이 있
는지도 모르겠는데. 그 아이 엄마도 처음에는 그냥 혼자 있는 걸 좋
아하나 보다고 생각했다고 하잖아. 그러니까 유심히 살펴야 해.'

걱정은 끝 간 데 없이 펼쳐진다.

집에서도 마찬가지다. 엄마들은 공부할 때가 아니면 아이가 혼자
있게 내버려 두지 않는다. 혼자 있는 것을 못 본다. 뭐 하냐, 왜 그러
고 있냐며 끼어들고 방해한다. 밖에 나가서 친구들이랑 놀라고 재촉
한다. 어느 땐 친구를 데려오라고 하기도 하고, 불러다 주기도 한다.
무슨 문제가 있는 거냐며 도와주고 싶어 한다. 아이는 그저 혼자 있
고 싶을 뿐 아무 문제가 없는데도 안달한다.

아이들은 늘 떼로 뭉쳐 있어야 하는 벌이나 개미가 아니다. 늘 명
랑하고 왁자지껄하게 어울려 다녀야 한다고 생각하는 것은 우리 어
른들의 편견이다. 늘 누군가와 함께 있고 어울려야 정상이라고 생각
하는 것은 오해다. 혼자 책을 읽고, 음악을 듣고, 그림을 그리고, 명
상에 빠지는 아이가 건강한 아이다. 때로는 혼자 있을 때 더 좋은 해
결책이 찾아지기도 한다. 홀로서기의 싹도, 자립심도 혼자 있는 가
운데서 자라난다.

어찌 보면 어른들보다 혼자 있는 시간이 더 필요한 것이 아이들이
다. 하루하루의 성장이 빠르고, 배우는 것이 많은 아이들은 가끔씩
물러나 자기 시간을 가질 필요가 있다. 생각 없이 따라가고, 끌려가

기보다는 혼자 생각하면서 숨 고르기를 해야 한다. 하나하나 알아가는 세상사에 대해서 소화 시간이 필요하고, 자기 나름대로 해석하고 정리할 시간이 필요하다. 그러고 나서 다시 세상의 대열에 합류하는 것이 정신없이 휩쓸려 가는 것보다 알차다. 내면에 에너지를 저장하는 충전 시간이 필요하다는 거다. 앞으로 나아갈 수 있는 추진력, 진취력도 여기서 나오니까.

아이들은 혼자 있는 시간을 통해 성장한다. 혼자 있지 못하는 아이는 나이를 먹어도 성숙이 더디다. 친구 없는 상태를 못 견디는지라 학창 시절을 무리 지어 휩쓸려 다니는 데 다 쓴다. 그러다 보니 내면을 성숙시킬 수 있는 시간을 갖지 못한다.

그런데 누구나 혼자 있을 수 있는 것은 아니다. 혼자 잘 지내는 것도 그냥 되는 게 아니고, 배우고 익혀야 한다.

혼자 있기 위해서는 어릴 때부터 책을 읽는 습관을 들이는 것이 좋다. 책은 친구와 어울려 떠들썩하게 읽는 게 아니고 혼자 하는 행위다. 그래서 책을 읽다 보면 혼자 있을 수 있는 연습이 되어 혼자 있을 수 있는 힘이 생긴다. 혼자서 자기만의 감정을 즐기고, 생각을 키우고, 상상의 날개를 펼친다. 고요와 평화의 시간을 즐기게 된다.

혼자 있기 위해서는 혼자 있을 수 있는 시간과 공간을 주어야 한다. 생각에 빠져 있는 아이에게 '쓸데없는 생각 그만 하고, 어서 일어나 학습지 해라' 면서 판을 깨서는 안 된다. 아이가 자기 세계에 빠져 맘껏 생각할 수 있는 기회를 주어야 한다. 개성도 혼자 있는 시간을 통해서 만들어진다. 그리고 혼자 있어 본 아이가 친구의 소중함도 안다. 친구를 함부로 대하지 않는다. 늘 친구들 속에 파묻혀 있는 아이는 공기의 소중함을 모르듯 친구의 소중함을 놓칠 수 있다.

하나 짚고 넘어갈 것은, 모든 사람이 다 사회성이 좋을 필요가 없다는 거다. 잘 어울려 다니는 사람이 있는가 하면, 그보다는 혼자 있는 것을 더 좋아하는 사람도 있다. 위대한 예술가나 과학자 중에는 사교적이지 않은 사람도 적지 않다. 꼭 사교적일 필요는 없다. 창조적인 작업은 혼자 있을 때 이루어지는 경우가 많기 때문이다. 고독을 즐기고, 외로움을 견딜 줄 알아야 위대한 작품을 낳을 수 있다는 말은 그래서 나왔을 것이다. 실제로 농구 선수 마이클 조던, 컴퓨터 소프트웨어의 황제 빌 게이츠, 이건희 삼성 그룹 회장 등 세상을 움직이는 사람도 내성적인 성격이라고 한다.

또 잘 어울려 다니는 아이가 꼭 좋은 아이는 아니다. 혼자 있는 것이 두려워 어떻게든 친구를 사귀려고 이 친구에게 붙었다 저 친구에게 붙었다 하는 아이들이 있다. 어린 나이에도 불구하고 술수를 쓰고, 이간질을 하기도 한다. 친구 없는 상태가 불안해 무리 지어 다니기 바쁘다. 그런 아이가 어른들의 눈에 사회성 좋은 아이로 비칠 가능성도 있다는 거다. 사람 몇만 모이면 편을 가르고, 패거리 짓는 우리의 성인문화도 어릴 때부터 부모들이 사회성에 지나치게 집착한 결과는 아닐까 하는 생각도 해 본다.

단순히 사회성의 잣대로 아이들을 판단하는 시각은 자제해야 한다. 혼자 있으면 불안해지는 아이들의 증상을 위해서도 그래야만 한다. 혼자 잘 지내는 아이, 아이들의 홀로서기를 위해서도 이는 꼭 필요하다.

머릿속에, 가슴속에 자기만의 방을 갖고 있는 아이가 잠재력 있는 아이다. 지금 아이의 가슴에서 위대한 예술가의 혼이 자라고 있는지 모른다. 또 아이의 머릿속에서 위대한 과학자의 꿈이 싹트고 있는지도 모른다. 무한한 가능성과 잠재력이 있는 예술가 혹은 과학자가 사람들과 어울려 다니느라 시간을 허비하는 걸 누구도 원치 않을 것이다. 작품을 쓰고 연구하는 대신 사교성을 발휘해 정치나 하고 다니는 걸 바라지 않을 것이다.

그런 측면에서도 어릴 때부터 혼자 있는 시간을 갖고, 혼자 있을 수 있는 힘을 기르는 것이 필요하다. 굳이 과학자나 예술가가 아니더라도 혼자 있어도 잘살 수 있는 의연하고 멋있는 사람, 어디에 있든 창조적으로 생각하고 상상력이 풍부한 사람이 될 수 있다.

8 유머로 크는 아이

자고 나면 어김없이 하루가 펼쳐진다. 이 닦고, 세수하고, 학교 가고, 일해야(혹은 공부해야) 하는 생활이 반복된다. 계속적이고 반복적인 생활은 안정감을 주지만, 동시에 지루함을 선사한다. 그런데 되풀이되는 생활에는 지루함만 껴 있는 것이 아니다. 가끔은 쓰나미처럼 큰 어려움에 처하기도 하고, 친구가 토라져 속상하고, 가시에 찔리는 등의 자잘한 어려움을 겪게도 된다.

인생에 껴 있는 지루함과 어려움을 잘 극복하는 것은 모두의 목표이고, 잘사는 방법이기도 하다. 그런데 그 방법이 어렵기만 한 것은 아니다. 유머 한 방으로도 한순간에 날려 버릴 수 있다. 그만큼 유머에는 힘이 있다.

허리케인으로 가족과 재산은 물론 두 팔까지 잃은 한 남자는 말했다. '두 발이 있으니 난 나아갈 수 있다고. 내가 원하는 곳은 어디든 갈 수 있다고. 그럼 됐지 않냐'고 하얀 이를 드러내고, 눈물과 함께 웃었다. 유머가 힘들고 지친 인생을 바꿀 수 있다는 것을 그는 몸으로 증명해 보였다.

유머는 흐름을 깨는 파격에서 출발한다. 유머에는 물살을 살짝 튕기고 솟아오르는 새의 경쾌함이 있다. 유머는 순간에 함몰되지 않는 모색의 몸짓이고, 인생에 대한 끊이지 않는 애정의 표현이기도 하다.

그런데 유머도 그냥 얻어지는 것이 아니다. 노력해야 얻어지는 능력이다. 다른 것과 마찬가지로 아이들은 유머 감각도 부모를 통해 배우고, 부모의 지원을 받으며 키워 간다.

우리 아이들이 살아갈 21세기는 예측 불허의 시대이고, 변화무쌍의 시대다. 그만큼 부침이 심할 수 있다는 얘기다. 우리 아이들은 언제 나락으로 떨어질지 모르고, 언제 어떻게 실패할지 모르는 시대를 살아가야 한다. 그만큼 실패가 잦을 것이고, 실패할 가능성이 크다는 얘기다.

그럴 때에는 실패 그 자체가 문제가 아니다. 문제는 다시 일어설 수 있느냐, 없느냐다. 수없이 넘어져도 다시 일어설 수 있는 사람이 바로 경쟁력 있는 사람이 될 것이다. 오뚝이처럼 다시 일어설 수 있는 힘과 탄력성은 유머에서 나온다. 유머에는 국면 전환의 탄력성이 있고, 상황을 타개할 수 있는 힘이 있기 때문이다. 유머는 '난 괜찮아, 난 다시 성공할 수 있어'라고 말할 수 있는 여유와 다시 차고 오를 수 있는 경쾌함을 선사해 준다. 그러니까 유머 감각으로 무장을 하면 웬만한 어려움도 극복할 수 있다는 얘기다.

유머의 힘이 꼭 다 큰 성인에게서만 발휘되는 것은 아니다. 그러니까 유머의 효과는 클 때까지 기다릴 필요가 없다는 거다. 다 크지 않은, 아직 유머 감각이 무르익지 않은 아이들의 생활도 유머로 벌써 바뀌기 시작하는 것을 볼 수 있다.

유머 감각이 있는 부모 곁에서 자란 아이들은 유머를 구사하려고 든다. 물론 실패하기 쉽고, 썰렁한 유머로 끝날 때도 많다. 그러나 비록 그 시도가 실패로 끝났다고 해도 아이와 가족들, 주변 사람들은 웃을 수 있다. 때로는 실패한 유머가 더 재미있기도 하고, 그 자체가 활력소가 되고 윤활유가 되기도 하니까.

유머 있는 아이는 스스로 자기 삶을 꾸려 가는 힘도 크다. 유머라는 것이 순간 포착의 결과이고, 자기 삶을 주도적으로 이끌어 갈 때 가능한 행위이기 때문이다. 유머 있는 아이는 스스로 자기의 허파에 산소를 불어넣을 요량으로 웃음거리를 찾고, 또 상황을 재구성해 각본을 짠다. 그러다 보면 창의력과 사고력이 좋아진다. 앞에서도 말했다시피 유머는 파격의 미에서 출발하는데, 파격은 흐름을 파악하는 것은 물론이고 거기서 한 걸음 더 나아갈 수 있을 때 가능하기 때문이다.

유머 있는 아이들은 성격이 좋고, 친구 관계도 좋다. 유머는 어렵고 힘든 순간에서도 숨구멍을 찾아 해방구를 마련해 준다. 한 번 웃게 함으로써 마음의 문을 열게 하며, 상대방을 무장해제시킨다. 자신 또한 함께 웃음으로써 넓은 가슴으로 상대를 대할 수 있게 해 주니 문제가 예상 외로 쉽게 풀린다.

커 가는 아이들이 유머 감각을 키우고 시험해 보는 데가 가정이다. 가족들은 그 의미에서라도 아이들의 서투른, 아직 실험 단계를 벗어나지 못한 유머도 받아들일 준비가 되어 있어야 하고, 언제라도 깔깔거리며 즐겁게 허물어질 준비를 하고 있어야 한다. 무뚝뚝하고 권위주의적인 표정으로 아이들에게 찬물을 끼얹져서는 안 된다는 얘기다. 아이들이 언제고 유머를 구사할 수 있도록 멍석을 깔아 주어야 하고, 그 능력을 높이 사 주어야 한다. '우리 ○○는 밥은 잘 안 먹지만, 유머 감각은 좋다니까' 하는 식으로 칭찬해 주며 북돋워 주어야 한다.

둘째는 옷에 관심이 많다. 텔레비전에 나온 사람들을 보면서도 말이나 몸짓보다 그들이 입고 나온 옷에 주목한다. 집에서 놀 때에도 이 옷 저 옷을 매치해 입어 보고, 색다른 시도를 해 보는 데 많은 시간을 쓴다. 작아서 못 입게 된 옷은 가위로 싹둑싹둑 잘라 직접 옷을 만들어 보기도 한다. 그래서 난 헌 옷가지가 생기면 아이에게 건네며 욕구를 발산하도록 하고 있다. 그런데도 가끔 아이가 과욕을 부릴 때가 있다. 새로운 아이디어가 떠올랐다면서 아직 입을 수 있는 옷을 자르면 안 되겠냐고 묻곤 한다.

몇 번인가 거절을 당한 경험이 있는 아이가 하루는 또 옷을 들고 나와 말했다.

"엄마, 이 옷 자를게요(여기까지 자기 목소리로). 그래라, 영아(이 부분은 엄마 목소리로)."

국면 전환을 위해 작전을 바꾼 거다. 엄마의 반대가 껴들 틈을 두지 않고 상황을 끝내 버리는 작전을 구사한 거다.

물론 '그 옷은 안 된다', '하게 해 달라' 면서 옥신각신할 수도 있다. 하지만 그럴 경우 낡은 옷보다 잃는 것이 더 많을 수 있다. 아이가 설계한 유머의 싹을 짓밟는 것은 물론이고, 유머 속에 숨어 있는 아이의 간절한 욕구를 묵살하는 결과가 되기 때문이다.

"북 치고 장구 치고 다 해라. 하여튼 못 말린다니까."

아이가 구사한 유머에 넘어간 것처럼, 유머 감각을 은근히 칭찬해 주는 식으로 상황을 마무리했다. 아직 입을 수 있긴 하지만, 이미 낡은 옷이 아이가 시도한 유머의 싹을 자를 만큼의 가치는 없다는 판단이 섰기 때문이다.

9 다양한 과외활동에 참여하게 하라

마음만 먹으면 다양한 과외활동에 참가할 수 있는 세상이 되었다. 학교의 특기 적성 프로그램이나, 백화점의 문화 센터, 지역사회에 설치된 복지관에는 뷔페식당의 메뉴처럼 골라 먹을 음식이 많다. 프로그램이 다양할 뿐만 아니라 가격도 저렴하다. 세상 살기 참 좋아졌다는 생각이 든다.

좋아진 것은 좋아졌다고 인정하자. 만날 세상 살기 고달프고 힘들다며 불평한다고 세상이 살기 좋아지는 것은 아니니까. 약간의 돈만 지불하면 서비스 받을 수 있게 되었으니 얼마나 좋은가!

그런데도 아이들의 교육 때문에 아이들 키우기가 너무 힘들다고 불평하는 사람들이 있다. 남에게 뒤질세라 이 학원 저 학원으로 등 떠밀면서 세상이 그렇게 만든 것처럼 얘기한다. 그런데 가만히 생각해 보면 그렇게 말하는 사람 자신이 세상을 더 살기 힘들게 만들고 있는 측면도 없지 않다. 과욕으로 아이를 이 학원 저 학원에 보내는 것으로 긴장을 유발하고 있는 점도 없지 않으니까.

엄마들의 대화는 정보교환의 중요한 통로다. 하지만 스트레스를 유발하는 요소이기도 하다. 그래서 내가 아는 화가는 동네 엄마들과 대화를 하지 않는다고 했다.

"엄마들은 입만 열면 공부 얘기고, 학원 얘기잖아요. 난 그렇게 키우지 않거든요. 그런데 엄마들 얘기를 들으면 내가 애를 잘못 키우고 있는 것 같아 불안해져요. 나름대로 해 오고 있는 내 방식을 다 때려치우고 나도 공부로, 학원으로 아이를 내몰아야 하지 않을까 흔들린다니까요. 매번 그렇다 보니 되도록 동네 엄마들하고 얘기를 하지 않아야겠다는 생각이 들더라고요. 그래서 일부러 피하죠."

쓸쓸한 생각에 화가와 헤어져 돌아오는 길에 이런 생각을 해 봤다.

'아파트 길목에서 만난 엄마들끼리 공부도, 학원도 아닌 얘기를 하면 어떨까? 아이를 행복하게 했던 일과 방법을 서로 나누는 거야. 이랬더니 아이가 좋아하더라. 그러니 그렇게 한 번 놀려 보라는 식으로. 그러면 화가도 동네 엄마들하고 말하고 싶어 하지 않을까?'

과외활동은 말 그대로 정규 학습 이외의 활동이다. 그러니까 과외활동 프로그램을 고를 때에는 되도록 학습적인 것은 피하는 게 어떨까. 그렇잖아도 공부로 시달리는 애들에게 더 추가할 필요는 없지 않은가! 워낙 공부 중심으로 흐르는 사회 분위기다 보니 엄마 입장에서도 자신의 방침과는 다르게 공부 중심으로 흐를 수 있다. 그러니 늘 자신의 과욕인지 아닌지, 아이의 행복지수를 따져 판단할 필요가 있다.

과외활동만은 공부로 지친 아이들을 쉬게 하고, 재충전할 수 있는 기회로 이용하는 거다. 마술, 댄스 스포츠, 레고닥타, 비누 만들기 등 되도록 아이에게 배우는 스트레스를 덜 유발하고, 아이를 놀릴 수 있는 것으로 고르는 거다. 그 시간에 공부시키지 않는다고 손해 보지 않는다. 아이들은 놀면서 사회성을 터득하고, 놀면서 에너지를 얻기 때문이다.

지금까지 아이가 받았던 과외활동 중 가장 인상적인 것은 '잘 노는 아이들'이었다. 동네 복지관에서 운영하는 프로그램이었는데 이름이 재미있어서 선택했고, 아이를 놀릴 수 있다 싶어서 보냈다.

역시나 기대를 배반하지 않았다. 토요일마다 대학원생들이 아이들을 데려다 놀아 주었다. 어떻게 해야 잘 놀릴 수 있는지, 그것을 연구하고 실행한다는 것 자체가 재미있는 시도이지 않은가! 무엇인가를 꼭 배워야 한다는 목표가 없어선지 아이는 돌아올 때마다 행복한 얼굴이었다.

"선생님들이 굉장히 친절해요. 지금까지 만난 선생님들하고는 달라요. 얼마나 친절하고 잘 노는지. 다 큰 어른들인데도 아주 잘 놀아요. 우리가 노는 것보다 어른들이 노는 것을 보는 게 더 재미있다니까요. 어떻게 그렇게 어른들이 잘 놀 수 있나 몰라요. 노는 방법도 많이 알고 있고."

실컷 놀아 볼이 상기된 아이를 볼 때마다 나도 행복했다. 이 정도까지 이른 내 나라 대한민국이 자랑스럽고 뿌듯했다.

눈길만 주면 우리 주변에 얼마든지 좋은 프로그램이 많다. 아이의 개성과 흥미, 현재 상태를 고려해 찾아보자. 싼 게 비지떡이라고 하지만 싸다고 무시하지 마시라. '잘 노는 아이들' 프로그램은 한 달에 2만 원이었다.

프로그램의 내용 못지않게 아이들은 과외활동에 참가하는 것만으로도 많은 걸 배운다. 학교 밖의 친구들을 사귈 수 있는 기회가 된다. 같은 학교 친구인 영은이, 민수가 다가 아니라는 사실을 확인하는 것만으로도 큰 수확이지 않은가! 벌써 시야가 넓어진다.

어찌 보면 요즘 아이들은 온실 속의 화초다. 영양제는 과도하게 먹고 있지만, 바깥바람이 부족하다. 과외활동은 바깥바람을 쐴 수 있는 기회다. 식물도 바깥바람을 쐬어야 생명력이 강하고, 근성이 있고, 똑똑하지 않은가!

과외활동을 또 다른 공부를 시킬 수 있는 기회로 여기지 않는 한, 신문에 끼어 들어오는 전단지만 잘 살펴도 아이들에게 행복을 선물할 수 있다.

10 가끔은 **잡고 있는 끈**을 놓아주자

뱃속에 있을 때 한 몸이어서일까. 탯줄을 끊고 분리되었지만, 여전히 보이지 않는 끈으로 연결되어 있는 느낌이다. 엄마도, 아이도 늘 서로를 찾는다. '엄마 어딨어', '○○야, 지금 어디니?' 하며 어디에 있는지 알아야 마음이 놓이고, 눈에 안 보이면 불안하다. 그래서 엄마들은 아이가 어디를 갈 때에는 되도록 차로 태워다 주고, 잠깐 떨어져 있는 동안에는 휴대전화로 연락해 이래라저래라 조종한다. 아이들의 휴대전화는 엄마의 리모컨이다. 과잉보호를 받고 자라서일까, 요즘에는 결혼해 아이를 낳고도 생활비를 타 쓰는 캥거루족이 적지 않다고 한다. 나이는 먹었지만 자립할 준비도, 독립할 능력도 없는 '아이 어른'이 많다는 얘기다.

부모 자식은 떼려야 뗄 수 없는 관계지만, 또 지나치게 밀착되어 있으면 아이의 장래와 자립에 방해가 된다. 부모가 아이 앞에 서 있으면 자식의 시야를 가릴 수 있다. 인간은 스스로 보고 깨우쳐야 할 부분이 있는데, 그것을 못 볼 수 있다는 얘기다. 이는 부모에게나 아이에게나 불행이다. 아이는 자기 몫을 살 권리와 의무가 있다. 부모가 사랑이라는 이름으로 시야를 방해하거나 월권행위를 해서는 안 된다는 거다.

그런데 생각일 뿐, 아이가 조금만 불편해하거나 힘들어하면 달려들기 바쁘다. 그런 나에게 우연히 기회가 왔다. 작은아이가 학교 대표로 글쓰기 대회에 참가하게 되었다. 그런데 다른 때처럼 차로 데려다 줄 상황이 아니었다. 개인적으로 참가 신청을 한 대회였다면 안 가도 그만이지만, 학교 대표로 뽑혀 참여하는 대회라 그럴 수도 없었다.

대회가 있던 날이다. 행사가 두 시에 있기 때문에 학교에서 오전

수업만 하고 출발하기로 되어 있었다. 그런데 아침부터 비가 추적추적 내렸다. 고민이 되기 시작했다. 계획을 바꿔 내가 데려다 줄까, 아니면 남편한테 중간에 나와서 아이를 실어다 주라고 부탁할까. 하지만 꾹 참고 지하철 노선표와 우산을 쥐어 주고는 아이 혼자 보냈다. 아이가 떠나자마자, 시간을 조정하면 충분히 갈 수 있었는데 내가 너무한 것 아닌가, 자책이 시작됐다. 갈아타야 하는데, 땅속에서 구멍을 놓치지 않고 잘 갈아탈 수 있을까? 왜 오늘은 비까지 내리지? 하늘을 원망하면서 창문을 몇 번이나 열어 보았는지 모른다. 드디어 전화벨이 울렸다. 후다닥 수화기를 받아들자 아이가 말했다.

"엄마, 잘 도착했는데요, 공중전화를 찾기 힘들어 이제야 전화했어요."

그 순간 휴대전화를 사 주지 않는 것이 후회가 되었다. 그러고는 도착해서 전화하라고 일렀으니 내가 염치도 좋지 하는 생각이 스쳤다.

"그런데 엄마, 상 타는 건 기대하지 마세요. 못 탈 수도 있으니까."

"글쓰기가 어디 맘대로 되는 거니? 상은 생각도 안 하니까 살아서만 돌아와 다오."

아이는 신파조 멘트가 재미있는지 깔깔깔 웃어 댔다. 아이의 웃음이 어느 때보다 반가웠다. 혼자 간 아이가 지나치게 긴장하고 있지 않다는 증표를 찾아냈으니까.

두 시간이 지나자 아이는 대회가 끝났다고, 이제 집에 갈 거라는 전화를 다시 주었다.

갈 때보다는 걱정이 덜 되긴 했다. 하지만 아이가 잠깐 생각을 잘 못해 갈아타는 구멍을 놓치거나 잘못 들까 봐 마음이 놓이지 않았다.

'이러느니 차라리 데리고 가는 게 훨씬 속 편했을 걸 그랬어. 비가 와서 날씨까지 어둑어둑한데, 길을 잘못 든 아이를 누가 꼬드겨 데려가기라도 하면. 그렇다면 아까 깔깔깔 웃던 아이의 웃음소리가 마지막?'

끝없이 이어지는 걱정에 녹초가 되어 있는데, 아이가 활짝 웃으며 들어왔다. 살아 돌아온 것이 고맙고 대견해서 주체하기 힘들어 아이를 가슴에 꼭 안았다.

"엄마, 제 얼굴 찌부 되겠어요."

내 가슴에서 무사히 얼굴을 빼낸 아이의 볼은 상기되어 있었다. 할 말이 많은 얼굴이었다.

"갈 때는 갈아타는 역에서 입구를 잘못 들어갔어요. 그런데 타기 전에 깨닫고 빨리 돌아 나왔어요. 얼마나 가슴이 떨리든지. 그걸 탔어 봐요. 큰일날 뻔했잖아요. 올 때는 긴장하고 있다 갈아타는 고속버스터미널역에서 7호선으로 잘 갈아탔어요. 고속버스터미널에 오니까 마음이 놓이더라고요. 거기는 엄마랑 몇 번 가 봤잖아요. 그래서 아이스크림도 하나 사 먹고, 구경 좀 했어요."

아이는 물을 한 모금 마시더니 말을 이었다.

"모르는 데를 혼자서 한 번 갔다 오니까 이제 지하철 타는 건 얼마든지 할 수 있을 것 같아요. 엄마를 따라다니는 것하고 혼자 가는 건 정말 틀리더라고요. 가슴이 두근두근하고, 여기로 갈까 저기로 갈까 빨리빨리 결정해야 될 일도 많고. 이제 노선표만 있으면 지하철은 두 번 세 번 갈아타는 것도 할 수 있을 것 같아요."

혼자서 직접 해 보니 느끼는 바가 많았던지 아이는 이런저런 얘기를 보탰다.

"나처럼 혼자 온 애는 하나도 못 봤어요. 혼자 다니니까 안돼 보이는지, 엄마들이 자꾸 물었어요. 혼자 왔니? 정말 너 혼자 왔어? 그런데 엄마들과 아이들 모습이 웃겼어요. 꼭 암탉과 병아리 같았거든요."

"암탉과 병아리?"

"엄마들이 아이들 옆에서 대회가 시작될 때까지 계속 종알거렸거든요. '글쓰기의 기본은 뭐랬지?', '서론, 본론, 결론으로 나눠 써야 해', '원고지 사용법 잘 지키고', '띄어쓰기 조심하는 거 잊지 말고. 알았지?' 감독관 선생님들이 나가라고 할 때까지 엄마들이 애들 옆에서 계속 뭐라뭐라 했거든요. 병아리를 따라다니며 이래라저래라 상관하는 암탉처럼요."

"엄마도 따라갔으면 그랬을 텐데."

"그랬겠죠. 하지만 난 혼자 가서 할 일이 없으니까 가만히 앉아 있는데, 그 모습이 보이는 거예요. 정말 웃겼어요."

아이가 그런 이미지를 찾아냈다는 것이 재미있었다.

난 하루 종일 했던 후회를 물렸다. 의도한 것은 아니지만 잘한 거다. 내가 같이 가지 않고, 곁에 있지 않았던 것이 훨씬 나았다. 같이 갔으면 늘 그렇고 그런 시간이 되지 않았겠나. 원고지에 이름 쓰는 거 잊지 마라, 차는 왜 이렇게 밀리냐며 불평이나 하는.

가끔은 잡고 있는 끈을 놓아주자고 다짐한 하루다. 안전하게 보호하고 싶은 욕구와 책임감으로 아이의 영토를 좁히고, 시야를 가리지 않겠다고. 그리고 어디 갈 일이 있으면 승용차로 실어다 주는 대신 가끔 지하철 노선표를 자주 쥐어 주어 행동반경을 넓혀 주어야겠다고. 행동반경이 넓어지는 만큼 아이의 의식도 넓어질 테니까 말이다.

11 실패에 대한 면역력을 키워 주어라

변화무쌍한 세상이다. 어느 분야나 오늘 다르고, 내일 다를 정도로 변화가 심하다. 그러다 보니 앞날을 예견하기가 쉽지 않다. 예전처럼 마음먹는다고 한 가지 일을 계속할 수도 없다. 평생직장이니, 평생 직업이니 하는 개념 자체가 흔들리고 있다. 전문직을 가져도 안정을 보장받을 수 없는 세상이 되었다.

이러다 보니 인생의 부침도 심하다. 버젓한 엘리트가 하루아침에 실업자가 되는 일이 허다하다. 아직 직장에 남아 있는 사람도 불안하기는 마찬가지다. 언제 어떻게 될지 모르기 때문이다. 의사니, 변호사니 하는 전문직을 가진 사람들도 경영에 어려움을 겪는 이가 적지 않다. 그런데 이 같은 현상은 앞으로 더 심해질 거라는 예측이 많다.

우리 아이들은 그렇게 변화가 빠르고 부침이 심한 세상을 살아가야 한다. 변화가 빠르고 부침이 심한 세상에서는 당연히 실패도 잦을 것이다. 그렇다면 우리 아이들을 어떻게 키워야 할까?

실패하지 않도록 키우기보다는 실패해도 바로 털고 일어날 수 있는 오뚝이 정신을 길러 주어야 한다. 그런데 오뚝이 정신은 어느 날 갑자기 굳게 마음먹는다고 생기지 않는다. 어릴 때부터 실패를 가르치고 격려해야 길러진다.

누구나 자기 새끼는 금쪽같다. 눈에 넣어도 안 아프고, 닳을까 봐 쳐다보기도 아까운 자식이다. 하지만 금쪽같은 내 새끼가 살아남으려면 아무렇게나 굴릴 생각을 해야 한다. 그래야 오뚝이처럼 오뚝오뚝 일어날 것이기 때문이다. 금쪽같이 귀하기 때문에 똥 굴리듯 해야 하는 것이다. 받아들이기 어려운 아이러니이지만 어쩔 수 없다. 어떤 자식인데 하는 생각이 앞서겠지만, 마음을 다잡으며 어릴 때부터 실패에 노출시켜야 한다. 실패에 대한 면역성은 실패를 해 봐야 길러지기 때문이다.

그렇다면 어릴 때 경험할 수 있는 실패가 무엇일까?

부지기수로 많다. 밤 늦게까지 써 놓은 일기장을 아침에 깜박 잊고 안 가지고 간 것도 아이의 입장에서는 큰 실패다. 그럴 때 아이들은 울먹이거나 다급한 목소리로 전화를 한다. 일기장을 갖다 달라고. 엄마들은 그 말을 듣자마자 일기장을 갖고 뛴다. 숨을 헐떡이며 아이에게 일기장을 건네고 나서야 안도의 한숨을 쉰다.

하지만 난 잘못이라고 생각한다. 아이도 부주의로 잘못을 저지를 수 있고, 잘못을 저질렀을 경우에는 벌을 받는 경험을 하는 것이 좋다. 모범생 중에는 벌 받는 것은 다른 애들이나 하는 거고, 자기는 해당 사항이 없다고 생각한다. 그러다 보니 그 아이들은 벌 받을 때의 고통과 심정에 대해서 직접 경험할 기회가 없다. 일이 뜻한 바대로 되지 못했을 때, 그러니까 실패를 경험할 수 있는 기회를 상실하는 거다. 물론 일부러 일기장을 가지고 가지 못하게 할 것까진 없다. 그리고 매번 안 가지고 가는 아이들은 분명 문제가 있다. 하지만 어쩌다 한 번 실수로 안 가지고 간 경우에는 굳이 갖다 줄 필요 없이 기꺼이 실패를 경험하게 하는 기회로 삼으라는 거다.

시험에서도 아이들은 많은 실패를 한다. 부모의 기대는 늘 높고, 아이들의 입장에서는 그것을 달성해 내는 게 쉽지 않기 때문이다. 시험도 잘만 이용하면 실패를 경험할 수 있는, 말 그대로 시험장이다. 다음 시험에서 더 잘 볼 수 있도록 조금 더 노력하고, 다행히 잘 보았다면 칭찬해 준다. 그런데 노력했음에도 못 볼 수도 있고, 마음은 먹었는데 실천하는 데 부족함이 있어 시험을 또다시 잘 못 칠 수도 있다. 그것이 바로 실패다. 그럴 때에는 타박하기보다 실패를 격려해라.

실패한 아이는 이것저것 많은 걸 생각할 것이다. 인생을 많이 배우고, 진하게 배울 수 있는 기회가 된다.

실패의 이점은 또 있다. 실패는 늘 우리들에게 딛고 올라설 것을 촉구한다. 성공처럼 시야를 가로막으며, 무모하게 만들지 않는다. 그러니까 실패는 잘만 이용하면 성공보다 더 폭발력이 있다는 거다. 실패가 약이 되는 것도 그 때문이리라.

'○○○ 군은 초등학교 때부터 중학교, 고등학교 12년 동안 전교 1등을 한 번도 놓치지 않았다.'

가끔 신문 지상에 실리는 문구다. 같이 아이를 키우는 부모 입장에서 부러울 수도 있다. 하지만 부러워할 것 없다. 곧은 나무가 꺾이기 쉽듯 그런 아이들은 한 번 실패하면 일어서기 어려울 수 있고, 실패로 인해 떨어지는 나락이 더 깊을 수 있다. 실패에 대한 경험과 내성, 면역력이 없기 때문이다.

그보다는 어릴 때부터 실패를 가르치고 격려하자. 아무렇게나 굴려도 오뚝오뚝 일어나는 오뚝이로 키우자. 그래야 변화무쌍하고, 부침이 심하고, 실패가 잦은 시대를 잘 헤쳐 나갈 수 있다.

재산보다 오뚝이 정신을 물려주는 것이 더 필요한 시점이 아닌가 생각한다. 재산은 한 번의 실수로 날릴 수 있지만, 오뚝이 정신은 평생 자원이 될 것이기 때문이다.

12 아이는 **누드 컴퓨터**가 아니다

어릴 때 나에겐 집 안의 잡동사니들을 모으는 버릇이 있었다. 배지, 핀, 헝겊 조각 등 사소한 것도 내 것으로 만들고 싶었다. 가족 공동이 아니라 나만의 비밀스런 것으로. 그래서 상자에 넣어 장롱 속에 숨겨 뒀다. 가족들이 다 나가고 집에 없으면 난 상자를 꺼내 보았다. 그 시간만큼은 상자 속 잡동사니들이 더 이상 잡동사니가 아니었다. 나한테 말을 주고받는 친구가 되었고, 상자는 성이 되고, 생전 처음 가 보는 나라가 되었다. 그런데 가족들은 물건을 모으는 내 버릇과 비밀 상자를 달가워하지 않았다. 어린애가 무슨 비밀이 그렇게 있나 모르겠다고 불평했다. 그리고 집 안의 물건이 없어지거나 찾는 물건이 바로 눈에 띄지 않으면 나부터 의심했다.

"네가 또 숨긴 거 아냐. 넌 손버릇이 나쁘잖아."

난 그저 비밀을 갖고 싶은 것뿐인데, 가족들은 내 행동을 도덕적으로 공격하기까지 했다. 그 뒤로는 집 안에서는 더 이상 안 되겠다 싶어 뒷동산에 올랐다. 나만 아는 곳에 돌멩이와 나뭇잎을 모아 두고, 소나무에 올라가 해가 저물도록 얘기를 나누었다. 그러다 집에 오면 이슥할 때까지 혼자 뭐 하고 다니다 이제 왔냐며 나무랐다.

세월이 많이 흘러 부모들도 많이 변했지만, 요즘 부모들도 아이가 비밀을 갖는 것에 그리 호의적이지 않다.

"왜 모든 것을 이야기하지 않는 거니? 엄마 아빠에게 못 할 말이 뭐 있다고."

"가족에게는 비밀이 있어서는 안 돼. 가족들에게까지 숨길 일이 있고, 숨겨야 한다는 건 불행이야. 그러니까 어서 말해. 무슨 일이 있었는지 다 털어놓으란 말이야."

부모들은 아이에게 비밀이 있다는 것을 받아들이지 못한다. 아이들의 생활 전부를 알려고 하고, 관여하고, 공유하려고 한다. 아이들이 누드 컴퓨터라도 되는 양 속속들이 들여다보면서 작동 원리를 알아야 시원해한다. 그래서 감정까지도 고백하도록 압박을 가하곤 한다.

비밀을 갖고 싶은 것은 아이들의 욕구이고, 소망이다. 그래서 아이들은 쓰다 남은 초나 성냥, 헝겊으로 자기만의 비밀 상자를 만든다. 아늑했던 자궁 공간을 잃은 아이들에게는 커튼 뒤나, 책상 아래, 장롱 속 같은 데도 더없이 좋은 비밀 장소가 된다. 거기 숨어 아이들은 자기만의 생각에 빠지고, 자기만의 세계를 꿈꾼다.

그러다 좀 자라 행동반경이 커지면 뒷동산 언덕 아래처럼 움푹 파인 곳이나 올라 있기 알맞게 가지를 뻗은 소나무 같은 데를 비밀 장소로 정한다. 자주 가지 못하더라도 비밀 장소를 생각할 때마다 아이는 아늑해질 것이며, 아늑한 그 곳에서 많은 이야기들이 만들어질 것이다.

아이는 가끔 그 이야기들을 비밀 일기장에 적어 보기도 할 것이다.

자기 마음속에 담아 둔 생각과 느낌까지 토해 낸 비밀 일기는 아이에게 재산목록 1호가 된다. 부자가 된 듯 속이 든든해진다. 아이들에게는 사소한 비밀도 이렇게 생각의 보물 창고가 되고, 재산이 되는 거다. 그런데도 부모들은 아이들에게 비밀을 허락하지 않으려고 한다.

초등학교 5학년인 혜진이는 늘 불안하다. 엄마가 가끔 서랍과 가방을 뒤지기 때문이다.

"엄마가 책가방을 뒤질 때는 뭐가 나오든, 안 나오든 정말 자존심 상해요. 가슴이 답답하고, 터질 것 같아요. 그래서 일기를 썼어요. 학교 선생님한테 내는 일기 말고 마음속을 털어놓는 비밀 일기요. 비밀 일기장에 마음속 생각을 털어놓자 살 것 같았어요. 몸이 가벼워지고, 화도 가라앉고요. 그때부터는 말 못 할 것들은 일기장에 썼어요. 그런데 어느 날 학교에서 돌아왔을 때예요. 엄마가 제 방에서 일기장을 훔쳐보고 있는 거예요. 너무너무 화가 나서 견딜 수가 없었어요. 그래서 집을 뛰쳐나갔죠. 하루지만 찜질방에서 자고 왔으니 가출을 한 셈이죠."

그 뒤까지도 혜진이의 엄마는 제대로 상황을 파악하지 못하고 아이 탓만 했다.

"사춘기가 되면서 얘가 말을 안 해요. 그러니 아이 속을 알 수가 있어야죠. 혼자 있으려고만 하고, 말을 시켜도 대답도 제대로 안 하고, 도대체 애가 무슨 생각을 하고 있나 알 수가 있어야죠. 부모로서 궁금하잖아요. 그래서 청소하러 들어갔다 일기장이 눈에 띄기에 본 것뿐이에요. 무슨 비밀이 그렇게 많은지 빽빽이 적어 놓았더라고요. 집 나갔다 와서도 마찬가지예요. 집에 있으면서도 문을 꽉꽉 처닫고 있어요. 그러니까 얘가 지금 뭐 하나 더 궁금해져요. 이담에 이사 갈 때는 걔 방엔 아예 투명 문을 달까 봐요. 안이 훤히 들여다보이게요. 그래야 속이 시원할 것 같아요.'

부모들은 아이들의 비밀을 부정적으로 생각하고, 도덕적으로 공격하기까지 한다. 무슨 큰 잘못이라도 있는 양 나쁜 아이로 몰아세우기도 한다. 물론 아이를 잘 알고 지도해야 한다는 부모로서의 사명감, 책임감에서 그럴 수도 있다. 하지만 아무리 그 의도가 좋을지라도 아이에게 미치는 영향을 생각해야 할 것 같다.

아이도 하나의 독립된 인격체라는 것을 잊지 말아야 한다. 엄밀히 말하면 아이도 내가 아닌 '남'이다. '어리고 내 새끼'라는 데 너무 연연하다 보면 자기도 모르게 아이의 인권을 침해할 수 있다. 아이의 인격과 인권을 가장 먼저 챙겨 주어야 할 우리들 부모가 말이다.

오세영 시인은 '휴대폰'이라는 시에서 비밀 없는 세상의 삭막함, 비밀의 소중함을 역설했다.

창조는 자유에서 오고,
자유는 고독에서 오고,
고독은 비밀에서 오는 것.

사랑하고 글을 쓰고, 생각하는 일은

모두 숨어 하는 일인데

어디에도 비밀이 쉴 곳이 없다.

아이들도 프라이버시가 필요하다. 아이들도 숨 쉴 공간이 필요하다. 비밀은 아이들의 재산이다. 아이를 성숙시켜 주는 자양분이고, 아이와 대화 상대가 되어 주는 친구다. 비밀은 시간 가는 줄 모르고 열중하게 하고, 집중하게 한다. 자기만의 개성이 만들어지는 창조의 시간이다. 비밀은 그 짜릿함과 달콤함으로 아이들을 더욱 행복하게 만든다. 그러니 자녀의 행복을 먼저 생각하는 엄마라면 아이들의 일거수일투족을 감시하는 비밀경찰이 되기보다 아이들의 비밀을 지켜주는 비밀 파수꾼이 되어야 한다.

13 아이는 **부모의 예술품**이다

아이들마다 처해 있는 상황, 사물을 대하는 태도, 배우는 속도, 관심 분야가 다 다르다. 새로운 것을 빨리 습득하고 학습 욕구가 왕성한 아이가 있는가 하면, 느리게 하면서도 할 일은 다 하는 아이도 있다. 덜렁거리지만 속이 꽉 찬 아이도 있다. 모두 다르고, 하나도 같은 아이가 없다.

아이를 키우는 부모도 마찬가지다. 처해 있는 상황이 다르고, 사회적인 지위나 경제적인 능력, 교육철학, 성장 과정도 모두 다르다. 이러다 보니 모든 아이, 모든 부모에게 적용되는 자녀 교육에 대한 해답은 없는 것 같다.

하지만 각각의 부모나 아이에게 가장 알맞은 방법은 있을 것이다. 그것을 찾아가는 과정이 부모 노릇이고, 양육이 아닌가 생각한다. 그러니까 해답이 없다고 암울해할 것도 없고, 오히려 정답이 없다는 데에 매력과 묘미가 있지 않나 생각해야한다.

아이들을 키우는 일은 늘 새롭다. 하루하루가 다르고, 늘 새로운 문제에 봉착한다. 해결책도 매번 다르다. 늘 도전해야 하고, 머리 싸매고 고민해야 한다. 그래서 자식 농사만큼 어렵고 힘든 농사는 없다고 했을 것이다.

누구나 좋은 부모가 되고 싶어 하지만, 부모 노릇은 쉽지 않다. 너나없이 실수를 하고, 후회하고, 반성한다. 아쉬움으로 밤을 지새우고, 심한 자책에 빠지기도 한다. 이 세상의 부모는 누구나 잘못된 점을 고치고 싶어 한다. 고치기 위해 노력한다. 거기에 희망이 있지 않나 생각한다. 내가 이 글을 쓰는 이유도 오늘보다는 좀 더 나은 부모, 엄마가 되고 싶기 때문이다. 그 희망으로 이웃의 조언에 귀 기울이고, 때로는 좋은 방법을 커닝하면서 간단치 않은 엄마 공부를 계속하고 있다.

이 세상 부모들의 소망은 단 한 가지, 아이들의 행복이다. 그것이

최고의 목표다. 그런데 아이들의 행복을 생각할 때 부모의 희생이 먼저 떠오르던 때가 있었다. 자식의 행복을 위해 모든 것을 다 바치고 자신은 빈껍데기로 남던 부모들이 실제로 많았고, 그 모습은 이제 우리에게 친숙한 이미지로 남아 있다.

하지만 시대는 변했다. 경제적으로도, 사회적으로도, 교육적으로도 많이 성숙했고 성장했다. 노력만 한다면 아이도 행복하고, 부모도 행복할 수 있게 되었다. 이제는 아이도, 부모도 함께 행복한 길을 찾아야 한다.

그 길을 찾기 위해서 먼저 어떻게 해야 할까?

실천하는 데는 실패하곤 하지만 가슴속에 담아 두고 있는, 공부하고 있는 항목들을 소개해 본다.

첫째, 아이들마다 각기 다른 모습을 개성으로 인정하고, 존중해 주어야 한다. 아이는 이 세상에 하나밖에 없는 소중한 존재라는 인식에서 아이를 대하고, 출발해야 한다. 이 점만 기억해도 아이를 키우며 부딪치는 문제들에 대해서 해결책이 쉽게 찾아진다. '누구는 잘하는데 넌 그 모양이냐' 식의 단순 비교로 아이도, 부모도 불행에 빠지는 우를 범하지 않을 수 있다.

둘째, 아이들은 늘 변할 수 있다는 희망을 가져야 한다. 아이들은 다 만들어진 기성품, 완성품이 아니다. 만들어지는 과정에 있다. 부모가 어떤 태도를 취하고, 어떻게 하느냐에 따라 얼마든지 달라질 수 있다. 그러니까 아이의 지금 상태에 절망하거나 절망에 못 이겨 분노할 일이 아니라는 거다.

셋째, 열린 마음으로 부모 스스로 항상 변할 준비를 하고 있어야한다. 그리고 변해야 한다. 부모가 변하면 아이들도 변한다. 예전에 자신이 교육 받았던 방식을 고집해서도, 자기 편견으로 아이를 대해서도 안 된다. 시대도 많이 변했고, 아이들도 예전의 아이들이 아니다. 탄력성, 유연성으로 시대와 아이들에게 보조를 맞춰 나가야한다.

넷째, 중심을 잘 잡아야 한다. 부모는 현실적이면서도 또한 이상적이어야 한다. 공부와 인성도 마찬가지로 균형이 필요하다. 요즘 부모들은 공부에 너무 집착한다. 그로 인한 폐단이 적지 않다. 그에 대한 반작용인지 어떤 부모들은 '공부 그렇게 할 것 없다, 인성이 중요하다'면서 방임에 가깝게 아이 공부를 소홀히 한다. 그게 의식 있는 부모의 태도인 양, 다른 부모를 책망하듯 자랑스럽게 주장한다. 하지만 배움에는 다 때가 있기 때문에 시기를 놓치면 다음 과정이 어려워진다. 학습의 공백이 길어지면 아이는 수렁에서 못 헤어날 수도 있다. 또 우리 현실에서 공부 못하는 아이는 여러 가지로 어렵다. 학교와 사회는 물론 집에서도 공부 못한다는 사실로 받는 스트레스가 적지 않다. 그리고 공부 못하는 아이가 인성이 더 좋고, 더 행복하다는 보장도 없다. 이쪽이나 저쪽이나 극단적인 것은 둘 다 나쁘다. 결국 균형이 필요하다.

다섯째, 늘 아이의 행복지수를 가늠해야 한다. 지금 저 나이, 저 아이 상태에서는 어떤 것이 행복이고, 무엇에서 행복을 느낄까? 이 점을 가슴 한가운데 두고 아이를 봐야 하고, 행동하고, 판단해야 한다.

이렇게 할 일이 많다고 해서 부모의 책임감에 짓눌려 있을 필요는 없다. 아이들은 노력하는 만큼 변화를 보인다. 아이들에게는 항상 좀 더 나아지리라는 희망이 있다. 아이들은 어느 순간에도 희망을 놓는 법이 없다. 우리 부모에게 희망과 성장을 약속해 준다. 삶에서 아이들만큼 희망과 성장을 약속해 주는 것도 없다.

그렇다고 아이를 키우는 일이 먼 미래만을 위한 투자는 아니다. 행복해지기 위해 더 기다릴 필요는 없다. 마음만 열면 아이를 키우고 있는 지금 이 순간도 행복할 수 있다. 생각해 보면, 아이의 서투름과 실수도 얼마나 큰 기쁨이고 즐거움인가! 파릇파릇한 생기로 꿈틀대는, 하루하루 발전하고 성장을 거듭하는 아이를 옆에 두고 보는 것만으로도 부모인 우리들은 생기를 충전 받을 수 있고, 행복에 감전되지 않는가!

아이를 키우는 행복에 젖어 있던 한 아버지의 말을 잊을 수 없다.

"난 이담에 우리 아이들이 기대에 못 미치거나 잘못된다고 해도 불평하지 않을 거예요. 아이들은 자라면서 부모에게 줄 것은 이미 다 줬다고 보거든요. 처음 웃기 시작했을 때, 한 걸음 한 걸음 걸음마를 시작했을 때 등 아이들이 얼마나 많은 행복을 줬어요. 이미 너무 많은 행복을 주었기 때문에 더 바라지 않을 거예요. 더 이상 바라는 건 과욕이죠."

아이들은 부모에게 행복을 주는 데 그치지 않는다. 부모가 아이의 성장을 돕듯이 아이도 부모를 성장시킨다. '아이를 낳아야 철이 든다, 아이를 키워 보아야 비로소 진정한 어른이 된다'는 말도 그래서 나왔을 것이다. 우리는 아이를 낳아 기르면서 육체만 성인이 아닌, 정신까지 성숙한 어른으로 다시 태어나게 된다.

예술가들은 심혈을 기울여 예술 작품을 창조한다. 예술가들은 작품을 만들며 가장 큰 고뇌를 맛보고, 가장 큰 행복을 느낀다. 힘들고 어렵지만, 자신의 예술 작품과 함께 성장을 거듭한다.

우리 부모에게는 아이들이 예술품이 아닌가 생각한다. 이런저런 시도를 하며 정성을 다해 빚어 간다면 그 어느 것과도 비교할 수 없는, 이 세상에 단 하나뿐인 나만의 독특한 예술품이 창조될 것이다.

제6장

놀토에
아이들의 행복이
있다

1 놀토는 놀자 데이, 신나게 놀아 보자

2주에 한 번씩 찾아오는 노는 토요일, 놀토는 아이에게 행복 종합 선물 세트가 될 수 있다. 아이가 그동안 쌓인 스트레스를 말끔히 게 워 내고, 새로운 에너지를 충전해 다시 전진할 수 있도록 이끌어 주 는 고마운 날이다.

그런데 놀토도 잘 써야 그 효과를 얻을 수 있다. 여기에도 엄마의 기획력이 필요하다. 아이에게 맞는 계획을 짜고 잘 운용해야 비로소 행복한 날이 되고, 성장 에너지가 될 수 있다.

놀토 프로그램을 짤 때 유념할 일은 무엇일까?

놀토는 말 그대로 노는 날, 놀자 데이다. 그러니 엄마의 욕심을 무 장해제하고, 잘 놀려야겠다는 생각으로 출발해야 한다. 그런데도 어 떤 엄마들은 공부 계획부터 짠다. 아이에게 학원 가방을 메어 주고, 이 학원 저 학원 기웃거리게 한다. 어떤 엄마들은 공부 안 시키는 것 까지는 양보한다. 하지만 놀토를 유용하게 써야 한다는 강박관념에 무조건 체험 학습, 박물관 견학부터 생각한다. 이보다 먼저 아이들 을 놀리는 것이 필요하다.

놀토에는 평상시 머리의 작동 원리를 확 뒤집어 주어야 한다. 그러 기 위해서 엄마는 하루만이라도 생각을 바꾸고, 행동 방식을 바꿔야 한다. 단순히 놀아 준다는 것을 뛰어넘어, 바뀐 생각과 다른 행동 방 식으로 아이와 함께 놀 거리를 찾아야 한다.

집에서 아이를 놀릴 수 있는 방법을 몇 가지 소개해 본다.

1. 물속에서 이불 덮고 놀기 : 빨 때가 된 이불을 장난감으로 이용하는 놀이다. 욕조에 세탁할 이불을 넣고서 아이와 들어가서 논다. 이불을 빨 생각에 자꾸 밟으라고 재촉하지 말고, 거실에서처럼 그냥 놀면 된다. 그러다 보면 이불은 빨아진다. 놀다 보면 물이 차가워지는데, 그때마다 따뜻한 물로 갈아 놀면 빨래가 된다. 물속에서 이불을 덮고 누워 보시라. 색다른 경험에 그저 좋아라 헤헤거리는 아이를 볼 수 있을 것이다.

2. 양말 짝짝이 신고 옷 뒤집어 입기 : 아이들은 세상의 규칙과 규범을 배우느라 녹초가 되어 있다. 하루쯤 이 의무감에서 해방시켜 주자. 짝짝이 양말을 신고 옷을 뒤집어 입으면 아이들의 머릿속은 해방감과 함께 창의적인 생각으로 요동칠 것이다.

3. 놀토에는 그릇의 용도를 바꿔 보자 : 평상시 국그릇에 담아 주던 국을 머그 컵에 담고, 라면도 머그 컵에 담아 주자. 밥도 사발 대신 접시에 담자. 이 간단한 행동으로도 아이들은 행복하고, 꼬리에 꼬리를 물고 자라나는 생각들로 뇌 세포는 분주해진다.

4. **튀밥 공예** : 튀밥을 사 와도 먹는 데서 그치지 말고, 바늘과 실로 튀밥을 꿰어 보자. 목걸이도 만들고, 팔찌도 만들면서 튀밥 공예에 빠져 보자. 구슬만 꿰라는 법 있나. 튀밥도 얼마든지 예쁜 공예품이 될 수 있다. 그러다 지루해지면 목걸이, 팔찌를 뜯어 먹는다. 그 순간 공예품 예술가는 보석을 우적우적 뜯어 먹는 괴물로 변신을 한다.

이 밖에도 얼마든지 많다. 생각을 뒤집기만 하면 떠오르는 것이 방법이니까. 벌써 이 책을 읽는 동안에도 머릿속에 떠오르는 생각이 한두 가지가 아닐 것이다. 이보다 저게 낫고 못한 것도 없다. 생각을 뒤집는 것만으로도 아이들은 신선함을 선물 받을 테니까.

튀밥도 꿰어야 목걸이가 되듯 엄마의 머릿속에 있는 아이디어도 실행해야 비로소 보석이 될 수 있다.

2 산이 품고 있는 행복을 담아 오자

아이랑 산에 가도 무조건 오르기를 고집하는 부모들이 있다. 산에 가면 꼭 꼭대기에 올라야 한다는 것도 우리 어른들의 편견이고, 강박관념이다. 특히 아직 등산의 맛을 모르는 아이랑 산행을 할 때는 정상을 고집하지 말자.

아이들은 산하고 친해지는 데도 시간이 필요하다. 오늘 한 등성이 넘었으면 다음에는 두세 등성이 넘는 식으로 서서히 용량을 키워 가는 것이 좋다. 꼭 정상에 오르지 않아도 산에서 얻을 수 있는 것은 많다. 인생에서도 정상에 오르지 않고도 얼마든지 행복해질 수 있는 방법이 널려 있듯이.

산에 있는 시간은 아이의 건강을 체크할 수 있는 시간이고, 생각을 나눌 수 있는 시간이다. 모처럼 나무들이 내뿜는 신선한 공기를 들이마시며 컴퓨터, MP3 등에 빠져 사는 아이들의 기계 독을 떨어내는 시간이다. 온갖 나무들과 바위가 만드는 형상, 언덕이 그리는 곡선을 눈에 담고 가슴에 담는 시간이다. 새소리와 나뭇잎들이 살랑이는 소리를 귀에 담는 시간이다. 이게 바로 미술교육이고, 음악교육이다. 꼭 학원에 가서 배워야 하는 것이 예능교육은 아니다. 자연의 영상과 소리, 이미지를 담아 주는 것이 예능교육이다. 언젠가 이 이미지들은 새로운 모습으로 둔갑할 것이다. 그것이 바로 창작이고, 예술이다.

마음을 열고 몸을 열면 생각지도 않은 보물이 지천으로 널려 있는 것이 산이다.

때는 초겨울이었고, 관악산에 새벽 산행을 갔을 때다. 얼마나 걸었을까, 산마루가 가까워질 무렵이었다.

"엄마 아빠, 저것 좀 봐요. 수정 구슬 같은 게 수천 개나 나무에 매달려 있어요."

"정말이네. 이게 뭘까? 눈도 아니고, 비도 아니고."

"밤에 내린 서리가 얼어 있다가 지금 해가 떠오르니까 녹기 시작해서 이렇게 빛이 나나 봐요."

아이는 제 나름의 설명을 곁들였다.

그때 본 맑고 투명한, 금방이라도 흘러내릴 것처럼 아슬하던 서리 알을 지금도 잊을 수가 없다.

산이 있으면 무조건 올라야 하고, 올랐으면 내려와야 하는 데서 벗어나 아이에게 색다른 선물거리를 찾아보자. 오르기 좋은, 위험하지 않은 나무를 골라 아이를 오르게 하고, 엄마나 아빠도 적당한 나무에 올라가 슬슬 이야기를 풀어 놓자.

"아빠, 어렸을 때는 이러고 많이 놀았어. 이렇게 나무에 엎드려서 생각도 하고, 그러다 졸다 떨어지기도 했어. 그런데 나무 아래서 어떤 아주머니가 나물을 다듬고 있었던 거야. 아주머니는 놀라 '귀신이야, 귀신!' 하면서 맨발로 뛰어 달아났어. 다듬던 나물과 소쿠리, 신발까지 다 팽개치고. 한참 달아나다 뒤를 돌아본 아주머니가 날 알아보고 말았지."

그쯤에서 아이는 물을 것이다.

"그래서 어떻게 됐어요?"

"'너 사람 간 떨어지게 그럴 수 있어?' 하면서 엄청 혼났지, 뭐."

잠깐 쉬었다 이렇게도 말해 보자.

"○○야, 이렇게 나무에 귀를 대 봐. 나무 숨소리 같은 게 들리지 않니?"

"아무 소리도 안 들리는데요?"

"뿌리에서 가지로 물 올라오는 소리, 안 들려?"

어떤 녀석은 들린다고도 하고, 또 어떤 녀석은 들리지 않는다고도 할 것이다. 반응이 어떻든 다 좋다. 이렇게 한마디 던지는 것으로 아이 머릿속에는 생각거리가 떠돌게 되니까.

하나 더 선물하고 싶으면 이렇게 말해 보자.

"나무 피부에 얼굴을 대어 봐."

"나무껍질이지, 나무 피부가 뭐예요?"

아이는 그동안 배워 익힌 '알량한' 상식으로 자신 있게 공격해 올 것이다. 그 순간이 바로 상식 위에 '하나 더'가 있다는 사실, 시인의 감각을 살짝 던져 줄 기회다. 이미지 확장을 선물하는 거다.

"나무껍질은 나무의 표면을 덮고 있으니 나무 피부지, 뭐."

여기서 더 나아가 옥신각신할 필요 없다. 그냥 치고 나가야 하는 순간이다. 나무 피부라는 말을 받아들일지, 말지는 제 가슴과 머리로 복습할 문제니까.

"어쨌든 나무 피부에 볼을 대 봐."

"꺼칠꺼칠해요. 나무는 왜 이래요?"

"글쎄. 로션도 바르지 않고, 만날 추운 데서 노숙해서 피부가 튼 거 아닐까."

"참 나."

엉뚱한 말로 아이를 웃게 만들고 나무에서 내려와 걷는 길, 아이의 가슴에는 평화와 행복이 고이리라.

다행히 아이의 인내심과 체력이 허락해 산의 정상에 올랐다 하자. 아이는 마침내 해냈다는 자신감과 뿌듯함으로 볼이 발그레 달아오를 것이다. 그것은 부모에게도 기쁨이고, 자랑이다.

아이는 장난감 블록처럼 쌓여 있는 도시의 아파트들을 내려다보며 생각할지 모른다.

'날마다 엄마랑 공부해라 안 한다, 지지고 볶고 싸워 대는 아파트 한 칸이 세상의 다가 아니었구나. 이렇게 크고 넓은 세상이 있는데, 그걸 몰랐어.'

아이는 툭 터진 시야를 가슴에 담고 산을 내려올 것이다.

3 캠핑을 떠나자, 도시를 떠나자!

아이들은 우리 어른들이 생각하는 것 이상으로 캠핑을 좋아한다.

초등학교 클럽 중에 아람단이라는 단체가 있다.

"아람단은 일 년에 한 번씩 운동장에서 텐트 치고 캠핑하거든요. 그거 해 보고 싶어서 아람단에 들었어요."

서슴없이 말할 정도로 아이들은 캠핑을 좋아한다.

아이랑 하는 캠핑은 굳이 심산유곡을 찾을 필요 없다. 도시에서 가까운 산이면 된다. 차가 멈추자마자 아이들은 촐랑대며 텐트를 치겠다고 달려들 것이다.

여기 잡아라 거기 끼워라, 그건 세워야지 하면서 텐트를 세우는 것은 가족의 의미를 되새겨 준다. 비록 하루지만 가족이 들어와 살 집을 직접 짓는 있는 순간의 유대감은 그 어느 때보다 끈적끈적하고 질기다.

"모름지기 가족이 살 집은 이렇게 가족들이 몸소 지어야 하는데 말이야."

아빠의 입에서 이런 말이 나올 때도 바로 그때이다.

김치찌개에 참치를 넣자, 감자도 넣어라, 쌀은 씻어 왔냐면서 옥신각신하다 보면 식사 준비가 된다. 아이들은 그 어느 때보다 밥을 잘 먹을 것이다. 하기야 나무들이 내뿜는 산소와 들풀의 향기로 밥을 짓고 국을 끓였으니, 누가 이를 마다하겠는가.

밥을 달게 먹고 과일을 깎아 먹는 호사까지 누린 다음에는 텐트에 몸을 누인다. 비로소 자연의 피부인 땅껍질에 등을 갖다 댄 순간, 짜릿함이 전해 올 것이다.

그쯤 되면 하늘은 별 밭이 되어 있을 것이고, 아이들은 소리칠 것이다.

"하늘에 이렇게 별이 많았어요? 엄청 많다. 그런데 왜 서울에서는 별이 안 보였어요?"

환경과 자연의 관계에 대해 아이들과 토론하는 계기가 마련된다.

하지만 너무 길게, 심각하게 가지는 말자. 어렵게 떠난 하루마저 아이들을 경각심과 책무로 밀어붙일 필요는 없지 않은가! 그리고 한순간 흥분한다고 환경문제가 해결될 일도 아니지 않은가!

그보다 지금은 자연을 느껴야 할 때이고, 금방이라도 쏟아져 내릴 듯 하늘을 수놓고 있는 별을 가슴에 담을 때다. 귓속에 들어찬 컴퓨터, 텔레비전의 기계음을 씻으며 위로받고, 자연에 흠뻑 취해야 할 때다.

자연의 품에 안겨 자고 일어난 아침은 가습기를 틀지 않아도 습도가 넉넉하다. 청량음료처럼 코에 싸한 '자연 원조' 공기를 들이마시며 아침밥을 짓고, 하룻밤 등을 기대고 잤던 텐트를 걷으며 아이들은 느낄 것이다.

'사람 사는 게 별게 아니구나. 이렇게 단순하고 간소할 수도 있구나. 맘만 먹으면 아파트에 꽉 들어찬 물건들 없이도 살 수 있겠어⋯⋯.'

무수한 생각들이 아이들의 머릿속을 들락거릴 것이다.

도시로 다시 돌아온 아이는 한동안이나마 행복하게 지낼 것이다. 하루하루의 삶이 고단할지라도 자연을 충전하고 왔으니, 얼마간은 그런대로 견딜 만하다.

그렇다면 그 다음은? 차에 기름을 넣듯 또 자연을 충전하러 가면 된다. 자연을 충전하는 방법도, 장소도 널려 있는 것이 세상이니까.

4 문화의 향기에 취해 봐—**국립중앙박물관**

놀토 하면 박물관 견학부터 떠올리는 부모가 많다. 그래서 이 글을 읽으면서도 왜 안 나오나 했을 것이다.

알다시피 박물관에 전시된 문화유산은 우리 문화를 대표하는 민족의 전령이다. 유물들은 아이들의 정신을 발달시키고, 미적 감각과 안목, 교양인으로 자라는 데 필요한 온갖 영양소들이 응축되어 있는 종합 비타민이다.

하지만 이렇게 엑기스만 응축된 영양소도, 단번에 무리하게 섭취하고 폭식해서는 효과를 거둘 수 없다. 엄마 손에 이끌려 서너 시간씩 박물관에서 뺑뺑이를 도는 아이들의 얼굴은 퉁퉁 불어 있을 때가 많다. 엄마 입장에서는 모처럼 짬을 냈으니 다 보고 오려는 생각을 하는 것이 당연하다. 하지만 무리해서 수박 겉 핥기 식으로 눈인사만 하는 것은 오히려 아이들에게 박물관과 유물에 대한 인식을 좋지 않게 심어 줄 수 있다. 문화가 고플 때마다 여러 번 간다는 생각으로, 너무 길지 않게 관람 계획을 짜는 것이 필요하다.

'박물관은 지겨워'(수지 모건스턴 지음)라는 동화가 있다. 문화 중독증에 걸린 엄마 아빠를 둔 아이의 이야기이다. 아이는 박물관, 역사 기념관, 전시회, 유적이 '웬수'이고, 끔찍한 고문 도구라고 말한다. 문화야말로 자신을 줄기차게 쫓아다니는 끔찍한 '귀신'이라고 한다. 물론 우리와는 환경이 다른 프랑스의 이야기이다. 우리는 아직 문화 중독증보다는 결핍 상태에 있으니까 말이다. 하지만 시사하는 바가 크다.

아무리 좋은 것이라고 해도, 설령 그것이 문화일지라도 무작정 우겨 넣어선 될 일이 아니라는 반성을 하게 한다. 그 어떤 일이든, 그것이 아이들 대상일 때는 두 번 세 번 심사숙고해야겠다는 생각을 하게 된다. 요즘 박물관에서 시도하는 어린이 전문 프로그램들도 그 결과가 아닌가 생각한다.

국립중앙박물관의 어린이박물관은 아이들이 직접 눈으로 보고, 손으로 만지며, 가슴으로 느끼는 고고학 중심의 어린이박물관으로 운영되고 있다. 열려 있는 전시 학습 공간으로 아이들에게 유물을 보는 새로운 시각을 열어 주려고 노력하고 있다.

박물관의 특화된 프로그램과 함께 하나 더 있어야 할 것은 엄마가 오가는 재미를 느끼도록 부대 서비스를 베푸는 거다. 아이들은 문화를 감상할 때도 먹을거리가 있어야 행복해한다. 김밥처럼 간단한 음식을 싸 가지고 가서 그늘집, 거울못, 어울마당 등에 마련된 휴식 공간에서 느긋하게 여유를 즐기는 것도 박물관에서 맛볼 수 있는 또 다른 즐거움이다. 바람에 흔들리는 나뭇잎, 사람들의 걸음걸이와 표정도 문화와 함께 있어서 그런지 다르다는 것을 느낄 수 있다.

물론 박물관 안에도 음식점은 있다. 하지만 너무 번잡스럽다 보니 박물관이 아니라 백화점이나 할인점에 와 있다는 착각이 들 정도다. 몸에 쐬고, 가슴에 담은 문화의 잔상이 달아날까 봐 걱정이 된다.

박물관에 대한 고정관념을 깨뜨리는, 역발상의 영화 '박물관은 살아 있다' 라는 영화가 있다 그걸 아이랑 함께 보는 것도 좋을 것 같다.

실제로 박물관에 다녀오고, '박물관은 지겨워' 라는 책을 읽고, '박물관은 살아 있다' 라는 영화를 본 아이들. 그 아이들은 박물관에 대해서 무슨 생각을 할까? 궁금해진다.

위치
서울특별시 용산구 용산동6가 168-6번지

전화번호
02-2077-9000

관람 시간
화·목·금요일 : 오전 9시~오후 6시

수·토요일 : 오전 9시~오후 9시(야간 개장으로 관람 시간 3시간 연장)

일요일/공휴일 : 오전 9시~오후 7시

휴관일
1월 1일과 매주 월요일은 휴관

관람료
일반 2,000원(20인 이상 1,500원)

청소년 1,000원(20인 이상 500원)

어린이박물관 500원

교통편

지하철 : 1 · 4호선 이촌역 2번 출구, 용산가족공원 방향으로 150미터

버스 : 초록 버스 0211, 빨강 버스 9502

※ 좀 더 자세한 정보는 국립중앙박물관 누리집 www.museum.go.kr
에서 찾아보시기 바란다.

5 원시인이 되어 봐—암사동 선사 주거지

암사동 선사 주거지는 1925년 한강 대홍수로 처음 유적지가 발견된 이래, 여러 차례의 발굴 과정을 거쳐 지금의 모습을 이루게 되었다. 지금까지 우리나라에서 발견된 신석기시대 사람들의 최대 집단 취락지이다. 전체 82,362.65㎡의 대지 위에 잔디와 나무가 우거져 있으며, 두 개의 원시생활전시관 그리고 야외에 아홉 개의 움집 및 관람객이 직접 들어가서 신석기시대 사람들의 생활상을 직접 볼 수 있는 한 개의 개방형 '체험 움집'이 설치되어 있다.

원시생활전시관에는 6000년 전의 집터 여덟 개, 빗살무늬토기, 석기 돌도끼 등 신석기시대의 유물 및 신석기시대 사람들의 생활상에 대한 각종 입체 모형, 발굴 당시의 현장 축소 모형, 자동 작동 프로젝션 TV, 자료 검색용 터치스크린 컴퓨터, 직접 실습할 수 있는 불 피우기 도구, 기념사진 촬영을 위한 원시인 모형 등이 있다.

특히 눈길을 끄는 개방형 '체험 움집'에서는 창을 손질하고 있는

아버지의 모습, 돌칼로 고기를 써는 어머니의 모습, 물고기를 굽는 아들의 모습, 음식을 먹고 있는 딸의 모습을 볼 수 있다. 그리고 당시 음식물을 보관해 두었던 저장고 시설, 자동 감지 설명 내레이션이 설치되어 있어서 관람객들의 신석기시대 사람들의 생활상에 대한 이해를 돕고 있다.

암사동 선사 주거지는 다른 유적지가 주는 엄숙함, 숙연함보다는 편안함과 위안을 준다. 원시시대 사람들의 움집에 들어가 웅크리고 앉아 있으면 엄마의 뱃속에 다시 들어간 것 같은 안락함과 평화로움을 느낄 수 있다. 눈이 핑핑 돌아가는 현대의 속도와 거기서 느끼는 아찔함과 피로를 잠시나마 밀쳐놓을 수 있다. 원시시대의 고즈넉함과 원시인들의 느긋함이 감싸고 돌며 나른함을 선사해 준다.

아이들은 첨단 과학관, 미래의 우주 과학관에 가서 과학과 우주, 미래에 대한 비전을 얻고 희망을 읽을 필요가 있듯이, 원시시대로 여행을 떠날 필요도 있다. 그래야 정신의 균형이 생긴다. 역사가 보이고, 갈 길을 넓고 길게 볼 수 있는 안목이 생긴다.

공부와 학원에 지친 아이를 하루만이라도 원시의 낙원에서 뛰놀게 하는 것은 어떨까?

위치
서울특별시 강동구 암사동 155번지

전화

02-3426-3857, 3867

관람 시간
하절기(3월~10월) 오전 9시 30분~오후 6시
동절기(11월~2월) 오전 9시 30분~오후 5시

휴관일
1월 1일, 매주 월요일(월요일이 공휴일인 경우는 다음날)

관람료
18세 이상 500원(30인 이상 400원)
18세 이하 300원(30인 이상 200원)

교통편
승용차 : 천호대교를 지나 천호동 사거리에서 현대백화점을 끼고
암사동 방향으로 좌회전하여 약 7분 정도 직진
지하철 : 8호선 암사역에서 하차, 1번 출구로 나와 마을버스 강동
02, 강동03, 강동05번 이용
버스 : 광나루 삼성아파트 하차, 선사 주거지 방향 도보로 10분
3211, 4311, 340번

※ 좀 더 자세한 정보는 강동구청 누리집 www.gangdong.go.kr에서 찾
아보시기 바란다.

6 폴짝폴짝 널뛰고, 쿵덕쿵덕 떡판 치고— 남산골한옥마을

남산 북쪽 기슭 필동 지역은 조선시대에는 신선이 사는 곳으로 불릴 만큼 경관이 아름다운 지역이었다고 한다. 이곳의 옛 정취를 되살려 골짜기를 만들어 물이 흐르게 하고, 정자를 짓고, 나무를 심어 전통 정원과 전통 가옥을 조성하여 시민들에게 도심 휴식 공간으로 개방하고 있는데, 이곳이 바로 남산골한옥마을이다.

전통 가옥은 서울의 팔대가 중 하나였던 박영효 가옥으로부터 일반 평민의 집에 이르기까지 전통 한옥 다섯 채를 옮겨 놓았다. 이들 한옥에는 집의 규모와 살았던 사람의 신분에 걸맞는 가구들을 예스럽게 배치하여 선조들의 생활 모습을 직접 보고 알 수 있게 하였다. 그리고 전통공예관에는 무형문화재로 지정된 기능 보유자들의 작품과 관광 기념상품을 전시하고 있다.

남산골한옥마을에는 한지 공예, 천자문, 사물놀이, 서예, 사군자 등 전통문화 강좌와 양반 복식을 체험할 수 있는 '나도야 양반'과 '전통 혼례 체험' 프로그램이 있다. 그리고 무료로 전통 한방을 체험할 수 있는 프로그램도 마련되어 있다.

아이와 대청마루에 앉아 한지를 자르고 붙이다 고개를 들어 남산을 올려다보자. 남산이 이렇게 아름다운 산이었나, 탄성이 나올 것이다.

쿵덕쿵덕 떡판 치는 소리가 나면 뒤뜰로 나가 직접 인절미 떡메를 쳐 보자. 차진 인절미를 입에 넣고는 새끼를 꼴 수도 있고, 짚 멍석 위에 괴어 놓은 널판에 올라 널뛰기를 할 수도 있다.

널뛰기에 대해서는 부끄러운 기억이 있다. 한 아주머니와 짝을 이뤄 몇 번 뛰어 보니 폴짝폴짝 제법 장단이 맞았다. 그래서 눈을 질끈 감고 다리에 힘을 모아 풀쩍 뛰어올랐다 널판에 발을 내려놓았다. 그런데 눈을 뜬 순간 아주머니가 널판에 없었다. 때마침 여우비가 내려 촉촉이 젖어 있는 땅바닥에 나동그라진 것이다.

"죄송해요. 어떡해요, 정말 죄송해요!"

바지에 묻은 흙을 털어 드리는데 아주머니는 괜찮다며 쏜살같이 달아나 사람들 속에게 묻혔다. 아주머니를 찾으러 다니다 장독대를 발견하고, 옹기들 사이에 웅크리고 앉았다.

"엄마, 뭐 하는 거예요?"

"아주머니 날린 거, 지금 반성하고 후회하는 거야. 장독대는 장을 보관하는 곳이기도 하지만, 이렇게 반성하고 후회하고 혼자 생각에 빠지는 곳이기도 하거든."

"참 나. 기가 막혀."

아이는 지금도 남산골한옥마을 얘기만 나오면 혀를 차면서 나를 탓한다.

"엄마, 널을 뛴다고 아주머니를 날려 버리면 어떡해요? 사람들이 다 쳐다보고 정말 쪽팔려 죽는 줄 알았어요."

남산골한옥마을보다 아이 머릿속에는 엄마의 무지막지한 널뛰기 실력과 날아가던 아주머니의 동선이 깊이 박혀 있나 보다.

이렇게 어디를 가든 그 장소의 고유 의미에 보태어질 추억 하나쯤 선물해 주면 어떨까. 아이의 행복을 위해서라면 망가지는 것쯤이야 얼마든지 할 수 있는 일 아닌가. 하지만 아주머니를 날린 것은 진실로 고의가 아니다. 아주머니, 정말 죄송해요!

__위치
서울특별시 중구 필동 2가 84-1번지 일대

__전화
02-2266-6923

__관람 시간
하절기(3월~10월) : 오전 9시~오후 10시
동절기(11월~2월) : 오전 9시~오후 8시

__휴관일
매주 화요일(화요일이 공휴일인 경우는 다음날)

__관람료
무료

__교통편
지하철 : 3 · 4호선 충무로역 하차, 3번 출구로 나와 중대부속병원과

매일경제신문사 샛길로 200미터

버스 : 퇴계로 3가 극동빌딩 앞 하차 0013, 0211, 104, 105, 263,
371, 400, 604, 7011번

(남산골한옥마을은 주차창이 협소하므로 대중교통을 이용하는 것이
좋다.)

※ 좀 더 자세한 정보는 남산골한옥마을 누리집 www.hanokmaeul.org
　 에서 찾아보시기 바란다.

7 교수대에 앉아 봐 ─ 서대문형무소역사관

　서울의 한 초등학교 4학년 교실, 현장학습으로 갈 곳을 정하는 시
간이었다.

　놀이 공원에 가자는 아이들이 많았으나, 선생님은 놀이 공원을 제
외시키고 서대문형무소, 전쟁기념관, 국립중앙박물관, 덕수궁 중 의
견을 조사해 많이 나온 데를 가자고 했다. 40명 중 서대문형무소 23,
전쟁기념관 8, 국립중앙박물관 5, 국립묘지 4표가 나왔다고 한다.

　소식을 전하는 지현이에게 물었다.

　"그런데 왜 그렇게 서대문형무소에 가자는 애들이 많았을까?"

　"형무소나 교도소 그런데는 쉽게 갈 수 있는 곳이 아니니까 궁금
하잖아요. 그리고 요즘 우리들은 엽기적인 것을 좋아하거든요. 거기
가면 뭔가 엽기적인 것이 있을 것 같잖아요."

순간 '엽기적'이라는 단어와 서대문형무소를 한자리에 놓는 아이들의 정서를 받아들이기 힘들었다. 어쨌든 '아이들은 아이들이다'는 생각이 들었다.

서대문형무소는 일제가 우리나라를 점령하고 그들의 침략에 항거하는 수많은 애국지사들을 투옥하기 위해서 1908년에 경성감옥이란 이름으로 문을 열었다. 수많은 애국지사들이 투옥되어 고문을 받으며, 처형되거나 옥사했던 악명 높은 감옥이다.

1945년에 서울형무소로, 1961년에 서울교도소로, 1967년에는 서울구치소 바뀌었다. 1987년 서울구치소가 경기도 의왕시로 옮겨 간 뒤, 애국선열들의 넋을 기리고, 후손들에게 우리 민족의 자주독립 정신을 일깨워 주기 위한 역사의 산 교육장으로 삼기 위해 새롭게 단장하여 1998년 '서대문형무소역사관'을 개관하였다.

서대문형무소역사관에는 그때 당시 일제가 우리 선열들에게 자행했던 손톱 찌르기, 상자 고문, 전기 고문 등 온갖 악행을 엿볼 수 있는 고문실 등이 전시되어 있다. 단연 눈에 띄는 건 사형장이다.

사형장 내부에는 개폐식 마루판 위에 사형수가 앉는 의자가 있고, 천장에서 굵은 동아줄이 내려져 있다. 교수대 의자에 앉아 순국선열들의 마지막 가는 길이 어떠했을까 상상하며 직접 체험할 수 있도록 되어 있다.

사형장 바로 옆에는 사형을 집행한 시신을 형무소 밖 공동묘지에 몰래 버리기 위해 일제가 뚫어 놓은 비밀 통로인 시구문이 있는데,

그쯤에서는 아이들의 눈빛이 달라진다. 하지만 이 기회를 이용해 애국과 민족 교육을 하겠다고 '잔인한 일본놈들……' 하면서 어른들이 먼저 흥분해 욕하지 말자. 오히려 말을 아끼며 아이들이 어떤 반응을 보일지 지켜볼 일이다.

그런데 전시관에 설명된 안내문 앞에서 소리치는 선생님들이 자주 눈에 띈다.

"이거 다 노트에 써."

"니들, 이거 다 외워야 한다."

어떤 선생님들은 다른 관람객은 생각 안 하고 목이 터지라고 부연 설명을 한다. 학생들을 단체로 인솔해 온 교사들의 목소리가 고문실에서 퍼져 나오는 여죄수들의 신음 소리보다 귓가에 더 쟁쟁하게 남는 이유는 뭘까? 아이들을 제대로 교육시켜야겠다는 책무와 열정이 그 어느 때보다 강하게 솟구치는 순간이지만, 그 욕구를 참고 아이들이 받는 느낌 그대로를 존중해 주는 게 필요할 것 같다.

위치

서울특별시 서대문구 의주로 247(현저동 101번지)

전화

02-360-8590~1

관람 시간

하절기(3월~10월) : 오전 9시 30분~오후 6시

동절기(11월~2월) : 오전 9시 30분~오후 5시

__휴관일
1월1일, 설날, 추석, 매주 월요일(월요일이 공휴일인 경우는 다음날)

__관람료
어른 1,500원(30인 이상 1,200원)
청소년 1,000원(30인 이상 800원)
어린이 500원(30인 이상 400원)

__교통편
지하철 : 3호선 독립문역 하차 5번 출구로 나와 독립공원 방향
버스 : 현저동 또는 독립문 정류장에서 하차
파랑 버스 - 471, 701, 702, 703, 704, 720, 752
초록 버스 - 7019, 7021, 7023, 7025, 7712, 7737
빨강 버스 - 9701, 9703, 9705, 9709, 9710, 9711, 9712
승용차 : 주차장이 마련되어 있음

※ 좀 더 자세한 정보는 서대문형무소역사관 누리집 www.sscmc.co.kr에
  서 찾아보시기 바란다.

8 눈 속 동 화 마을—통나무집

누가 말했던가. 도시는 떠나기 위해 있고, 돌아오기 위해 있는 거

라고. 가끔은 도시를 떠나 한적한 곳에서 편안히 쉬면서 육체적으로, 정신적으로 지친 몸을 위로받고 싶다. 그동안의 피로와 긴장을 풀고, 다시 열심히 일할 수 있도록 의욕과 원기를 얻고 싶다.

공부와 학원에 지친 아이들도 마찬가지리라. 성장에는 성장통이 따르듯 아이들은 무 크듯 그냥 크는 것이 아니다. 우리 어른들 모르게 아이들은 크느라 지금 무척 힘들 것이다. 거기다 성장기에 요구되는 과도한 공부 스트레스까지 그들을 압박하고 있지 않은가! 그 어느 때보다 자연의 위로가 필요한 때이고, 자연 속에서의 휴식과 휴양이 절실한 아이들이다.

가끔 아이들과 함께 울창한 숲, 맑은 물이 흐르는 계곡, 운치 있는 통나무집, 호젓한 숲 속, 산책로가 있는 가까운 휴양림을 찾아가자. 나뭇가지 사이로 햇살이 퍼지는 숲길을 걸으며 나무가 내뿜는 피톤치드를 쐬며 위로를 받고, 원기를 얻자.

절대 어렵지 않다. 도시 근교에 가면 하루 이틀 쉬었다 올 수 있는 통나무집이 적지 않다. 사설 통나무집도 있지만 되도록이면 산림청에서 운영하는 통나무집을 이용하는 것이 좋다. 산림을 훼손하지 않으면서도 경관 좋은 곳에 불편하지 않도록 잘 꾸며 놓았을 뿐만 아니라 가격도 저렴하다. 휴양림에 가면 그동안 세금을 그냥 내지 않았다는 거, 그래도 정부가 필요하다는 거, 거기다 사랑받고 있다는 느낌까지 챙겨 올 수 있다.

통나무집은 숲에 있기 때문에 언제 가도 좋지만, 겨울에 가는 것이 특히 운치가 있다. 하얀 눈에 파묻힌 통나무집이 낭만적이기 때문이다. 산속에 깊숙이 파묻혀 있어서 그런지 통나무집에 갈 때마다 눈이 내렸다. 아침에 일어나면 온 천지가 눈 속에 파묻혀 있었고, 통나무집은 동화의 집이 되어 아이들에게는 더없이 좋은 선물이 되었다.

그럴 때는 스노타이어를 끼워도 언덕을 오르내리지 못한다. 하지만 걱정할 것 없다. 관리소에서 힘을 써 주어 나오고 싶은 날에 못 나온 적은 아직 한 번도 없었으니까.

"아예 눈 때문에 집에 못 갔으면 좋겠다. 그럼 핑계 대고 하루 더 여기서 쉴 수 있잖아."

아이들은 간절히 바랐지만 관리소의 노력과 배려는 아이들의 기대를 꺾어 놓을 만큼 좋았다.

휴양림을 다니다 보면 예상하지 못했던 보너스를 얻을 때도 있다. 강원도에 있는 한 휴양림에 갔을 때다. 휴양림 근처를 배회하며 손님들이 주는 뼈다귀 등을 얻어먹는 개가 있었다. 그 개는 휴양림 손님들이 산책에 나설 때면 어김없이 몇 걸음 앞에 서서 길 안내를 했다. 돌아올 때도 마찬가지였다. 자신이 얻어먹은 뼈다귀가 공짜가 아니고, 공짜 밥은 안 먹겠다는 듯 멋진 서비스를 제공했다. 하얀색 개였는데, 지금도 그 모습이 눈에 선하다. 아이들은 지금도 가끔 말한다.

"백구 보고 싶다. 백구는 잘 있을까? 그리고 지금도 휴양림 손님들 길 안내를 할까?"

산림청에서 운영하는 통나무집은 경기도, 강원도 충청도, 전라도,

경상도, 제주도에 있기 때문에 골라서 갈 수 있다.

통나무집에 가려면 예약을 해야 하는데, 인터넷 예약만 가능하다. 예약이 끝나면 계약금을 입금하고, 가는 길을 인터넷으로 내려 받아 인쇄해서 가지고 가면 된다.

겨울철에는 스노타이어를 가지고 가는 것이 필수다. 어디나 마찬가지지만, 휴양림도 지은 지 얼마 안 되는 곳일수록 쾌적하다.

통나무집을 한 채 빌려 주는 형식인데, 콘도와 마찬가지로 음식 재료는 각자 준비해 가지고 가야 한다.

9 흐르는 강물에 네 마음을 띄워 봐 —
강 따라 걷기

역사책을 읽다 보면 옛날에는 강이 국가 안보 차원에서 매우 중요한 의미가 있었다는 것을 새삼 느끼게 된다. 적의 침략을 피하고자 강을 끼고 수도를 정하거나, 식량을 확보하기 위해 강을 따라 주거지가 형성되고, 수도가 건설되는 걸 보게 되기 때문이다. 고구려, 백제, 신라 삼국이 한강을 두고 치열한 각축전을 벌인 것만 해도 강의 상징성과 그 의미가 얼마나 컸나를 짐작할 수 있다. 강은 그렇게 전략적 요충지이자, 국민을 먹여 살리는 젖줄이었던 셈이다.

하지만 현대를 사는 우리들에게 강은 그런 의미가 많이 퇴색했다.

강은 우리에게 식수와 농산물 생산이라는 실질적인 차원 못지않게 정서적인 차원에서도 많은 선물을 준다. 그만큼 강의 가슴은 넓고, 깊고, 길다. 언제든, 어떤 모습으로 다가가든 메마른 가슴을 촉촉이 적셔 주고, 걱정거리를 함께 나눈다. 그렇다고 소란스럽지도 않다. 늘 한결같은 모습으로 우리의 격정과 분노를 진정시키고 가라앉혀 준다. 세상이 끝날 것 같은 아픔과 고통도 시간과 함께 흘러갈 것이라고 속삭여 준다.

가끔은 아이들과 함께 강을 따라 걷자. 아이들에게도 강의 가슴을 소개해 주고, 강의 위로를 선물하자. 아이들은 강가에 나왔다는 것만으로도 해방감을 느낄 것이다. 강 위에 난 다리 위를 차로 씽씽 달릴 때도 좋지만, 다리 아래의 강둑을 따라 걷는 기쁨도 색다르고 크다는 걸 느낄 것이다.

강물에서 올라오는 비릿한 냄새에 코를 벌름거리며 물어보시라.

"배부르지? 미네랄이 풍부한 강물이라서 그래."

"미네랄이 강 속에 있지 공기 속에 있어요?"

"물이 증발할 때 공기 속으로 나온 것도 많아. 돈 안 받을 테니까 실컷 먹어."

강변에서는 엉터리 궤변을 늘어놓아도 재미가 있고, 용서가 된다.

한강처럼 다리가 많은 강을 따라 걸을 때는 한강대교, 반포대교 등 다리의 이름과 순서, 각기 다른 디자인을 비교하면서 걷는 것도 또 다른 재미다. 강둑에 마련된 체육 시설과 자연 학습장을 둘러보는 것도 빼놓을 수 없다. 그러다 보면 많이 걷게 되니 자연히 운동까지 된다.

걷다가 미사리까지 갔다면 강둑에 올라 보시라. 그냥 미사리 강둑을 목표로 차를 타고 가도 좋다. 미사리에서 하남시까지는 여전히 흙 길이어서 특히 좋다. 발에 밟히는 서늘한 흙 맛이 신경을 타고 머리까지 올라오는 느낌이 참 상큼하다.

차 트렁크에 준비해 간 연을 꺼내 날려 보는 것도 색다른 즐거움이다. 연줄을 끌어당겼다 놓아주었다 하며 손에 느끼는 '장력'을 시험하며 바람과 놀고 있는 아이의 얼굴을 보시라. 아이의 볼은 손맛에 불그레하게 달아올라 있을 것이다.

그쯤에서 엄마가 '연날리기' 노래의 첫 소절을 중얼중얼 해 보자.

에헤야디야 바람 분다, 연을 날려 보자~.

가족은 어느새 입을 맞춰 노래를 부를 것이다.

에헤야디야 잘도 난다, 저 하늘 높이 난다.
무지개 옷을 입고 저 하늘에 꼬리를 흔들며,
모두 다 어울려서 친구 된다, 두둥실 춤을 춘다.
에헤야디야 바람 분다, 연을 날려 보자.
에헤야디야 잘도 난다, 우리의 꿈을 싣고.

돈만 지불하면 서비스가 즉각즉각 제공되어서일까. 도시에 살다 보면 돈만 있으면 되고, 돈이 전부라는 생각을 갖게 되곤 한다. 그 생각을 좀 누그러뜨리고 시정할 수 있는 곳이 강이 아닌가 생각한다. 돈 없이도 강은 우리에게 서비스를 제공하니까. 언제든지 찾아가면 가슴속까지 씻어 주고, 헹궈 주며, 새로운 원기를 심어 준다.

강의 비린내가 고프다. 또 강가로 나갈 때가 되었나 보다.

10 새끼 꼬아 짚 뱀을 만들어 봐 — 짚풀생활사박물관

짚은 우리가 먹을 수 있는 곡식의 이삭을 떨어낸 줄기 부분이며, 풀은 일부러 재배하지 않아도 산과 들에서 저절로 자라난 것들이다. 짚과 풀은 인간과 함께한 가장 오래되고 가장 널리 쓰이던 재료이다. 특별한 연장 없이도 짚과 풀만 있으면 집을 지을 수도 있고, 농기구 등 생활에 필요한 여러 용품을 만들 수 있었기 때문이다.

농경민족이었던 우리 조상들은 특히 생활 용구나 건축 재료에 짚과 풀을 많이 썼다. 우리 조상들의 삶에 깊숙이 자리 잡았던 짚풀로 만든 물건을 볼 수 있는 곳이 있다. 바로 짚풀생활사박물관이다.

여기에는 짚신, 망태기, 멍석, 달걀 꾸러미 등 생활 용품과 공예품 등 짚과 풀에 관련된 민속자료 3,500여 점을 비롯하여 제기 1,000

점, 한옥 문 200세트, 세계 각국의 팽이 500여 점, 슬라이드 25,000여 점과 동학농민운동과 관련한 자료를 전시하고 있다.

이런 전시물을 관람하는 것도 큰 즐거움이지만, 짚과 풀로 직접 물건을 만들어 볼 수 있는 체험 시간을 아이들은 특히 좋아한다.

한 무더기씩 볏짚을 앞에 놓고, 묶고, 자르고, 비비고, 꼬고 하면서 풀 냄새, 시골 냄새에 취해 있는 아이들 얼굴을 한 번 보자. 학원 갈 때, 시험공부 할 때의 얼굴이 아니다. 눈은 빛나고, 입은 헤벌어져 시종 웃음을 흘리고 있다. 새끼 꼬아 금줄을 만들고, 얼기설기 엮고 묶고 하다 보면 형태가 살아나는 달걀 꾸러미, 마침내 다 된 짚 뱀을 목에 걸고 환호하는 아이 등 아이들은 작은 감동과 기쁨으로 달아오른다. 짚이 쌀의 볏짚에서 나왔다는 것조차 모르던 아이들이 어느새 짚을 조몰락거리며 친해져 간다.

체험 교실은 주말과 평일에 열리는데, 평일에 참가하려면 열 명 이상 단체로 신청을 해야 한다. 그러니까 엄마가 아이를 데려가기는 놀토가 제격이다.

하루쯤 컴퓨터 자판을 두드리던 손으로 거친 듯하지만 부드러움을 한껏 품고 있는 짚을 꼬고, 비비고, 묶으며 보내도록 하는 것은 어떨까.

아마도 돌아올 때는 작은 가슴마다 편안함과 여유로움을 삼태기 가득 담아 올 수 있을 것이다.

위치

서울특별시 종로구 명륜동 2가 8-4

전화

02-743-8787~8

관람 시간

오전 10시~오후 5시 30분

휴관일

1월 1일, 설날, 추석, 매주 월요일

관람료

어른 4,000원(20인 이상 3,000원)

어린이 및 청소년 3,000원(20인 이상 2,000원)

65세 이상 어르신 3,000원(20인 이상 2,000원)

교통편

지하철 : 4호선 혜화역 4번 출구

버스 : 혜화동 로터리 방향

초록 버스 - 1011, 1012, 1018, 1019, 2112

파랑 버스 - 101, 102, 103, 104, 106, 107, 109, 140, 143, 150,
            151, 160, 161, 162, 171, 172, 272, 301

빨강 버스 - 9101, 9410

※ 좀 더 자세한 정보는 짚풀생활사박물관 누리집 www.zipul.com에서
   찾아보시기 바란다.

11 논두렁 밭두렁을 걸어 봐—**농촌 체험**

도시인구가 80퍼센트를 넘어섰다고 한다. 예전과 달리 많은 사람들이 도시에 삶의 기반을 두고 생활하고 있는 셈이다.

하지만 우리는 완전히 농촌을 잊고 살 수 없고, 떠나 살 수 없다. 우리의 식탁에 오르는 채소와 과일은 여전히 흙에서 자라기 때문이다. 그리고 농사를 짓던 조상들의 유전자를 가지고 있어서인지 도시에 살고 있어도 농촌에 끌린다. 농촌에 가면 마음의 여유와 평화를 얻게 된다.

그래서일까. 요즘에는 농촌에도 가 볼 만한 곳도 많고, 프로그램도 다양하게 마련되어 있다. 도시인들의 수요에 농촌이 발 빠르게 부응한 결과다. 인터넷을 켜고 키보드만 누르면 모내기와 보리타작, 감자 수확, 과일 따기, 벼 베기는 물론 미꾸라지 잡기, 반딧불이 생태 체험, 황소가 끄는 달구지 타기에 이르기까지 선택의 폭이 넓다.

도시 생활이 지루하고 심드렁해질 때 놀토를 이용해 아이와 함께 프로그램을 검색해 1박 2일 정도 농촌으로 떠나 보자. 도시와는 코드가 다른 농촌에 몸을 풍덩 담갔다 오면 정신이 새로워짐을 느낄 것이다.

그런데 이런 생각이 들 수도 있다. 체험이나 추억을 선사해 주는 것은 좋지만 모든 게 돈을 내고 이루어지고 있는 것 아닌가? 어딘가 돈 냄새가 나는 것이 싫고, 돈으로 거래되는 서비스에 거부감이 있다면 자급자족할 수 있는 방법을 찾으면 된다.

이 시대에 자급자족이라니? 놀랄 것 없다. 가서 농사지으라는 것이 아니다. 굳이 돈을 내고 거래하지 않아도 농촌을 느끼고, 정취를 가슴에 담을 수 방법은 의외로 간단하다. 그리고 많다. 다만 시도하지 않을 뿐이다.

차를 타고 교외로 나가 아담한 농촌 마을을 둘러본다. 마을 뒷길도 걸어 보고, 대나무 숲에 들어가 대숲 향기에 코를 벌름거리며 푸른 향내를 마신다.

"누구네 친척인가? 본 적이 없는 사람들이 마을을 기웃거리네? 혹시 땅 사러 왔나?"

이런 눈빛 정도는 감수해야 한다. 아니면 그런 척하며 연기를 하는 것도 잠깐이니 재미있는 일이다. 동네 개들도 모처럼 일거리를 찾은 듯 목청을 돋울 수 있다. 개를 짖게 하는 것도 체험 프로그램이 될 수 있다는 생각으로 즐기시라.

그것이 시끄럽게 느껴지면 개도 따돌리고 행동반경도 넓힐 겸 밭으로 나가자. 누구네 밭두렁인지 모르지만 밭두렁을 밟아 보자. 밭두렁 밟았다고 돈 내라는 사람 없으니 마음껏 밟아 보자. 몇 두렁만 밟아도 느낄 것이다. 밭도 다 같은 밭이지만 다 다르다는 것을. 모양도, 색깔도, 냄새도, 흙을 구성하는 입자도 다 다르다.

작물에 피해를 주지 않는 한 밭에 발을 들여놓아도 된다. 작물이 없는 밭이라면 실컷 밟아 보자. 다져지지 않은 땅이라, 작물이 뿌리를 박고 사는 땅이라 부드러워 흙이 신발에 들어갈 수도 있다. 하지만 그게 어디 두려운 일인가!

이제 좀 더 시야를 넓혀 들로 나가자. 봄, 여름의 푸른 들판이어도 좋고, 가을의 황금 들판도 좋다. 농수로를 걷고, 논두렁을 걸어 보자. 놀란 개구리가 오줌 싸고 달아나고, 메뚜기가 점프를 하고, 뱀이 웬일이냐며 눈을 흘기며 쓰윽 자리를 비켜 갈지도 모른다. 논두렁에는 늘 이렇게 새로운 긴장이 있다. 현재 진행형으로 생물이 살아 있기 때문이다.

그런데 추수가 끝난 텅 빈 들판도 꽉 찬 들판 못지않게 운치가 있다. 아니 아이들이랑 유람하기엔 더 좋다. 보는 것만으로도 시원하고, 거칠 것이 없어서 속이 시원해진다. 벼를 베고 난 뒤 남은, 벼 그루터기를 딛고 올라서 보자. 쓰윽 아래로 미끄러지는 맛이 그만이다. 즉시 게임을 만들어 할 수도 있다. 이름 하여 벼 그루터기만 밟기 게임 누가 제일 잘하나.

그 게임이 시들해지면 톨스토이의 작품 《인간에게는 얼마나 많은 땅이 필요한가》에 나오는 파홈이 되어 보자. 그래서 자기가 갖고 싶은 땅만큼 돌아보고 오기로 하자. 남의 땅이지만 문서에 흠집 내지 않고 그저 하는 게임이니 상관없지 않은가! 게임에 취해 놀이를 하다 보면 실컷 들판 공기를 마실 수 있다. 우리들이 푹 빠져 사는 삶과 집착을 살짝 비웃을 수 있는 여유까지 즐길 수 있다.

12 관광버스에 몸을 실어 봐—섬 여행

토요일이나 일요일 아침에 영등포역이나 서울역, 잠실역에 가면 많은 관광버스가 줄지어 서 있는 것을 볼 수 있다. 주말을 이용해서 관광에 나선 이들을 전국 방방곡곡으로 실어 나르는 버스들이다.

외동아이를 키우는 육아법이 책으로 나와 있을 정도로 혼자 크는 아이들은 특별한 배려를 받는다. 그렇다면 형제자매가 있는 아이들은 아무 문제가 없을까?

그것은 아니다. 형제자매가 있으므로 해서 치이고, 상처받고, 외로움을 느끼는 것이 어디 한두 번이랴! 아이들은 나도 외동아이였으면 하고 바랄 때가 많다. 부모의 사랑과 관심, 배려를 자기 혼자 독차지하고 싶을 것이다. 형제자매가 있으면 무조건 좋다고 생각하는 것도 우리 어른들의 편견이다.

그러니 가끔은 형제자매가 있는 아이들도 특별히 배려해 주어야 한다. '외동아이 체험'을 하듯 부모의 사랑과 관심을 독차지하도록 이벤트를 마련해 주어야 한다. 언제나 새로운 경험은 새로운 활력소가 되고, 기분 전환이 되니까.

아이 둘을 키우고 있는 나는 가끔 한 아이만 데리고 여행을 떠난다. 그 시간이나마 자신에게 오롯이 집중하는 엄마를 보면서 외동아이가 아닌 콤플렉스를 치유해 주고 싶고, 때로 외동아이이고 싶은 욕망을 채워 주고 싶어서다. 하루만이라도 자신에게 100퍼센트 집중하는 엄마를 보면서 아이가 행복을 느끼고, 위안받기를 바라서다. 그럴 때는 자동차도 타지 않는다. 운전하는 시간까지 아이에게 완전히 집중하기 위해서다.

그럴 때 찾는 곳이 관광버스들이 줄지어 서 있는 서울역 대우빌딩 앞이다. 배낭 메고 돈만 갖고 가면 만사 오케이다. 행선지는 미리 정해도 되고, 거기 가서 골라잡아도 된다. 다양한 목적지와 여행사를 '골라 먹는' 재미가 보통이 아니다.

특히 난 섬 여행을 즐겨 한다. 바닷바람과 푸른 물 때문이다. 가슴을 세척하고, 막혔던 가슴을 펑 뚫어 주는 데는 바닷물만한 게 없는 것 같다.

엄마를 독차지해서일까. 아이는 차에 타는 순간부터 싱글벙글이다. 서울을 빠져나갈 때쯤이면 가이드는 승객들에게 아침을 준다. 차 속에서 간이로 먹는 아침이지만, 여행하면서 먹는 아침이니 꿀맛이다.

대개는 패키지 여행이어서 목적지에 가는 도중 이런저런 업체를 들르곤 한다. 업체에 들르는 것 때문에 여행 경비가 줄었다고 가이드가 안내를 해 주어도 대부분의 사람들은 이를 불쾌하게 생각한다. 하지만 아이들은 다르다.

"엄마, 좀 전에 인삼 회사 회장의 아들이라는 사람은 좀 서툴더라. 안 사면 죽일 듯이 눈을 치뜨고 우리를 노려보잖아. 그런데 회장이라는 그 아버지는 경험이 많아서인지 부드럽게 말하잖아. 그러니까 사람들이 기분 좋아서 더 사고. 아들은 아버지한테 더 훈련을 받아야겠어요. 조폭처럼 그 눈빛이 뭐야, 호호호."

마케팅 수법을 제 나름대로 평가하면서 즐길 줄 안다.

드디어 바닷가에 도착해 배를 타고 바닷바람을 쐬고, 섬을 걷고, 서비스가 척척 진행된다. 고군산열도, 선유도, 흑산도, 홍도, 외도…… 어디라도 좋다. 섬은 그동안 차가운 바닷물에 몸 담그고 시린 외로움을 견뎌 낸 보람이 있다는 얼굴로 조용히 우리를 맞아 준다.

"엄마, 저 푸른 물 좀 봐요. 내 속이 다 시원하다. 이렇게 좋은 바다가 있었는데, 왜 우리는 만날 영어, 수학만 하는 거예요? 영어, 수학이 도대체 뭐라고."

"그러게 말이야. 우리 영어, 수학일랑 모두 다 잊어버리고 여기서 살까?"

"그래요. 바다를 보면 밥 안 먹어도 살 수 있을 것 같아요. 우리 여기서 살아요."

두 여자는 바닷바람이 전해 준 용기로 순간이나마 호기를 부린다.

내일이면 또 영어, 수학에 몸이 묶이겠지만, 두 여자는 지금 행복하다.